T0131701

Printed in the United States
By Bookmasters

بسم الله الرحمن الرحيم

القضية الفلسطينية
خلفياتها التاريخية وتطوراتها المعاصرة

تأليف

د. محسن محمد صالح

طبعة مزيدة ومنقحة

مركز الزيتونة
للدراسات والاستشارات
بيروت - لبنان

The Palestinian Issue: Historical Background and Contemporary Developments

By:

Dr. Mohsen Moh'd Saleh

بيروت - لبنان

ISBN 978-9953-500-87-4

مركز الزيتونة للدراسات والاستشارات

تلفون: 44 36 80 1 961 +

تلفاكس: 43 36 80 1 961 +

ص.ب.: 14-5034، بيروت - لبنان

بريد إلكتروني: info@alzaytouna.net

الموقع: www.alzaytouna.net

إخراج

مروة غلاييني

تصميم الغلاف

ربيع مراد

طباعة

Golden Vision sarl +961 1 820434

فهرس المحتويات

فهرس المحتويات..٣

المقدمة..٥

الفصل الأول: خلفيات القضية الفلسطينية حتى سنة ١٩١٨

مقدمة ٩

أولاً: فلسطين ١٠

ثانياً: مكانة فلسطين الإسلامية ١١

ثالثاً: فلسطين عبر التاريخ ١٣

رابعاً: فلسطين في العهد الإسلامي ١٦

خامساً: المزاعم الدينية والتاريخية لليهود في فلسطين ٢١

سادساً: خلفيات ظهور القضية الفلسطينية في التاريخ الحديث ٢٣

سابعاً: التطور السياسي للقضية الفلسطينية حتى سنة ١٩١٤ ....٢٦

ثامناً: قضية فلسطين في الحرب العالمية الأولى ١٩١٤-١٩١٨ ....٣١

الفصل الثاني: فلسطين تحت الاحتلال البريطاني ١٩١٨-١٩٤٨

مقدمة ٤١

أولاً: تطور المشروع الصهيوني ٤٢

ثانياً: ظهور الحركة الوطنية الفلسطينية ٤٤

ثالثاً: الثورة الفلسطينية الكبرى ١٩٣٦-١٩٣٩ ....٥١

رابعاً: التطورات السياسية ١٩٣٩-١٩٤٧ ....٥٥

خامساً: حرب ١٩٤٨ وانعكاساتها ٦١

الفصل الثالث: قضية فلسطين ١٩٤٩-١٩٦٧

مقدمة ٧١

أولاً: البلاد العربية وفلسطين ٧١

ثانياً: العمل الوطني الفلسطيني ٧٣

٣

ثالثاً: نشأة حركة فتح ٧٧

رابعاً: إنشاء منظمة التحرير الفلسطينية (م.ت.ف) ٨٠

خامساً: حرب حزيران/ يونيو ١٩٦٧ وانعكاساتها ٨١

الفصل الرابع: قضية فلسطين ١٩٦٧-١٩٨٧

مقدمة ٨٧

أولاً: بروز الهوية الفلسطينية ٨٧

ثانياً: الكفاح الفلسطيني المسلّح ٨٩

ثالثاً: البلاد العربية وقضية فلسطين ٩٤

رابعاً: بروز التيار الإسلامي الفلسطيني ٩٨

الفصل الخامس: قضية فلسطين ١٩٨٧-٢٠٠٠

مقدمة ١٠٣

أولاً: الانتفاضة المباركة ١٠٣

ثانياً: نشأة حركة حماس ١٠٥

ثالثاً: م.ت.ف: من الكفاح المسلّح إلى التسوية السلمية ١٠٩

رابعاً: السلطة الفلسطينية ١١٦

خامساً: الكيان الإسرائيلي ١١٨

الفصل السادس: قضية فلسطين ٢٠٠٠-٢٠١١

مقدمة ١٢٣

أولاً: العدوان والمقاومة ١٢٤

ثانياً: الوضع الداخلي الفلسطيني ١٣٥

ثالثاً: مسار مفاوضات التسوية السلمية ١٧١

رابعاً: القدس والوضع الحالي ١٨١

خامساً: الجدار العازل ١٨٧

سادساً: الكيان الإسرائيلي ١٩٠

الخاتمة ٢٠١

المقدمة

الحمد لله ربّ العالمين، والصلاة والسلام على سيد المرسلين، وعلى آله وصحبه أجمعين.

تحاول هذه الدراسة تقديم رؤية عامة للقضية الفلسطينية من خلال تتبّع مفاصل السياق التاريخي للقضية؛ لأن السياق التاريخي ييسر على القارئ استيعاب الصورة الشاملة والعوامل المتداخلة المتعلقة بالقضية، في أي مرحلة من المراحل، وفي ترتيب منطقي، وصولاً إلى المرحلة الحالية. وكان من الممكن التعريف بالقضية الفلسطينية من خلال تقسيمها إلى مواضيع (الأرض، الشعب، العدو، المقاومة... إلخ)، لكننا وجدنا أن هذا التقسيم، على مزاياه، يصعب التعامل معه في الدراسات المختصرة، ويقدم الصورة العامة لكل موضوع، دون أن يقدمها لجميع المواضيع في سياق واحد.

وهذه الدراسة تخاطب أولئك الذين يرغبون في الحصول على فكرة عامة عن قضية فلسطين، وتخدم أولئك الذين لا يجدون وقتاً للدراسات التفصيلية المتخصصة. غير أن الواقع المعاصر، الذي يستعرضه الفصل السادس، قد عولج ببعض التفصيل، ليتسنّى للقارئ أن يجد إجابة للعديد من الأحداث والمتغيرات والتعقيدات التي تجري من حوله.

وبالطبع، فقد كُتبت هذه الدراسة من خلال رؤية تؤمن بحق أبناء فلسطين في أرضهم، وأن فلسطين أرض عربية إسلامية. وقد صيغت هذه الدراسة بصيغة علمية أكاديمية موثقة، وجاءت -قدر الإمكان- مكتوبة بلغة سهلة، حافلة بالمعلومات، المحدَّثة حتى النصف الثاني من سنة ٢٠١١، بعيدة عن الخطاب العاطفي الإنشائي.

ويأتي الكتاب تحديثاً وتنقيحاً لنسخته الأصلية التي صدرت سنة ٢٠٠٢ بعنوان "القضية الفلسطينية: خلفياتها وتطوراتها حتى سنة ٢٠٠١"، والتي طبعت في مصر والكويت وماليزيا.

نسأل الله سبحانه أن يكون هذا العمل خالصاً لوجهه الكريم

د. محسن محمد صالح

الفصل الأول

خلفيات القضية الفلسطينية

حتى سنة ١٩١٨

خلفيات القضية الفلسطينية حتى سنة ١٩١٨

مقدمة:

ثلاثة جوانب تجعل القضية الفلسطينية القضية الأبرز التي شغلت، وما تزال تشغل، العالم العربي والإسلامي:

الجانب الأول: طبيعة الأرض بقدسيتها وبركتها ومركزيتها في قلوب المسلمين.

والجانب الثاني: طبيعة العدو بادعاءاته العقائدية والتاريخية، وبروحه الإحلالية التوسعية، التي تسعى لطرد شعب فلسطين، وإلغاء حقوقه الأصيلة في أرضه ومقدساته.

والجانب الثالث: طبيعة التحالف الغربي - الصهيوني الذي هدف أساساً إلى تمزيق الأمة الإسلامية، وإضعافها وإبقائها مفككة الأوصال، تدور في فلك التبعية للقوى الكبرى.

ولذلك يمثل التحدي اليهودي الصهيوني، الذي انزرع في فلسطين، قلب العالم الإسلامي، بأشكاله العسكرية والسياسية والحضارية، أبرز التحديات التي تواجه الأمة المسلمة، وسعيها نحو التحرر والوحدة والنهضة، لاسترداد مكانتها وريادتها بين الأمم.

وليس بخافٍ أن هذه القضية لم تكن يوماً قضية الفلسطينيين وحدهم؛ لأن إنشاء الكيان اليهودي - الصهيوني على أرض فلسطين لم يكن إلا مركزاً متقدماً لتنفيذ هذا البرنامج الغربي - الصهيوني. وسواء التقى ذلك مع أهداف أخرى من حلّ مشكلة اليهود في أوروبا، أو التعاطف الديني مع رغباتهم، فإن الحقيقة الصارخة تكشف مدى الظلم الذي يرتكبه الغرب في تهجير شعب فلسطين وتدمير كيانه، وتعريض العالم الإسلامي للخطر، والاستقرار العالمي للانفجار، في سبيل تحقيق أهدافهم تلك، في عالمٍ يزعمون فيه دعوتهم للسلام العالمي وحقوق الإنسان.

أولاً: فلسطين:

يطلق اسم فلسطين على القسم الجنوبي الغربي لبلاد الشام، وهي الأرض الواقعة غربي آسيا، على الساحل الشرقي للبحر المتوسط. ولفلسطين موقع استراتيجي مهم، إذ تُعدُّ صلة الوصل بين قارتي آسيا وإفريقيا، ونقطة التقاء جناحي العالم الإسلامي.

وقد سكن الإنسان أرض فلسطين منذ عصور موغلة في القدم، كما تدل الحفريات والآثار، وشهدت أرضها مراحل التطور الإنساني الأُولى في التحول من الرعي إلى الزراعة، كما أن أول مدينة جرى تشييدها في التاريخ هي مدينة "أريحا" الواقعة شمال شرقي فلسطين وذلك نحو سنة ٨٠٠٠ ق.م حسبما يذكر علماء الآثار.

وأقدم اسم معروف لهذه الأرض هو "أرض كنعان"؛ لأن أول شعب سكن هذه الأرض ومعروف لدينا تاريخياً هم "الكنعانيون"، الذين قدموا من جزيرة العرب نحو ٢٥٠٠ ق.م. واسم فلسطين هو اسم مشتق من اسم أقوام بحرية، لعلها جاءت من غرب آسيا الصغرى ومناطق بحر إيجة حوالي القرن الثاني عشر ق.م، وورد اسمها في النقوش المصرية باسم "ب ل س ت"، وربما أضيفت النون بعد ذلك للجمع، وقد سكنوا المناطق الساحلية، واندمجوا بالكنعانيين بسرعة، فلم يبقَ لهم أثر مميز سوى أنهم أعطوا الأرض اسمهم[١].

أما أرض فلسطين بحدودها الجغرافية المتعارف عليها فلم تتحدّد بدقة إلا في أيام الاحتلال البريطاني لفلسطين، وخصوصاً خلال الفترة ١٩٢٠-١٩٢٣. وقد ظلت حدود أرض فلسطين تضيق وتتسع عبر التاريخ، غير أنها ظلت تعبِّر بشكل عام عن الأرض الواقعة بين البحر المتوسط وبين البحر الميت ونهر الأردن. وفي العهد الإسلامي قُسمت بلاد الشام إلى "أجناد"، وكان جند فلسطين يمتد من رفح على الحدود مع سيناء المصرية إلى اللجُّون التي تقع على بعد ١٨ كم شمالي غرب مدينة جنين. وأياً كانت التقسيمات في العهود الإسلامية المختلفة فإن فلسطين ظلت جزءاً من بلاد الشام، ولم تكن مثل هذه التقسيمات توسيعاً أو تضييقاً لتغيّر شيئاً من حقيقة شعور أبنائها بأنهم أبناء أمة مسلمة واحدة، وأن ولاءهم للحكم لا يهتز ما دام مسلماً حقاً. وعلى أي حال، فإن مساحة فلسطين تبلغ ٢٧٠٠٩ كم^2 وفق التقسيمات المعاصرة[٢].

وتتمتع فلسطين بمناخ معتدل هو مناخ البحر المتوسط، وهو مناخ يشجع على الاستقرار والإنتاج.

ويمكن أن تقسم فلسطين إلى ثلاثة قطاعات رئيسية، هي السهل الساحلي والمرتفعات الجبلية الوسطى والأخدود الأردني. والسهل الساحلي منطقة تركز غالب الفلسطينيين، حيث الموانئ ومراكز التجارة والنشاط الاقتصادي والزراعي. وتشمل المرتفعات الجبلية الوسطى جبال الجليل ونابلس والخليل وهضبة النقب، وأعلى جبالها ارتفاعاً هو جبل الجرمق شمال فلسطين الذي يبلغ ارتفاعه ١٢٠٧ أمتار. وقد سكن في هذه المرتفعات الفلاح الفلسطيني منذ آلاف السنين وزرعها بالحبوب والفواكه والخضار، ورعى الماشية. أما الأخدود الأردني، حيث يجري نهر الأردن ليصب في البحر الميت، فهو يُعدُّ أكثر المناطق انخفاضاً عن مستوى سطح البحر من أي مكان آخر على وجه الأرض، حيث يصل الانخفاض إلى نحو ٤٠٠ متر تحت سطح البحر، وهي مناطق تتميز بحرارتها طوال العام، وتشتهر بزراعتها للنخيل والموز والخضروات.

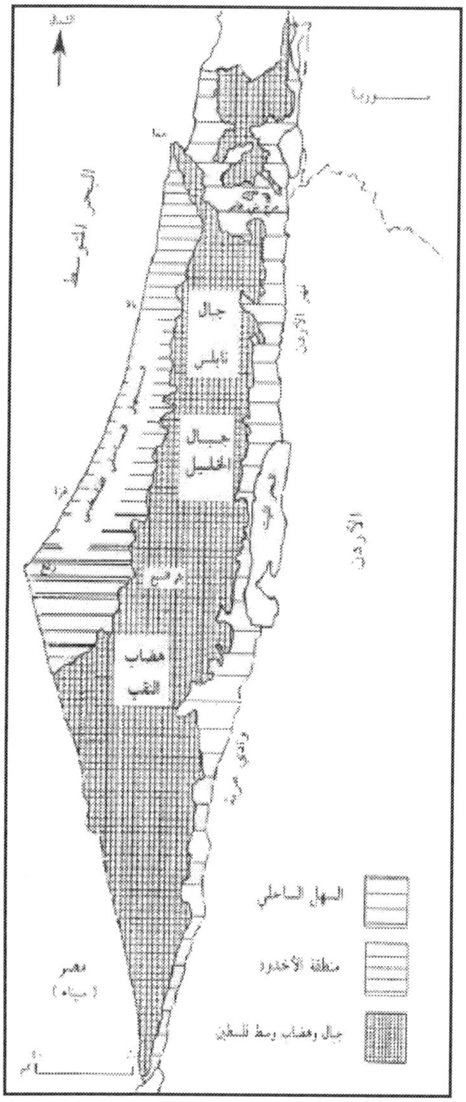

• جغرافية فلسطين

ثانياً: مكانة فلسطين الإسلامية:

لأرض فلسطين مكانة عظيمة في نفوس المسلمين فهي:

- أرض مقدسة بنص القرآن الكريم (يَا قَوْمِ ادْخُلُوا الْأَرْضَ الْمُقَدَّسَةَ الَّتِي كَتَبَ اللهُ لَكُمْ).
- أرض مباركة بنص القرآن الكريم (سُبْحَانَ الَّذِي أَسْرَى بِعَبْدِهِ لَيْلًا مِنَ الْمَسْجِدِ الْحَرَامِ إِلَى الْمَسْجِدِ الْأَقْصَى الَّذِي بَارَكْنَا حَوْلَهُ)٤، وقوله تعالى: (وَلِسُلَيْمَانَ الرِّيحَ عَاصِفَةً تَجْرِي بِأَمْرِهِ إِلَى الْأَرْضِ الَّتِي بَارَكْنَا فِيهَا)٥.

موقع فلسطين في العالم الإسلامي

- وفيها المسجد الأقصى المبارك، أول قبلة للمسلمين، وثالث المساجد مكانة في الإسلام ويُسنُّ شدّ الرحال إليه، والصلاة فيه تعدل ٥٠٠ صلاة عما سواه من المساجد، قال رسول الله صلى الله عليه وسلم: "لا تشد الرحال إلا إلى ثلاثة مساجد: المسجد الحرام ومسجدي هذا والمسجد الأقصى"[6]، وقال عليه السلام : "الصلاة في المسجد الحرام بمائة ألف صلاة، والصلاة في مسجدي بألف صلاة، والصلاة في بيت المقدس بخمسمائة صلاة"[7].
- وفلسطين أرض الأنبياء ومبعثهم، عليهم السلام، فعلى أرضها عاش إبراهيم ولوط وإسماعيل وإسحق ويعقوب ويوسف وداود وسليمان وصالح وزكريا ويحيى وعيسى عليهم السلام ممن ورد ذكرهم في القرآن، كما زارها محمد صلى الله عليه وسلم. وعاش على أرضها العديد من أنبياء بني إسرائيل، ممن لم يرد ذكرهم في القرآن، عندما كانت تسوسهم الأنبياء، وممن ورد ذكرهم في الحديث الصحيح يوشع عليه السلام .
- وفلسطين أرض الإسراء، فقد اختار الله سبحانه المسجد الأقصى ليكون مسرى رسول الله صلى الله عليه وسلم من المسجد الحرام إلى المسجد الأقصى، ومنه كان معراجه إلى السماء، فشرّف الله سبحانه هذا المسجد وأرض فلسطين تشريفاً عظيماً. وهناك في المسجد الأقصى جمع سبحانه الأنبياء حيث أمّهم رسول الله في الصلاة، دلالة على استمرار رسالة التوحيد التي جاء بها الأنبياء، وعلى انتقال ميراث الأنبياء والإمامة وأعباء الرسالة إلى الأمة الإسلامية.

- وفي الحديث الصحيح أن بيت المقدس هي "أرض المحشر والمنشر"[٨].

- وبلاد الشام، وفلسطين جزء منها، هي عقر دار الإسلام وقت اشتداد المحن والفتن، كما في الحديث الصحيح "عقر دار الإسلام بالشام"[٩]، و"ألا إن الإيمان إذا وقعت الفتن بالشام"[١٠].

- والمقيم المحتسب في هذه الأرض كالمجاهد والمرابط في سبيل الله لقوله [: "أهل الشام وأزواجهم وذرياتهم وعبيدهم وإماؤهم إلى منتهى الجزيرة مرابطون في سبيل الله، فمن احتل مدينة من المدائن فهو في رباط، ومن احتل منها ثغراً من الثغور فهو في جهاد"[١١].

- والطائفة المنصورة الثابتة على الحق إلى يوم القيامة تسكن في الشام وخصوصاً بيت المقدس وأكناف بيت المقدس[١٢].

وعلى ذلك، فلا غرو أن تتعلق قلوب المسلمين وأفئدتهم بهذه الأرض المباركة المقدسة ويفدونها بدمائهم وأرواحهم.

ثالثاً: فلسطين عبر التاريخ:

هناك آثار تشير إلى أن الإنسان سكن فلسطين منذ العصر الحجري القديم (٥٠٠ ألف-١٤ ألف ق.م)، كما يشير العصر الحجري الوسيط (١٤ ألف-٨ آلاف ق.م) إلى وجود أشكال حياة حضارية تمثلت بما يعرف بالحضارة النطوفية. وعندما قدم الكنعانيون من جزيرة العرب (نحو ٢٥٠٠ ق.م) كانت هجرتهم واسعة بحيث أصبحوا السكان الأساسيين للبلاد، وقد أنشأوا ما لا يقل عن مئتي مدينة وقرية في فلسطين، مثل مدن بيسان وعسقلان وعكا وحيفا والخليل وأسدود وبئر السبع وبيت لحم[١٣]. ويرى ثقات المؤرخين أن معظم أهل فلسطين الحاليين، وخصوصاً القرويين، هم من أنسال القبائل الكنعانية والعمورية والفلسطينية، ومن القبائل العربية التي استقرت في فلسطين قبل الفتح الإسلامي وبعده، حيث اندمج الجميع في نسيج واحد، يجمعهم الإسلام واللغة العربية، إذ أسلموا واستعربوا تحت الحكم الإسلامي طوال ثلاثة عشر قرناً.

كان قدوم إبراهيم عليه السلام إلى فلسطين (نحو ١٩٠٠ ق.م) إشراقة لنور التوحيد في هذه الأرض المباركة، وقد عاصر حاكم القدس "ملكي صادق" الذي كان على ما يبدو موحداً

وصديقاً له. وكان لأبي الأنبياء إبراهيم دوره في نشر رسالة التوحيد، ويبدو أنه لم يجد عنتاً أو عناءً من أهل فلسطين، ولم يضطر لتركها بسبب دينه أو دعوته، فظل مستقراً فيها، ويتنقل بحُرّية حيث يشاء إلى أن توفاه الله في المدينة التي حملت اسمه "الخليل". وقد سار على دربه أبناؤه الأنبياء من بعده إسماعيل، الذي استقر في مكة، وإسحق وابنه يعقوب اللذين استقرا في فلسطين. وكان ليعقوب عليه السلام اثنا عشر ابناً هم الأسباط المعروفون ببني إسرائيل (وإسرائيل هو لقب ليعقوب عليه السلام) وقد هاجروا إلى مصر واستقروا فيها، حيث عانوا من اضطهاد الفراعنة بضعة قرون. وأرسل الله لهم موسى عليه السلام (في القرن الـ ١٣ ق.م) لينقذهم من فرعون وطغيانه، وأهلك الله فرعون وجنوده، غير أن بني إسرائيل في ذلك الزمان كانوا قد طُبعوا على الذلّ والجبن، فرفضوا الذهاب إلى الأرض المقدسة قائلين لموسى: (فَاذْهَبْ أَنْتَ وَرَبُّكَ فَقَاتِلَا إِنَّا هَاهُنَا قَاعِدُونَ)[١٤].

وتوفي موسى عليه السلام قبل أن يدخل فلسطين، وعندما نشأ جيل جديد صلب من بني إسرائيل بعد أربعين سنة من التيه، قادهم يوشع بن نون عليه السلام (نحو ١١٩٠ ق.م) حيث عبر بهم نهر الأردن، واستطاع تحقيق بعض السيطرة لبني إسرائيل في الجزء الشمالي الشرقي من فلسطين. ولمدة ١٥٠ سنة تالية سادت النكبات والفوضى والخلافات والانحلال الخلقي والديني بين بني إسرائيل. ولم يتحسن حالهم إلا بقدوم طالوت ملكاً عليهم، والذي استطاع الانتصار على أعدائه.

وكان ظهور داود عليه السلام الذي خلف طالوت إيذاناً ببدء مرحلة جديدة لنور التوحيد في الأرض المباركة، حيث آتاه الله الملك (نحو ١٠٠٤ ق.م) وقد واصل حربه ضدّ الأقوام الكافرة على الأرض المقدسة، حيث أخضعها واستطاع نقل عاصمته إلى القدس سنة ٩٩٥ ق.م، وسيطر على معظم فلسطين، باستثناء معظم المناطق الساحلية التي لم تخضع له. واستمر في حكمه عليه السلام حتى سنة ٩٦٣ ق.م عندما خلفه ابنه سليمان عليه السلام (٩٦٣-٩٢٣ ق.م) حيث شهدت فلسطين حركة بناء وعمران وازدهار ضخمة، وسخّر الله له الريح والجنّ، وأعطاه ملكاً لا ينبغي لأحد من بعده. وكان حكم داود وسليمان هو العصر الذهبي، الذي حُكمت فيه فلسطين نحو ثمانين عاماً، تحت راية الإيمان والتوحيد قبل الفتح الإسلامي لها.

وبعد وفاة سليمان انقسمت مملكته إلى دولتين منفصلتين متعاديتين في كثير من الأحيان فنشأت مملكة "إسرائيل" شمال فلسطين خلال الفترة ٩٢٣-٧٢١ ق.م،

التي سمتها دائرة المعارف البريطانية ازدراء "المملكة الذيلية"، حيث ضعفت وفسد حكامها، وانتهى أمرها بسيطرة الآشوريين بقيادة سرجون الثاني عليها، وتدميرها ونقل سكانها من بني إسرائيل إلى حرّان والخابور وكردستان وفارس، وأحلوا مكانهم جماعات من الآراميين، ولم يبق بعد ذلك أثر لأسباط بني إسرائيل العشرة الذين شكّلوا هذه الدولة. أما مملكة "يهودا" فاستمرت خلال الفترة ٩٢٣-٥٨٦ ق.م، وكانت عاصمتها القدس وقد اعترتها عوامل الضعف والوقوع تحت النفوذ الخارجي فترات طويلة، فقد هزمها ودخل عاصمتها شيشق فرعون مصر (أواخر القرن العاشر ق.م)، وفعل مثله الفلسطينيون في عهد يهورام (٨٤٩-٨٤٢ ق.م)، واضطرت لدفع الجزية للآشوريين... ثم إنها سقطت أخيراً بيد البابليين بقيادة نبوخذ نصر الذي خرّب القدس، ودمّر الهيكل، وسبى حوالي ٤٠ ألفاً من اليهود، وبذلك سقطت مملكتهم سنة ٥٨٦ ق.م.

وتشير التوراة إلى آثام بني إسرائيل التي استحقوا بسببها دمار ملكهم، فتذكر على لسان أشعيا، وهو أحد أنبيائهم: "ويل للأمة الخاطئة، الشعب الثقيل الآثم، نسل فاعلي الشرّ، أولاد مفسدون تركوا الرب، واستهانوا بقدوس إسرائيل، ارتدوا إلى وراء" سفر أشعيا، الإصحاح الأول، وتقول التوراة: "والأرض تدنست تحت سكانها لأنهم تعدّوا الشرائع، غيّروا الفريضة، نكثوا العهد الأبدي" سفر أشعيا، الإصحاح ٢٤.

وهكذا فلم تَطُل مملكة بني إسرائيل في فلسطين أكثر من أربعة قرون حكموا في معظم الوقت بعضاً من أرضها، وكان حكمهم غالب الوقت ضعيفاً مفككاً، وخضع أحياناً لنفوذ وهيمنة دول قوية مجاورة. وفي الوقت نفسه ظلّ أبناء فلسطين من الكنعانيين وغيرهم في أرضهم، ولم يهجروها أو يرتحلوا عنها.

وقد سمح الإمبراطور الفارسي قورش Cyrus لليهود بالعودة إلى فلسطين، فعادت قلّة منهم، عاشت إلى جانب أبناء فلسطين، وتمتعت منطقة القدس بنوع من الحكم الذاتي تحت السلطة الفارسية التي استمرت خلال الفترة ٥٣٩-٣٣٢ ق.م. وتلا ذلك عصر السيطرة الهللينية الإغريقية على فلسطين خلال الفترة ٣٣٢-٦٣ ق.م، واستمر يدير شؤون اليهود "الكاهن الأكبر"، واستطاع اليهود تحقيق حكم ذاتي منذ سنة ١٦٤ ق.م أخذ يضيق ويتسع، وتزداد مظاهر استقلاله وتضعف حسب صراع القوى الكبرى في ذلك الوقت على فلسطين (الرومان، البطالمة، السلوقيين...).

وقد تمكن الرومان من السيطرة على فلسطين سنة ٦٣ ق.م، وأخضعوها لحكمهم المباشر منذ السنة السادسة الميلادية حيث ألغوا الحكم الذاتي اليهودي في منطقة القدس. وقد ثار اليهود خلال الفترة ٦٦-٧٠م لكن القائد العسكري الروماني تيتوس Titus أخمد ثورتهم ودمّر الهيكل، ثم ثار اليهود مرة أخرى وأخيرة خلال الفترة ١٣٢-١٣٥م لكن القائد الروماني جوليوس سيفروس Julius Severus احتل القدس ودمرها، وأقام الإمبراطور الروماني هادريان Hadrian مدينة جديدة فوق خرائبها سماها إيليا كابيتولينا Ilia Capitolina حيث عُرفت بعد ذلك باسم إيلياء، وهو اسم هادريان الأول. وحظر على اليهود دخول القدس حوالي مئتي سنة تالية[١٥]، وندرت أعدادهم نسبة إلى السكان طوال ١٨ قرناً تالية. بينما ظلّ أهل البلاد الأصليين من كنعانيين ومن اختلط بهم من قبائل العرب، مستقرين في البلاد قبل قدوم بني إسرائيل وفي أثناء وجودهم، وظلوا مستمرين كذلك بعدهم إلى أيامنا هذه.

وقد تولت الدولة البيزنطية (دولة الروم) القسم الشرقي من الدولة الرومانية منذ ٣٩٤م، واستمرت في الهيمنة على فلسطين، عدا فترات ضئيلة من النفوذ الفارسي، حتى جاء الفتح الإسلامي لفلسطين سنة ١٥هـ/٦٣٦م.

رابعاً: فلسطين في العهد الإسلامي:

قبل أن تتشكل الدولة الإسلامية في المدينة المنورة، كانت أنظار القلّة المستضعفة من المسلمين في مكة تتجه إلى المسجد الأقصى وبيت المقدس في فلسطين. إذ إن معجزة الإسراء تمت من المسجد الحرام إلى المسجد الأقصى. وكان المسجد الأقصى هو القبلة الأولى للمسلمين في الصلاة. وقد كان فتح خيبر وفدك (٧هـ) وغزوتا مؤتة (٨هـ) وتبوك (٩هـ) وحملة أسامة بن زيد رضي الله عنه (١١هـ) مقدمة لتطلع المسلمين إلى بلاد الشام.

أما فتح فلسطين فكانت أبرز المعارك التي أدت إلى فتحها هي معركة أجنادين بقيادة خالد بن الوليد رضي الله عنه في ٢٧ جمادى الأولى ١٣هـ - ٣٠ تموز/ يوليو ٦٣٤م قرب بيت جبرين التي قتل فيها نحو ثلاثة آلاف من الروم، ومعركة فحل - بيسان في ٢٨ ذي القعدة ١٣هـ - ٢٣ كانون الثاني/ يناير ٦٣٥م والتي كان ميدانها غربي نهر الأردن إلى الجنوب من بيسان. أما المعركة الفاصلة فكانت معركة اليرموك شمالي الأردن في

٥ رجب ١٥هـ - ١٢ آب/ أغسطس ٦٣٦م والتي واجه فيها جيشُ المسلمين، المكون من ٣٦ ألفاً بقيادة أبي عبيدة بن الجراح وخالد بن الوليد رضي الله عنه ، جيش الروم البالغ ٢٠٠ ألف. وقد حلَّت كارثة كبرى في الروم قدَّرها بعض المؤرخين بنحو ١٣٠ ألف قتيل. وقد أدت هذه المعركة إلى فتح بلاد الشام. وجاء عمر بن الخطاب رضي الله عنه بنفسه لاستلام مفاتيح بيت المقدس، بعد أن حاصرها المسلمون بضعة أشهر، ورغب أهلها في الصلح شرط أن يتولى عمر رضي الله عنه العقد بنفسه. وهي المدينة الوحيدة في عهد الراشدين التي تولى خليفة بنفسه استلام مفاتيحها، وقد شارك عمر في الفتح نحو أربعة آلاف من الصحابة، وصدَح صوت بلال بن رباح فيها بالأذان، بعد أن كان امتنع عن ذلك منذ وفاة النبي صلى الله عليه وسلم[١٦]. وقد كتب عمر بن الخطاب لأهل القدس عهداً، اشتهر باسم "العهدة العمرية"[١٧]، وجاء فيه:

> بسم الله الرحمن الرحيم. هذا ما أعطى عبد الله عمر أمير المؤمنين أهل إيلياء من الأمان، أعطاهم أماناً لأنفسهم وأموالهم ولكنائسهم وصلبانهم وسقيمها وبريئها وسائر ملتها، أنه لا تسكن كنائسهم ولا تهدم، ولا ينتقص منها ولا من حيِّزها ولا من صليبهم، ولا من شيء من أموالهم، ولا يكرهون على دينهم، ولا يضار أحد منهم، ولا يسكن بإيلياء معهم أحد من اليهود.
>
> وعلى أهل إيلياء أن يعطوا الجزية كما يعطي أهل المدائن. وعليهم أن يخرجوا منها الروم واللصوص، فمن خرج منهم فإنه آمن على نفسه وماله حتى يبلغوا مأمنهم، ومن أقام منهم فهو آمن وله مثل ما على أهل إيلياء من الجزية...
>
> وعلى ما في هذا الكتاب عهد الله وذمة رسوله وذمة الخلفاء وذمة المؤمنين إذا أعطوا الذي عليهم من الجزية.
>
> شهد على ذلك خالد بن الوليد، وعمرو بن العاص، وعبد الرحمن بن عوف، ومعاوية بن أبي سفيان، وكتب وحضر سنة ١٥هـ.

ويعكس هذا النص مدى التسامح الديني عند المسلمين، في عالم كان يسوده التعصب الأعمى والإكراه على الدين. وقد تمّ فتح القدس على الأرجح في ربيع الآخر ١٥هـ - أيار/ مايو ٦٣٧م. وكانت "قيسارية" آخر مدينة تفتح في فلسطين في شوال ١٩هـ - تشرين الأول/ أكتوبر ٦٣٩م، وكانت ميناء ومدينة عامرة قوية، سعى الروم للاحتفاظ بها قدر استطاعتهم.

التقسيمات الإدارية لفلسطين في صدر الإسلام

وحسب التقسيمات الإدارية أصبحت فلسطين "جنداً" من "أجناد" الشام الذي توزع على أربعة أجناد في الراشدين، وأصبحت خمساً في عهد الدولة الأموية. وقد ظلت فلسطين جزءاً أصيلاً في الدولة الإسلامية ومتفاعلاً مع تطوراتها السياسية والحضارية. ولم يكن تغيُّر الدول والأسر الحاكمة ليؤثر على حقيقة أن أهل فلسطين عرب مسلمون موالون لدولة الإسلام وحكم الإسلام.

وقد استمر حكم الراشدين حتى سنة ٤١هـ/٦٦١م، ثم تبعه حكم بني أمية حتى ١٣٢هـ/٧٥٠م، ثم العباسيون، الذين استمر حكمهم المباشر على فلسطين إلى أن بدأ يعاني من الضعف والتفكك، مع انتهاء العصر العباسي الأول بمقتل الخليفة العباسي المتوكل سنة ٢٤٧هـ/٨٦١م مما أعطى الفرصة للولاة إلى أن يشكلوا لأنفسهم سلطات محلية وراثية، كما حدث مع العائلة الطولونية التي حكمت مصر وضمَّت فلسطين إليها خلال الفترة ٢٦٤-٢٩٢هـ أي ٨٧٨-٩٠٥م، وقد حذا الأخشيديون حذو الطولونيين عندما حكموا مصر، فضموها إلى نفوذهم خلال الفترة ٣٢٣-٣٥٨هـ أي ٩٣٥-٩٦٩م. وقد حكم الأخشيديون والطولونيون تحت الظل الإسمي للدولة العباسية.

وفي ٣٥٨هـ تمكن الفاطميون، الذين ينتمون إلى المذهب الإسماعيلي، من السيطرة على فلسطين، وخاضوا صراعات مع الثورات المحلية ومع القرامطة والأتراك السلاجقة للسيطرة على فلسطين. ثمّ إن السلاجقة تمكنوا في ٤٦٤هـ/١٠٧١م من السيطرة على معظم فلسطين. لكن الصراع عاد ليحتدم بين السلاجقة أنفسهم وبينهم وبين

الفاطميين، قد تمكّن الفاطميون من السيطرة على صور سنة ١٠٩٧ وبيت المقدس في شباط/ فبراير ١٠٩٨م. وقد كان هذا الصراع في غمرة الحملة الصليبية الأولى التي بدأت طلائعها في الوصول إلى بلاد الشام. وقام الفاطميون بمراسلة الصليبيين، عارضين عليهم التعاون في قتال السلاجقة، مقابل أن يكون القسم الشمالي من بلاد الشام للصليبيين وفلسطين للفاطميين[١٨].

وليس من منهجنا في هذه الدراسة أن نتحدث عن تفصيلات الحروب الصليبية[١٩]. ولكننا نذكر أن الصليبيين تمكنوا من احتلال فلسطين، وسيطروا على القدس ٤٩٣هـ/١٠٩٩م بعد أن خاضوا في بحر من دماء المسلمين، وقتلوا منهم في القدس حوالي ٧٠ ألفاً. لكن الأمة المسلمة كانت لا تزال تملك الكثير من القوة والحيوية وكانت أرقى حضارياً وعلمياً من الصليبيين الأوروبيين، على الرغم من ما كانت تعانيه من تشرذم وصراع سياسي وحروب داخلية. فقد ظهر أبطال مجاهدون أنهكوا الصليبيين طيلة فترة حكمهم، من أمثال أقسنقر البرسقي (٥٠٨-٥٢٠هـ)، وعماد الدين زنكي (٥٢١-٥٤٠هـ) الذي أسقط إمارة الرها الصليبية، وابنه نور الدين محمود (٥٤١-٥٦٩هـ أي ١١٤٦-١١٧٤م)، الذي قدَّم نموذجاً فذاً للقيادة المسلمة، وتبنى مشروعاً نهضوياً حضارياً موازياً لمشروع التحرير الذي شغله طيلة حكمه، فتمكن من توحيد القوى الإسلامية بقيادته في بلاد الشام، ثم ضمَّ مصر إلى حكمه، وأسقط الخلافة الفاطمية فيها على يد واليه هناك صلاح الدين الأيوبي، وتمكن من تحرير نحو خمسين مدينة وقلعة من الصليبيين. إلا أنه توفي رحمه الله بعد أن استكمل تثبيت فكي الكماشة (مصر والشام) على عنق الصليبيين.

رفع صلاح الدين الأيوبي راية الجهاد بعد نور الدين خلال الفترة ٥٦٩-٥٨٩هـ أي ١١٧٤-١١٩٣م، وأعاد توحيد الشام ومصر تحت قيادته، وخاض معركة حطين مع الصليبيين في ٢٤ ربيع الآخر ٥٨٣هـ - ٤ تموز/ يوليو ١١٨٧م وهي معركة فاصلة في التاريخ أدت إلى تحطيم الوجود الصليبي وفتح بيت المقدس في ٢٧ رجب ٥٨٣هـ - ٢ تشرين الأول/ أكتوبر ١١٨٧م، أي بعد نحو ٨٨ عاماً من الحكم الصليبي. وقد تابع الصليبيون حملاتهم وتمكنوا من السيطرة على شريط ساحلي بين يافا وصور، كما سيطروا مرة أخرى على القدس (بسبب الصراعات الداخلية في الدولة الأيوبية) معظم الفترة بين ٦٢٦-٦٤٢هـ أي ١٢٢٩-١٢٤٤م إلى أن عادت نهائياً إلى حظيرة الإسلام، واستمرت كذلك حتى الاحتلال البريطاني لفلسطين سنة ١٩١٧م.

وقد خلف المماليكُ الدولة الأيوبية سنة ٦٤٨هـ/١٢٥٠م وواجهوا الزحف المغولي على أرض فلسطين في معركة عين جالوت ٢٥ رمضان ٦٥٨هـ - ٦ أيلول/ سبتمبر ١٢٦٠م بقيادة قطز (محمود بن ممدود) والتي تعدُّ من المعارك الفاصلة في التاريخ. ثم تابع المماليك مشروع تحرير فلسطين وبلاد الشام من بقايا الصليبيين، فقام الظاهر بيبرس بجهد كبير في ذلك، حيث استرد العديد من المناطق في فلسطين والشام ثم تابعه سيف الدين قلاوون، ثم ابنه الأشرف خليل بن قلاوون، الذي تمّ على يديه إنهاء الوجود الصليبي في بلاد الشام بإسقاطه مملكة عكا الصليبية. إذ حرّر عكا في ١٧ جمادى الأولى ٦٩٠هـ - ١٨ أيار/ مايو ١٢٩١م، واستولى بعد ذلك بسرعة على صيدا وصور وحيفا وعتليت. لتعود السيطرة الكاملة على فلسطين والشام من جديد لحكم الإسلام.

وعندما ضعف شأن المماليك قام العثمانيون بالسيطرة على فلسطين وباقي بلاد الشام (سوريا والأردن ولبنان) سنة ١٥١٦م، وسيطروا على مصر والحجاز واليمن والجزائر في السنة التالية، ووسَّعوا سيطرتهم خلال نصف القرن التالي لتشمل معظم العالم العربي، بما في ذلك العراق وشرق الجزيرة العربية، وليبيا وتونس. وقد استمر حكمهم لفلسطين حتى نهاية الحرب العالمية الأولى سنة ١٩١٨م.

اكتسبت فلسطين طابعها الإسلامي، منذ الفتح العمري، ودخل أهلها في دين الله أفواجاً، وتعربوا وتعربت لغتهم بامتزاجهم مع القبائل العربية القادمة من الجزيرة العربية تحت لواء الحضارة الإسلامية. ولم تكن فترة الحروب الصليبية لتؤثر كثيراً على هوية الأرض والسكان، إذ صمد الفلسطينيون في أرضهم، بينما كان الصليبيون في أحيان كثيرة في وضع دفاعي مُنهك.

وعلى أي حال، فإن الحكم الإسلامي لفلسطين استمر نحو ١٢٠٠ سنة حتى ١٩١٧م، وهي أطول فترة تاريخية مقارنة بأي حكم آخر، كان الحكم فيها مسلماً، والشعب مسلماً، وغطى الحكم كلَّ فلسطين وليس بعضها، كما ضرب المسلمون المثل الأعلى في التسامح الديني وحرية الأديان، فكانوا خير من خدم الأرض المقدسة، وحمى حرمتها.

وقد ترسخ الإسلام في فلسطين بقدوم عدد من الصحابة رضي الله عنهم واستقرارهم في فلسطين ونشرهم للإسلام فيها، وكان منهم: عبادة بن الصامت، وشداد بن أوس، وأسامة بن زيد بن حارثة، وواثلة بن الأسقع، وفيروز الديلمي، ودحية الكلبي،

وعبد الرحمن بن غنم الأشعري، وعلقمة بن مجزر الكناني، وأوس بن الصامت، ومسعود بن أوس بن زيد، وزنباع بن روح، وأبو ريحانة شمعون الأنصاري، وسويد بن زيد، وذو الأصابع التميمي، وأبو أُبيّ بن أم حرام الأنصاري، وأنيف بن ملة الجذامي، وأبو رويحة الفزعي... وغيرهم من الصحابة الذين عاشوا في فلسطين ودُفنوا في ثراها.

ومن التابعين من أبناء فلسطين رجاء بن حيوة الكندي من مواليد بيسان، وهو الذي أشار على سليمان بن عبد الملك بتولية عمر بن عبد العزيز الخلافة. ومن التابعين أيضاً عبادة بن نسي الكندي، وروح بن زنباع، وممن سكن فلسطين أو زارها من التابعين مالك بن دينار، والأوزاعي، وهانئ بن كلثوم، وحميد بن عبد الله اللخمي، وسفيان الثوري، وابن شهاب الزهري.

ومن كبار الأئمة والفقهاء الذين ولدوا في فلسطين الإمام الشافعي الذي ولد في مدينة غزة، وممن عاشوا في فلسطين أو زاروها من الأئمة إبراهيم بن أدهم، والليث بن سعد، وأبو بكر محمد الطرطوشي، وأبو بكر الجرجاني، وابن قدامة المقدسي.

وإلى فلسطين ينتسب فاتح الأندلس القائد موسى بن نصير اللخمي، كما ينتسب إليها عبد الحميد بن يحيى رئيس فن الكتابة وسيّد الإنشاء والدواوين في عصره، وينتسب إليها أيضاً أول علماء الكيمياء الكبار في التاريخ الإسلامي خالد بن يزيد الأموي. ولا يتسع المجال للاستطراد، فقد كانت الأرض المقدسة مركزاً للحضارة الإسلامية، ومهوى لأفئدة المسلمين، وشارك أبناؤها بفعالية في بناء صرح الأمة الإسلامية الشامل وفي الارتقاء بنهضتها[٢٠].

خامساً: المزاعم الدينية والتاريخية لليهود في فلسطين:

تجدر الإشارة إلى أن يهود هذا الزمان يبنون احتلالهم لفلسطين على مزاعم دينية وتاريخية، فيدّعون أن الله سبحانه وعدهم هذه الأرض، ويشيرون إلى ارتباطهم التاريخي بها، بحكمهم إياها زمناً، وبتواجدهم على أرضها، وارتباطهم النفسي والروحي بها، وقدسيتها عندهم. ونحن نؤمن أن لليهود حريتهم الدينية، وليس من حقّ

أحد أن يكرههم على تغيير عقائدهم، ولكن ليس من حقهم أن يلزموا الآخرين بعقيدتهم. كما أنه ليس من حقهم أن يشردوا شعباً من دياره، ويغتصبوا أرضه وأملاكه ومقدساته تحت دعاواهم الدينية.

أما المسلمون فلا يرون لليهود حقاً في هذه الأرض، فمن ناحية دينية، فإن هذه الأرض أعطيت لبني إسرائيل عندما رفعوا راية التوحيد، واستقاموا عليها، تحت قيادة رسلهم وصالحيهم. ولكنهم انحرفوا وبدّلوا وقتلوا أنبياءهم، وعاثوا في الأرض فساداً بعد ذلك، ففقدوا تلك الشرعية. والمسلمون يؤمنون أنهم الورثة الحقيقيون لراية التوحيد، وأنهم الامتداد الحقيقي الوحيد لأمة التوحيد ودعوة الرسل، وأن دعوة الإسلام هي امتداد واستمرار لدعوة إبراهيم وإسحق ويعقوب وإسماعيل وموسى وداود وسليمان وعيسى... عليهم السلام. فالمسلمون الآن هم أحق الناس بهذا الميراث بعد أن انحرف الآخرون. والمسألة غير مرتبطة بالجنس والنسل والقومية، وإنما مرتبطة باتباع المنهج، وعلى هذا فنحن المسلمين نؤمن أن رصيد الأنبياء هو رصيدنا، وتجربتهم هي تجربتنا، وتاريخهم هو تاريخنا، والشرعية التي أعطاها الله للأنبياء واتباعهم في حكم الأرض المقدسة هي دلالة على شرعيتنا وحقنا في هذه الأرض وحكمها. قال تعالى:(مَا كَانَ إِبْرَاهِيمُ يَهُودِيًّا وَلَا نَصْرَانِيًّا وَلَكِنْ كَانَ حَنِيفًا مُسْلِمًا وَمَا كَانَ مِنَ الْمُشْرِكِينَ (٦٧) إِنَّ أَوْلَى النَّاسِ بِإِبْرَاهِيمَ لَلَّذِينَ اتَّبَعُوهُ وَهَذَا النَّبِيُّ وَالَّذِينَ آمَنُوا وَاللَّهُ وَلِيُّ الْمُؤْمِنِينَ)[٢١]، وقال تعالى: (وَوَصَّى بِهَا إِبْرَاهِيمُ بَنِيهِ وَيَعْقُوبُ يَا بَنِيَّ إِنَّ اللَّهَ اصْطَفَى لَكُمُ الدِّينَ فَلَا تَمُوتُنَّ إِلَّا وَأَنْتُمْ مُسْلِمُونَ)[٢٢]، وقال تعالى: (وَإِذِ ابْتَلَى إِبْرَاهِيمَ رَبُّهُ بِكَلِمَاتٍ فَأَتَمَّهُنَّ قَالَ إِنِّي جَاعِلُكَ لِلنَّاسِ إِمَامًا قَالَ وَمِنْ ذُرِّيَّتِي قَالَ لَا يَنَالُ عَهْدِي الظَّالِمِينَ)[٢٣]. وهكذا فإن الله أخبر إبراهيم عليه السلام أن الإمامة والقيادة لا ينالها الظالمون من نسله وذريته، لأن الأمر مرتبط بالاستقامة على منهج الله، ولو كان الأمر مرتبطاً بالتناسل فلا ينبغي لبني إسرائيل أن يقصروه على أنفسهم، ولاستحق إسماعيل عليه السلام ونسله هذا الوعد الذي أُعطي لإبراهيم، ولاستحقه العرب المنتسبون إلى إسماعيل جد العرب العدنانية، ومنهم قريش وسيدها محمد صلى الله عليه وسلم.

أما من الناحية التاريخية، فإن حكم بني إسرائيل لفلسطين كان فترة ضئيلة ولم تتجاوز الأربعة قرون على أجزاء من فلسطين، وليس كلها. أما الحكم الإسلامي فقد استمر نحو ١٢ قرناً (٦٣٦-١٩١٧م) قطعته لفترة ضئيلة فترة الحروب الصليبية. وإذا كان معظم اليهود قد غادر فلسطين، وانقطعت صلتهم الفعلية بها مدة ١٨ قرناً،

• آرثر كوستلر

منذ ١٣٥م وحتى القرن العشرين، فإن أهل فلسطين الأصليين لم يغادروها طوال الأربعة آلاف وخمسمائة سنة الماضية، إلى أن طُرد عدد كبير منهم قسراً على يد العصابات الصهيونية سنة ١٩٤٨م، وما زالوا إلى الآن يجاهدون لاسترداد أرضهم دون أن يتنازلوا عنها.

ثم إن أكثر من ٨٠% من يهود هذا الزمان، حسب بعض الباحثين والعلماء اليهود أنفسهم وعلى رأسهم آرثر كوستلر Arthur Koestler صاحب كتاب القبيلة الثالثة عشر The Thirteenth Tribe: The Khazar Empire & Its Heritage، لا يمُتّون إلى بني إسرائيل ولا إلى فلسطين بأية صلة نسب أو تاريخ، لأن معظم اليهود المعاصرين هم من يهود "الخزر" الذين ترجع أصولهم إلى قبائل تترية - تركية قديمة استوطنت منطقة شمال القوقاز (جنوب روسيا) وتهودت في القرن الثامن الميلادي بقيادة ملكها بولان Bulan سنة ٧٤٠م، وعندما سقط ملكهم انتشروا في روسيا وشرق أوروبا، وهم ما يعرف الآن باليهود الأشكناز[٢٤]، فإن كان لهم ثمة حقّ في العودة فليعودوا إلى جنوب روسيا!!.

سادساً: خلفيات ظهور القضية الفلسطينية في التاريخ الحديث:

كما أشرنا سابقاً، فَقَدَ اليهود صلتهم بفلسطين عملياً مدة ١٨٠٠ عام، ولم يكن لديهم سوى العاطفة الدينية، التي رفض أحبارهم وحاخاماتهم وقادتهم تحويلها إلى برنامج عملي؛ لأنهم كانوا يؤمنون أنهم استحقوا تدمير دولتهم وشتاتهم بسبب خطاياهم، وأن عليهم انتظار المسيح المخلِّص الخاص بهم "الماشياح" Mashiah أو "المسيا" Messiah، وعند ذلك يجوز لهم الاستقرار في فلسطين وإقامة كيانهم.

على أن عدداً من التغيرات المهمة حدثت في التاريخ الأوروبي الحديث، انعكست بدورها على اليهود وإنشاء المشروع الصهيوني. فمنذ القرن السادس عشر الميلادي ظهرت حركة الإصلاح الديني "الحركة البروتستانتية" التي ركزّت على الإيمان بالعهد القديم "التوراة"، ونظرت لليهود وفق رؤية توراتية بأنهم "أهل فلسطين"

المشردين في الأرض، وآمن الكثير من البروتستانت بنبوءة العهد الألفي السعيد، بأن اليهود سيُجمعون من جديد في فلسطين، استعداداً لعودة المسيح المنتظر الذي سيقوم بتنصيرهم، ثم يقودهم في معركة آرمجدون Armageddon، حيث ينتصر على أعدائه، ليبدأ بعد ذلك عهد يمتد ألف سنة من السعادة. وقد شكل أتباع الكنائس البروتستانتية أغلبية سكان بريطانيا والولايات المتحدة وهولندا ونحو نصف سكان ألمانيا. وهكذا ظهرت "الصهيونية غير اليهودية" خصوصاً وسط هؤلاء البروتستانت، الذين دعموا المشروع الصهيوني بناء على خلفية دينية[٢٥].

ومن جهة أخرى فإن أوروبا، خصوصاً في القرن التاسع عشر، شهدت تحولات سياسية مهمة، فمنذ الثورة الفرنسية على الحكم الملكي سنة ١٧٨٩ أخذت تتشكل **الدولة الأوروبية الحديثة**، وانتشرت **الفكرة القومية** والمشاعر الوطنية، وتمّ إنشاء أنظمة علمانية فصلت الدين عن الدولة وهمّشت دور الكنيسة. وتمّ "تحرير" اليهود، وإعطاؤهم كافة حقوق المواطنة، خصوصاً في أوروبا الغربية، مما سهل على اليهود اختراق هذه المجتمعات والأنظمة، والارتقاء بمكانتهم السياسية والاقتصادية والاجتماعية، وتحقيق مستويات أعلى من النفوذ في دوائر السياسة والاقتصاد والإعلام.

وفي المقابل فإن الدولة القومية والمشاعر الوطنية في روسيا وأوروبا الشرقية قد أخذت منحى آخر، حيث كان يتواجد غالبية يهود العالم. إذ قاوم يهود روسيا عمليات الدمج والتحديث الروسية، التي تميزت بالفوقية والقسر والإرهاب. وزادت مشاركة الكثير من اليهود في الحركات الثورية اليسارية من عداء الحكومة القيصرية الروسية لهم، وانفجرت العداوة ضدهم بشكل مكشوف إثر اغتيال قيصر روسيا ألكسندر الثاني سنة ١٨٨١، والذي اتهم به اليهود. وبدأت موجة من الإجراءات العنيفة القاسية ضدهم سميت بـ"اللاسامية" anti-Semitism، أي العداء لليهود لكونهم يهوداً ينتمون إلى العنصر السامي، وقد أدى ذلك إلى **نشوء "المشكلة اليهودية"**[٢٦]؛ إذ إن ملايين اليهود في روسيا أخذوا يبحثون عن فرصة للخلاص مما هم فيه، وبدأت أعداد هائلة منهم في الهجرة إلى أوروبا الغربية وأمريكا الشمالية والجنوبية. وكانت هذه فرصة الحركة الصهيونية للظهور والدعوة إلى حلّ المشكلة اليهودية، بإنشاء كيان آمن مستقل لليهود في فلسطين. وتعاطف الكثير من الأوروبيين والأمريكان مع هذه الدعوة، سواء لخلفياتهم الدينية، أم تخلصاً من أعباء التدفق اليهودي على أرضهم.

وأسهم **ضعف الدولة العثمانية**، التي كانت فلسطين تحت حكمها خلال الفترة ١٥١٦-١٩١٧، وسعْيُ الدول الغربية لتقاسم أراضيها، إلى بروز أجواء عملية أفضل لتأسيس المشروع الصهيوني. إذ كانت هناك رغبة غربية بملئ الفراغ الذي سينتج عن سقوط الدولة العثمانية، ومنع نهوض قوة إسلامية كبرى تَخْلُف العثمانيين.

وقد ظهرت في ذلك الوقت فكرة إنشاء دولة حاجزة شرقي قناة السويس وغربي بلاد الشام، في أواخر القرن التاسع عشر، بحيث يتم غرس كيان غريب في قلب العالم الإسلامي، يفصل جناحه الآسيوي عن جناحه الإفريقي، ويمنع وحدته، ويضمن ضعفه وتفككه، إذ إن استمرار مثل هذا الكيان مرتبط بمدى ضعف من حوله. وسيسعى هذا الكيان بالتالي لضرب أي نمو حضاري قوي في المنطقة، وسيشغل العالم الإسلامي بمشكلة طويلة معقدة تستنزف طاقته وجهوده، وتبقيه إلى أبعد مدى ممكن في فلك التبعية والضعف والحاجة للعالم الغربي، كما تبقيه مصدراً للمواد الخام وسوقاً للمنتجات الغربية. وكما أن هذا الكيان سيكون بحاجة إلى دعم الغرب لضمان استمراره، فإن الغرب كذلك سيكون بحاجة إليه لضمان ضعف العالم الإسلامي وتفككه وتبعيته. وبذلك ينشأ بينهما تحالف لا ينفصم. وهنا تكمن أهمية أن يفهم المسلمون أن هذا المشروع موجه ضدّ كل مسلم وآماله في الوحدة والنهضة والتقدم وليس ضدّ الفلسطينيين وحدهم.

لقد عاش الغرب قروناً طويلة من الصراع مع المسلمين، كانت فيه اليد الطولى للمسلمين نحو ١١ قرناً، وما كانت لتنتهي دولة مسلمة حتى تحل مكانها دولة مسلمة تجدد الحيوية في هذه الأمة، وتحفظ عزتها وكرامتها، فكانت دول الراشدين والأمويين والعباسيين والمماليك. وتمكن العثمانيون الذين خلفوا المماليك من فتح معظم أوروبا الشرقية، ومن توحيد العالم العربي تحت رايتهم فكانوا حصناً عظيماً للإسلام قرون عديدة. غير أن ضعف الدولة العثمانية خصوصاً في القرن التاسع عشر وأوائل القرن العشرين جعل الأوروبيين يفكرون بطريقة تضمن ألا تقوم بعد ذلك للعالم الإسلامي قائمة، وألا تحل محل العثمانيين دولة مسلمة جديدة، تبعث الحيوية والنهضة فيهم، فكانت فكرة الدولة الحاجزة، التي توافقت مع فكرة حلّ المشكلة اليهودية، ومع فكرة حماية الجناح الشرقي لقناة السويس.

سابعاً: التطور السياسي للقضية الفلسطينية حتى سنة ١٩١٤:

لفتت حملة نابليون بونابرت Napoleon Bonaparte إلى مصر، التي احتلها بسهولة في تموز/ يوليو ١٧٩٨، الأنظار إلى مدى ضعف الدولة العثمانية، وفتحت شهية الاستعمار الأوروبي لاقتسام تركة هذه الدولة. وبالرغم من أن حملة بونابرت على فلسطين انتهت بالفشل على أسوار مدينة عكا سنة ١٧٩٩، إلا أنه كان أول زعيم سياسي أوروبي يصدر دعوة رسمية لليهود لتحقيق آمالهم وإقامة كيانهم على أرض فلسطين، وقد نشر دعوته هذه في ١٧٩٩/٤/٢٠ في أثناء حصاره لعكا[٢٧].

• نابليون بونابرت

ولم تكن الأهمية الخاصة لمصر وبلاد الشام لتغيب عن أعين البريطانيين الذين كانوا القوة الكبرى الأولى في العالم، فافتتحت بريطانيا قنصلية لها في القدس سنة ١٨٣٨. وفي أول رسالة لنائب القنصل في القدس، طلبت الخارجية البريطانية منه توفير الحماية لليهود، حتى وإن كانوا غير بريطانيين، ولذلك ظلت هذه القنصلية مركزاً للدفاع عن مصالح اليهود حتى نشوب الحرب العالمية الأولى سنة ١٩١٤[٢٨]. وعندما تمّ للبريطانيين السيطرة على قبرص سنة ١٨٧٨، ومصر سنة ١٨٨٢، أصبحت الدولة الاستعمارية الوحيدة التي لها قواعد شرقي البحر المتوسط. وفضلاً عن الخلفيات الدينية والتاريخية، فقد أصبحت تنظر إلى فلسطين في ضوء التنافس الاستعماري على المنطقة، وفي ضوء حاجتها لحماية الجناح الشرقي لقناة السويس التي أصبحت الشريان الحيوي للمواصلات البريطانية خصوصاً إلى الهند. وعندما تأسس المشروع الصهيوني، وظهرت فكرة الدولة الحاجزة، فإنها كانت تخدم بلا شكّ، مختلف الدوافع والخلفيات الدينية والحضارية والسياسية والاستراتيجية. وأصبحت تتخذ أبعاداً عملية يمكن تنفيذها في ضوء التدهور العثماني المتسارع.

ولم تكن أصداء الدعاوي التي أطلقها اليهود والصهاينة غير اليهود "للعودة" إلى فلسطين لتأخذ أبعاداً جدية قبل نهايات القرن التاسع عشر. فقد ظهرت بواكير هذه الدعوات في القرن السادس عشر، مروراً بأول كتاب صدر حول هذا الموضوع بقلم المحامي البريطاني هنري فنش Henry Finch سنة ١٦٢١ بعنوان "البعث العالمي الكبير أو عودة اليهود"، كما ظهرت في كتابات ودعوات النصارى أمثال إسحاق نيوتن Isaac Newton (١٧٢٧-١٦٤٣)، وجان جاك روسو Jean-Jacques Rousseau (١٧٧٨-١٧١٢)، وجوزيف بريستلي Joseph Priestley (١٨٠٤-١٧٣٣)، وشافتسبري Shaftesbury، ولورنس أوليفانت Laurence Oliphant.

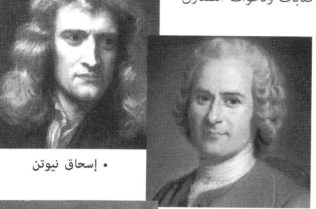

وظهرت كذلك دعوات اليهود أمثال شبتاي تسفي Shabbetai Tzvi (١٦٧٦-١٦٢٦)، وزفي هيرش كاليشر Zvi Hirsch Kalischer (١٨٧٤-١٧٩٥)، ويهودا القالي Judah Alkalai (١٨٧٨-١٧٩٨)، وموزيس هس Moses Hess (١٨٧٥-١٨١٢) وغيرهم[٢٩]. غير أن قدوم اليهود ظلّ مرتبطاً بالعاطفة الدينية التقليدية في زيارة الأماكن المقدسة، أو السكن بجوارها، كما ارتبط بمشاريع استيطانية "خيرية"، ولم يأخذ طابع البرنامج السياسي المنظم المكشوف. فقد كان عدد اليهود في فلسطين سنة ١٧٩٩ نحو خمسة آلاف[٣٠]، وفي سنة ١٨٧٦ بلغ ١٣ ألفاً و٩٢٠ يهودياً[٣١].

• إسحاق نيوتن

• جان جاك روسو

• جوزيف بريستلي

• زفي هيرش كاليشر

• يهودا القالي

• موزيس هس

أخذت الهجرة اليهودية تتخذ طابعاً أكثر تنظيماً وكثافة منذ سنة ١٨٨٢ إثر تصاعد "المشكلة اليهودية" في روسيا، وقامت السلطات العثمانية بعدد من الإجراءات لمنع الاستيطان اليهودي في فلسطين، وقامت سنة ١٨٨٧ بفصل سنجق القدس عن ولاية سورية، ووضعته مباشرة تحت إشراف الحكومة المركزية (الباب العالي) لإعطاء رعاية واهتمام أكبر لهذه المنطقة[٣٢]. وبالرغم من أن عدد اليهود الذين تركوا بلدانهم الأصلية، خصوصاً روسيا وشرقي أوروبا، بلغ حوالي مليونين و٣٦٧ ألف شخص خلال الفترة ١٨٨١-١٩١٤، إلا أن عدد من استطاع الهجرة منهم إلى فلسطين بلغ نحو ٥٥ ألفاً، أي ما نسبته ٢,٣٢%، بينما هاجرت الأغلبية الساحقة إلى الولايات المتحدة وأوروبا الغربية وأمريكا الجنوبية[٣٣]. وهذا يدل على نجاح نسبي للسلطات العثمانية في الحد من الهجرة اليهودية إلى فلسطين.

• المؤتمر الصهيوني الأول ١٨٩٧

وقد كان إنشاء المنظمة الصهيونية العالمية World Zionist Organization (WZO) وانعقاد مؤتمرها الأول في بال بسويسرا في ٢٩-١٨٩٧/٨/٣١ بزعامة ثيودور هرتزل Theodor Herzl فاتحة العمل الصهيوني السياسي المؤسسي المنظم، لتأسيس الدولة اليهودية على أرض فلسطين. وقد حرص هرتزل على تحقيق المشروع الصهيوني من خلال الاتصالات الدبلوماسية، ومحاولة تشجيع القوى الكبرى، وخصوصاً بريطانيا، على تبنّي هذا المشروع، في ضوء المصالح والفوائد التي يمكن أن يجنيها الغرب

الاستعماري الصليبي، وقد حاول هرتزل عبثاً إقناع الدولة العثمانية ببيعه فلسطين وإعطاء اليهود حكماً ذاتياً فيها تحت السيادة العثمانية، وفتح أبواب الهجرة اليهودية إليها مقابل عروض مغرية، كانت الدولة العثمانية في أمَسِّ الحاجة إليها. إلا أن السلطان عبد الحميد الثاني (١٨٧٦-١٩٠٩) وقف سداً منيعاً ضدّ رغبات اليهود، وردَّ على من نقل اقتراح هرتزل إليه قائلاً:

• السلطان عبد الحميد الثاني

أنصحه ألا يسير أبداً في هذا الأمر. لا أقدر أن أبيع ولو قدماً واحداً من البلاد؛ لأنها ليست لي بل لشعبي. ولقد حصل شعبي على هذه الإمبراطورية بإراقة دمائهم، وقد غذوها فيما بعد بدمائهم، وسوف نغطيها بدمائنا قبل أن نسمح لأحد باغتصابها منا... ليحتفظ اليهود ببلايينهم، فإذا قسمت الإمبراطورية، فقد يحصل اليهود على فلسطين دون مقابل، إنما لن تقسم إلا على جثتنا، ولن أقبل بتشريحنا لأيِّ غرض كان[٣٤].

وقد شارك اليهود بفعالية في إسقاط السلطان عبد الحميد من منصبه، من خلال انبثاثهم ونفوذهم الكبير في جمعية تركيا الفتاة وذراعها لجنة الاتحاد والترقي، والتي قامت بالانقلاب العسكري عليه، وإجباره على التنازل عن العرش، وتعمدت إرسال أحد زعمائها، وهو إيمانويل قره صو Emmanuel Carasso (وهو زعيم يهودي صهيوني ماسوني) ضمن الوفد الذي أبلغ السلطان عبد الحميد بقرار عزله. وكان قره صو هذا قد حاول التأثير على السلطان عبد الحميد لإسكان اليهود في فلسطين، فقام بطرده[٣٥].

وقد استمتع اليهود بنفوذ كبير تحت حكم الاتحاد والترقي خلال الفترة ١٩٠٩-١٩١٤، فبينما كان لليهود ثلاثة وزراء من أصل ١٣ وزيراً في حكومة الاتحاد والترقي التي تشكلت سنة ١٩١٣، كان للعرب الذين يزيد عددهم عن نصف السكان وزير واحد[٣٦].

"المساحة!! من نهر مصر إلى نهر الفرات، نريد فترة انتقالية في ظلّ مؤسساتنا الخاصة، وحاكماً يهودياً خلال هذه الفترة. وما أن يصبح السكان اليهود في منطقة ما ثلثي سكانها حتى تصبح الإدارة اليهودية سارية المفعول على الصعيد السياسي".

> ثيودور هرتزل، مؤسس ورئيس المنظمة الصهيونية

العالمية، نقلاً عن: أسعد زروق،

إسرائيل الكبرى، ص ٨٧-٨٩.

وقد كان لأبناء فلسطين نشاط مبكر في مواجهة المشروع الصهيوني، وكانت أولى الاصطدامات المسلحة بين الفلاحين الفلسطينيين والمستوطنين الصهاينة سنة ١٨٨٦، وقاموا بتقديم العرائض للسلطات العثمانية، كما نشطت الصحف في تبيان الخطر الصهيوني مثل جريدتي الكرمل وفلسطين. وكان للشيخ محمد رشيد رضا المصلح الإسلامي "اللبناني" المقيم في مصر من خلال مجلة المنار دور رائد في ذلك. كما برز من رجالات فلسطين يوسف ضيا الخالدي وسليمان التاجي الفاروقي وإسعاف النشاشيبي... ممن تحدثوا عن الخطر الصهيوني. وكانت سياسات "التتريك" والمحاباة للصهيونية التي مارستها حكومة الاتحاد والترقي باعثاً رئيسياً لأبناء فلسطين والعرب للانضمام للجمعيات العربية، التي أخذت تطالب بالإصلاح ضمن الدولة العثمانية، مثل حزب اللامركزية والعربية الفتاة وغيرها[٣٧].

• إسعاف النشاشيبي

• يوسف ضيا الخالدي

ثامناً: قضيـة فلسطين في الحـرب العالميـة الأولـى ١٩١٤-١٩١٨:

ومع بداية الحرب العالمية الأولى سنة ١٩١٤ كان قد بلغ عدد اليهود في فلسطين نحو ٨٠ ألفاً، غير أن موقف اليهود الممالئ لبريطانيا وحلفائها ضدّ الدولة العثمانية قد جعل العثمانيين يضيقون عليهم فترة الحرب (١٩١٤-١٩١٨)، فانخفض عددهم مع نهايتها إلى نحو ٥٥ ألفاً.

• حاييم وايزمان

وقد كانت الحرب العالمية الأولى خطراً هائلاً على الجميع، لكنها مثلت في الوقت نفسه فرصة أمام كل طرف للانتفاع من نتائجها في حالة الانتصار، فنشط سوق المفاوضات والاتصالات السرية والمعاهدات لترتيبات ما بعد الحرب. وعلى الرغم من أن المنظمة الصهيونية العالمية عانت مؤقتاً من حالة من التشتت بسبب وجود الكثير من قياداتها في ألمانيا، إلا أن حاييم وايزمان Chaim Weizmann استطاع إعادة ترتيب أوراقها، وقيادتها عملياً من خلال مركزه في بريطانيا. أما بريطانيا فقد سعت

إلى ضمان نفوذها في بلاد الشام والعراق من خلال السير في ثلاثة اتجاهات متعارضة متضاربة، ولم تبال بهذا التعارض كثيراً في سبيل تحقيق أهدافها والانتصار في الحرب.

• الشريف حسين بن علي

كان **الاتجاه الأول** التفاوض مع الشريف حسين بن علي أمير الحجاز, فيما عُرف بمراسلات حسين - مكماهون Hussein-McMahon Correspondence تموز/ يوليو ١٩١٥ - آذار/ مارس ١٩١٦، لدفعه لإعلان الثورة العربية على العثمانيين مقابل وعود باستقلال معظم المناطق العربية في جزيرة العرب وبلاد الشام والعراق تحت زعامته. وكان الكثير من رجالات العرب قد أصيبوا بالإحباط جرّاء سياسات الاتحاد والترقي، التي أفقدت الدولة العثمانية مصداقيتها الإسلامية، كما غضبوا لقيام جمال باشا الصغير والي سورية بتعليق العديد من القيادات العربية على أعواد المشانق في أيار/ مايو ١٩١٥، بالرغم من أن زعامات الجمعيات العربية كانت قد أعلنت في بداية الحرب تناسي خلافاتها مع العثمانيين، والوقوف إلى جانبها في محاربة "الكفار".

وقد تعمدت بريطانيا سياسة عدم الوضوح في تحديد التزاماتها، وضغط الشريف حسين على بريطانيا لتكون أكثر تحديداً، خصوصاً فيما يتعلق بحدود الدولة العربية المقترحة، فأرسلت بريطانيا في ١٩١٥/١٠/٢٤ عدداً من التحفظات على الحدود، كمطالبتها بعدم ضمّ إقليمي مرسين وأضنة، وكذلك المناطق التي تقع إلى الغرب من سناجق حلب وحمص وحماة ودمشق، فضلاً عن استمرار استعمارها لجنوب اليمن وإمارات الخليج العربي، ومطالبتها بوضع إداري خاص لجنوب العراق يكفل المصالح البريطانية. وبالرغم من أن الشريف حسين كان يفهم أنه لا يستطيع تغيير شيء بالنسبة للبلدان العربية المستعمَرة، كما عبر عن استعداده لمناقشة المصالح البريطانية في جنوب العراق، إلا أنه أصر على عروبة المناطق غربي مناطق حلب وحمص ودمشق (وهو ما فهم أن المقصود منها ما يعرف الآن بلبنان). وقد تمّ الاتفاق على ضرورة المسارعة في إعلان الثورة على أن تتم مناقشة الأمور المعلقة بعد انتهاء الحرب. فقام الشريف حسين

بإعلان الثورة في الحجاز في ١٩١٦/٦/١٠ وتحالف علناً مع البريطانيين، وأيدته في ذلك الجمعيات العربية، التي كان لها نفوذ قوي خصوصاً في بلاد الشام، كالعربية الفتاة واللامركزية والعهد.

أما الاتجاه البريطاني الثاني فكان التفاوض مع فرنسا (انضمت بعد ذلك روسيا للمفاوضات) بشأن مستقبل العراق وبلاد الشام. وقد تمّ الاتفاق فيما يعرف باتفاقية سايكس-بيكو Sykes-Picot Agreement في أيار/ مايو ١٩١٦ على إعطاء البريطانيين معظم العراق (مقارنة بحدوده الحالية) وشرق الأردن ومنطقة حيفا في فلسطين، أما لبنان وسورية فتوضعان تحت الاستعمار الفرنسي. ونظراً لرغبة كافة الأطراف في استعمار فلسطين فقد اتُفق على أن توضع تحت إشراف دولي.

مترجم عن الأصل، الجمعية الفلسطينية الأكاديمية للشؤون الدولية PASSIA - القدس.

• خريطة اتفاقية سايكس - بيكو

• هربرت صمويل

وكان **الاتجاه البريطاني الثالث** هو التفاوض مع المنظمة الصهيونية العالمية حول مستقبل فلسطين. وقد دفعهم إلى ذلك حاجتهم الماسة لاستخدام النفوذ اليهودي في الولايات المتحدة لدفعها للمشاركة في الحرب إلى جانب بريطانيا وحلفائها (وهذا ما حدث فعلاً في آذار/ مارس ١٩١٧)، فضلاً عن وجود النفوذ اليهودي الصهيوني في بريطانيا وفي الحكومة البريطانية نفسها، من خلال وزير الداخلية اليهودي الصهيوني هربرت صمويل Herbert Samuel، والنصارى المتصهينين مثل رئيس الوزراء لويد جورج Lloyd George، ووزير الخارجية آرثر جيمس بلفور Arthur James Balfour. هذا بالإضافة إلى ما أشرنا إليه سابقاً من دوافع وخلفيات دينية وسياسية واستراتيجية... . وكانت النتيجة صدور تصريح بلفور الذي اشتهر بـ"وعد بلفور" في ١٩١٧/١١/٢ بتعهد بريطانيا بإنشاء وطن قومي لليهود في فلسطين. وقد كان هذا من أغرب الوعود في التاريخ الإنساني، ففضلاً عن تعارضه مع المعاهدات الأخرى، فقد تجاوز بصلف وغرور رغبات وأماني أصحاب البلاد الشرعيين، وتعهد أن يعطي أرضاً لا يملكها، بل ولم يكن قد احتلها بعد، إلى أناس لا يستحقونها، وكان ذلك في ذروة الحديث عن الشرف البريطاني، والدفاع عن القيم والمبادئ.

لم تبقَ اتفاقية سايكس-بيكو طي الكتمان، إذ قام الروس بكشفها بعد أن استطاعت الثورة الشيوعية القضاء على الحكم القيصري في روسيا في تشرين الأول/ أكتوبر ١٩١٧، وأعلنت انسحابها من الحرب. كما عرف الناس مبكراً بوعد بلفور الذي لم يعد سراً، بعد أن وصل للصحافة في البلاد العربية، مصر بالتحديد، بعد أقل من أسبوع من صدوره. وقد كان ذلك صدمة كبيرة للثورة العربية، إذ لم يتخيل الثوار أبداً هذه الدرجة من الخداع البريطاني، ولذلك رفض جنود الثورة العربية

Foreign Office,
November 2nd, 1917.

Dear Lord Rothschild,

I have much pleasure in conveying to you, on behalf of His Majesty's Government, the following declaration of sympathy with Jewish Zionist aspirations which has been submitted to, and approved by, the Cabinet

"His Majesty's Government view with favour the establishment in Palestine of a national home for the Jewish people, and will use their best endeavours to facilitate the achievement of this object, it being clearly understood that nothing shall be done which may prejudice the civil and religious rights of existing non-Jewish communities in Palestine, or the rights and political status enjoyed by Jews in any other country"

I should be grateful if you would bring this declaration to the knowledge of the Zionist Federation.

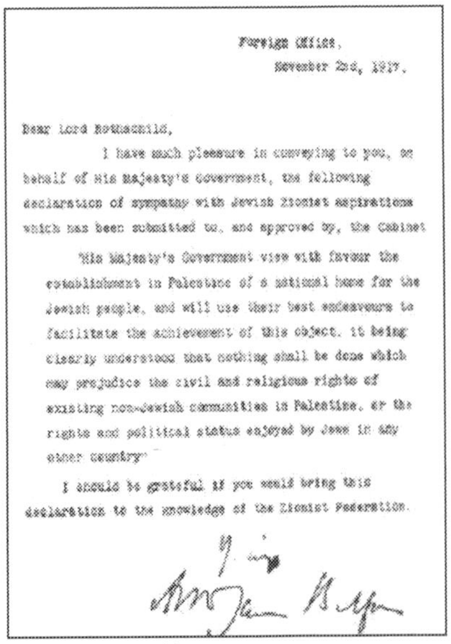

• وعد بلفور

الاستمرار ما لم توضح الأمور، فأرسلت بريطانيا إمعاناً في التضليل أحد مبعوثيها، ديفيد هوجارث David Hogarth، في كانون الثاني/ يناير ١٩١٨ لطمأنة الشريف حسين، حيث حمل تصريحاً بريطانياً بأن الهجرة اليهودية لفلسطين لن تتعارض مع مصالح السكان السياسية والاقتصادية. ومن جهة أخرى، حمل التصريح البريطاني إلى القياديين السوريين السبعة في حزيران/ يونيو ١٩١٨ تأكيدات واضحة على أن الأرض التي يحتلها البريطانيون (جنوب فلسطين وجنوب العراق) سوف تحكم وفق رغبات السكان، فضلاً عن الموافقة على استقلال ما كان لا يزال تحت السيادة العثمانية من شمال فلسطين وشرق الأردن وسورية ولبنان وشمال العراق. وعندما انتهت الحرب العالمية صدر التصريح الإنجلو-فرنسي في ١٩١٨/١١/٧ بتأكيد التعهدات للعرب الذين كانوا تحت الحكم العثماني في الحرية والاستقلال.[٣٨]

"بالنسبة لفلسطين، نحن لا نقترح حتى مجرد استشارة رغبات السكان الحاليين للبلد... إن القوى الكبرى الأربع ملتزمة بدعم الصهيونية. وسواء أكانت الصهيونية على حقّ أو باطل، حسنة أو سيئة، فإنها عميقة الجذور في التقاليد، وفي احتياجات الحاضر، وآفاق المستقبل. وأعظم بكثير من ظلامات ورغبات ٧٠٠ ألف عربي يسكنون الآن في هذا البلد القديم".

• آرثر جيمس بلفور

> من مذكرة وزير الخارجية البريطاني بلفور إلى اللورد كيرزون Lord Curzon، بتاريخ ١٩١٩/٨/١١، والمحفوظة في الأرشيف الوطني البريطاني F.O. 371/4183.

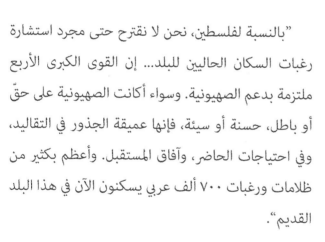

• اللورد كيرزون

هوامش الفصل الأول

[1] لمزيد من التفصيل حول تاريخ فلسطين القديم، انظر مثلاً: محمد أديب العامري، عروبة فلسطين في التاريخ (صيدا-بيروت: المكتبة العصرية، ١٩٧٢)؛ و**الموسوعة الفلسطينية**، إشراف أحمد المرعشلي (دمشق: هيئة الموسوعة الفلسطينية، ١٩٨٤)، ج ١، ص ٣٧، وج ٣، ص ٢٧٣-٢٧٩، وج ٤، ص ١٧٤.

[2] انظر: **الموسوعة الفلسطينية**، ج ١، ص ١١٧-١٢٩.

[3] سورة المائدة: ٢١.

[4] سورة الإسراء: ١.

[5] سورة الأنبياء: ٨١.

[6] رواه البخاري ومسلم وابن ماجه وأبو داود.

[7] حديث حسن، رواه الطبراني.

[8] حديث صحيح، رواه الإمام أحمد في مسنده، وابن ماجه في سننه.

[9] حديث صحيح، رواه الطبراني.

[10] حديث صحيح، أخرجه الحاكم، وأبو نعيم في الحلية.

[11] رواه الطبراني، وقال الهيثمي فيه أرطاه بن المنذر، وبقية رجاله ثقات.

[12] ورد حديث رواه الإمام أحمد بهذا المعنى. ونصه "لا تزال طائفة من أمتي على الحق ظاهرين، لعدوهم قاهرين، لا يضرهم من خالفهم إلا ما أصابهم من لأواء حتى يأتيهم أمر الله وهم كذلك، قالوا يا رسول الله: وأين هم؟ قال: ببيت المقدس وأكناف بيت المقدس"، ورجاله ثقات إلا مهدي بن جعفر الرملي، فقد وثقه ابن حبان ويحيى بن معين، وضعّفه البخاري.

[13] انظر: **الموسوعة الفلسطينية**، ج ٣، ص ٢٧١-٢٧٩، و٦٦٦-٦٧٠.

[14] سورة المائدة: ٢٤.

[15] حول تاريخ بني إسرائيل القديم المشار إليه في الفقرات السابقة، انظر مثلاً: ظفر الإسلام خان، **تاريخ فلسطين القديم** ١٢٢٠ق.م - ١٣٥٩م: منذ أول **غزو يهودي حتى آخر غزو صليبي**، ط ٤ (بيروت: دار النفائس، ١٩٨٤)؛ و**الموسوعة الفلسطينية**، ج ١، ص ٢٣٨، وج ٣، ص ١٨٤-١٨٦، و٢٦٦-٢٦٨، وج ٤، ص ٢١٦-٢١٨.

[16] حول فتح فلسطين وبلاد الشام، انظر مثلاً: الأزدي، **تاريخ فتوح الشام**، تحقيق عبد المنعم عبد الله عامر (القاهرة: مؤسسة سجل العرب، ١٩٧٠)؛ وأحمد عادل كمال، **الطريق إلى دمشق** (بيروت: دار النفائس، ١٩٨٠)؛ ومحسن محمد صالح، الطريق إلى القدس، ط ٣ (لندن: فلسطين المسلمة، ١٩٩٨)، ص ٤٩-٧٧.

[17] انظر نصّ العهدة العمرية في: محمد بن جرير الطبري، **تاريخ الرسل والملوك**، تحقيق محمد أبو الفضل إبراهيم (القاهرة: دار المعارف، ١٩٦٩)، ج ٣، ص ٤١٨.

[18] حول فلسطين في عهد الراشدين والأمويين والعباسيين والفاطميين والأيوبيين، انظر مثلاً: **الموسوعة الفلسطينية**، ج ٣، ص ٢٤٢-٢٦٦، و٤٢٦-٤٢٨.

[19] ناقشنا في كتابنا الطريق إلى القدس في الفصل الثالث بالتفصيل جهاد المسلمين لتحرير فلسطين من الصليبيين والتتار، انظر: **الطريق إلى القدس**، ص ٨٩-١٢٨.

[20] حول الصحابة والتابعين ورجال الإسلام الذين عاشوا في فلسطين، انظر مثلاً: ضياء الدين محمد المقدسي، **فضائل بيت المقدس**، تحقيق محمد مطيع حافظ، سلسلة فضائل الشام رقم ٢ (دمشق: دار الفكر، ١٩٨٥)، ص ٩٠-٩٢؛ ومصطفى مراد الدباغ، **القبائل العربية وسلائلها في بلادنا فلسطين** (بيروت: دار الطليعة، ١٩٧٩)، ص ٤٧-٤٨، و١١١-١١٣، و١٣٨-١٤٠، و١٨٨؛ ومصطفى مراد الدباغ، **من هنا وهناك** (بيروت: المؤسسة العربية للدراسات والنشر، ١٩٨٦)، ص ٨٠-٨٣، و١١٢.

٢١ سورة آل عمران: ٦٧-٦٨.

٢٢ سورة البقرة: ١٣٢.

٢٣ سورة البقرة: ١٢٤.

٢٤ حول يهود الخزر، انظر مثلاً: أسماء فاعور، **فلسطين والمزاعم اليهودية** (بيروت: دار الأمة، ١٩٩٥)، ص ٢٣٥-٢٤١.

٢٥ حول هذا الموضوع, انظر: ريجينا الشريف، **الصهيونية غير اليهودية جذورها في التاريخ الغربي**، ترجمة أحمد عبد الله عبد العزيز، سلسلة عالم المعرفة رقم ٩٦ (الكويت: المجلس الوطني للثقافة والفنون والآداب، كانون الأول/ ديسمبر ١٩٨٥).

٢٦ حول هذا الموضوع, انظر: عبد الوهاب المسيري، **الأيديولوجية الصهيونية**، سلسلة عالم المعرفة رقم ٦٠-٦١ (الكويت: المجلس الوطني للثقافة والفنون والآداب، كانون الأول/ ديسمبر ١٩٨٢ – كانون الثاني/ يناير ١٩٨٣)، ج ١، ص ٨٩-١١٦؛ وأسعد عبد الرحمن، **المنظمة الصهيونية العالمية ١٨٨٢-١٩٨٢** (بيروت: المؤسسة العربية للدراسات والنشر، ١٩٩٠)، ص ٢٣-٢٦.

٢٧ انظر: ريجينا الشريف، **مرجع سابق**، ص ١٠٦-١١٠؛ و**الموسوعة الفلسطينية**، ج ٢، ص ٢٧٩.

٢٨ Albert H. Hyamson, *Palestine Under the Mandate 1920-1948* (Great Britain: Methuen, 1950), p. 7.

٢٩ انظر: ريجينا الشريف، **مرجع سابق**، ص ٧٩-٨١؛ وأسعد عبد الرحمن، **المنظمة الصهيونية العالمية**، ص ٢٧-٣٠.

٣٠ حسان حلاق، م**وقف الدولة العثمانية من الحركة الصهيونية ١٨٩٧-١٩٠٩، ط ٢** (بيروت: الدار الجامعية للطباعة والنشر، ١٩٨٠)، ص ٨٢-٨٤.

٣١ سمير أيوب، **وثائق أساسية في الصراع العربي الصهيوني** (بيروت: دار الحداثة للطباعة النشر، ١٩٨٤)، ج ١، ص ٢٨٠.

٣٢ انظر: حسان حلاق، **مرجع سابق**، ص ١٠١-١٠٥.

٣٣ انظر: وليم فهمي، **الهجرة اليهودية إلى فلسطين** (مصر: الهيئة المصرية العامة للكتاب، ١٩٧٤)، ص ٣٦. وقد قدَّرت مراجع أخرى عدد المهاجرين اليهود إلى فلسطين خلال الفترة ١٨٨٢-١٩١٤ بحوالي ٥٥-٧٠ ألفاً، انظر مثلاً: صبري جريس وأحمد خليفة (محرران)، **دليل إسرائيل العام** (بيروت: مؤسسة الدراسات الفلسطينية، ١٩٩٦)، ص ٤٠.

٣٤ سمير أيوب، **مرجع سابق**، ج ١، ص ١٢٨.

٣٥ انظر: صالح أبو يصير، **جهاد شعب فلسطين خلال نصف قرن** (بيروت: دار الفتح، ١٩٧٠)، ص ٣٣.

٣٦ عجاج نويهض، **رجال من فلسطين** (بيروت: منشورات فلسطين المحتلة، ١٩٨٠)، ص ٣٢٦-٣٢٧.

٣٧ حول هذا الموضوع, انظر: عبد الوهاب الكيالي، **تاريخ فلسطين الحديث**، ط ٩ (بيروت: المؤسسة العربية للدراسات والنشر، ١٩٨٥)، ص ٣٧-٦٧.

٣٨ حول المفاوضات والوعود البريطانية مع الشريف حسين، والفرنسيين، والمنظمة الصهيونية العالمية، انظر: **المرجع نفسه**، ص ٧٢-٨٤؛ **وتقرير اللجنة الملكية: الكتاب الأبيض رقم ٥٤٧٩**، النسخة العربية الرسمية، إصدار حكومة الانتداب البريطاني في فلسطين (القدس: ١٩٣٧)، ص ٢٣-٣١ (اشتهر هذا التقرير باسم **تقرير بيل**). وانظر أيضاً:

George Antonius, *The Arab Awaking* (London: Hamish Hamilton, 1955), pp. 260-272.

الفصل الثاني

فلسطين تحت الاحتلال البريطاني
١٩١٨-١٩٤٨

فلسطين تحت الاحتلال البريطاني ١٩١٨-١٩٤٨

مقدمة:

• إدموند اللنبي

أتم البريطانيون احتلال جنوب فلسطين ووسطها في كانون الأول/ ديسمبر ١٩١٧، واحتلوا القدس في ١٩١٧/١٢/٩. وخطب قائد الجيش البريطاني اللنبي Allenby في القدس محتفلاً بانتصاره قائلاً: "والآن انتهت الحروب الصليبية"[1]، وكأن حملتهم على فلسطين كانت آخر حملة صليبية، وكأن الحروب الصليبية لم تتوقف منذ أن شنها الأوروبيون قبل ذلك بأكثر من ٨٠٠ سنة. وفي أيلول/ سبتمبر ١٩١٨ احتل البريطانيون شمال فلسطين، كما احتلوا في أيلول/ سبتمبر - تشرين الأول/ أكتوبر ١٩١٨ شرق الأردن وسورية ولبنان. ومنذ ذلك الوقت فتحت بريطانيا بالقوة مشروع التهويد المنظم لأرض فلسطين، واستطاعت بريطانيا بعد ذلك إقناع فرنسا بالتخلي عن مشروع تدويل فلسطين كما في نصوص سايكس-بيكو، مقابل رفع بريطانيا لدعمها للحكومة العربية التي نشأت في دمشق بزعامة فيصل بن الشريف حسين، حتى تتمكن فرنسا من احتلال سورية.

وفرت بريطانيا لنفسها غطاءً دولياً باستصدار قرار من عصبة الأمم في ١٩٢٢/٧/٢٤ بانتدابها على فلسطين، وتمّ تضمين وعد بلفور في صكّ الانتداب، بحيث أصبح التزاماً رسمياً معتمداً دولياً. غير أن فكرة الانتداب التي ابتدعتها عصبة الأمم، كانت قائمة على أساس مساعدة الشعوب المنتدبة وإعدادها لنيل استقلالها. وقد تضمن صكّ الانتداب نفسه على فلسطين مسؤولية الدولة المنتدبة (بريطانيا) في الارتقاء بمؤسسات الحكم المحلي، وصيانة الحقوق المدنية والدينية لجميع سكان فلسطين. وهذا يعني ألا يقف وعد بلفور في نهاية الأمر عائقاً في وجه أبناء فلسطين ضدّ الارتقاء بمؤسساتهم وإقامة دولتهم. وكان تنفيذ وعد بلفور يعني عملياً الإضرار بمصالح أهل فلسطين وحقوقهم، وتعطيل بناء مؤسساتهم الدستورية باتجاه إقامة دولتهم. وقد فضلت بريطانيا دائماً التزام الشق المتعلق بوعد بلفور، وأصمّت آذانها ولم تحترم الشق المتعلق بحقوق أبناء

فلسطين العرب الذين كانوا يمثلون نحو ٩٢%[٢] من السكان عند بداية الاحتلال. وربما أرادت بريطانيا من إيجاد نصوص متعلقة بحقوق الفلسطينيين إظهار نفسها بمظهر الحكم العادل بين الطرفين العربي واليهودي، وتشجيع الفلسطينيين على المطالبة بحقوقهم وفق أساليب مدنية "دستورية"، وعدم إغلاق كافة المنافذ أمامهم، بحيث لا يصلون إلى درجة الانفجار والثورة بسرعة، في الوقت الذي تقوم فيه بالتسويف والمماطلة، ريثما يتم لها ترسيخ الوطن القومي اليهودي في فلسطين.

• آرثر واكهوب

وضعت بريطانيا فلسطين تحت الحكم العسكري حتى نهاية حزيران/ يونيو ١٩٢٠، ثم حولتها إلى الحكم المدني، وعينت اليهودي الصهيوني هربرت صمويل أوّل "مندوب سام" لها على فلسطين (١٩٢٠-١٩٢٥) حيث شرع في تنفيذ المشروع الصهيوني ميدانياً على الأرض. وتابع المندوبون "السامون" المسيرة نفسها، غير أن أكثرهم سوءاً ودهاءً ونجاحاً في التنفيذ كان آرثر واكهوب Arthur Wauchope (١٩٣١-١٩٣٨) حيث وصل المشروع الصهيوني في عهده إلى درجات خطيرة.

أولاً: تطور المشروع الصهيوني:

وعلى أي حال، فقد عاشت فلسطين تحت الاحتلال البريطاني مؤامرة رهيبة، فحُرم أهل فلسطين من بناء مؤسساتهم الدستورية وحُكْم أنفسهم، ووُضعوا تحت الحكم البريطاني المباشر، وأُعطي المندوبون السامون صلاحيات مطلقة. وضيَّقت بريطانيا على الفلسطينيين سبل العيش وكسب الرزق، وشجعت الفساد، وسعت لتعميق الانقسامات العائلية والطائفية وإشغال أبناء فلسطين ببعضهم. وفي المقابل شجعت الهجرة اليهودية، فزاد عدد اليهود من ٥٥ ألفاً (٨% من السكان) سنة ١٩١٨ إلى ٦٤٦ ألفاً (٣١,٧% من السكان) سنة ١٩٤٨. وبالرغم من الجهود اليهودية - البريطانية المضنية للحصول على الأرض، إلا أن اليهود لم يتمكنوا من الحصول سوى على نحو ٦% من فلسطين بحلول ١٩٤٨، كان معظمها إما

أراضٍ حكومية، أو أراضٍ باعها إقطاعيون غير فلسطينيين كانوا يقيمون في لبنان وسورية وغيرها، وقد بنى اليهود على هذه الأراضي ٢٩١ مستعمرة.

وفي الوقت الذي كانت السلطات البريطانية تسعى حثيثاً لنزع أسلحة الفلسطينيين، وتقتل أحياناً من يحوز سلاحاً نارياً، بل وتسجن لسنوات من يملك رصاصات أو خنجراً أو سكيناً طويلاً، فإنها غضّت الطرف، بل وشجعت سرّاً تسليح اليهود لأنفسهم، وتشكيلهم قوات عسكرية وتدريبها، بلغ عددها مع اندلاع حرب ١٩٤٨ أكثر من ٧٠ ألف مقاتل (٦٤ ألف مقاتل من الهاغاناه Haganah، وخمسة آلاف من الأرغون، وألفين من شتيرن... وغيرها)، وهو عدد يبلغ أكثر من ثلاثة أضعاف الجيوش العربية السبعة عندما دخلت في حرب ١٩٤٨!! وأسس اليهود الوكالة اليهودية سنة ١٩٢٩، والتي تولت شؤون اليهود في فلسطين، وأصبحت أشبه بدولة داخل دولة لما تمتعت به من صلاحيات واسعة. وأقام اليهود مؤسسات اقتصادية واجتماعية وتعليمية ضخمة، شكّلت بنية تحتية قوية للدولة اليهودية القادمة، فتأسس اتحاد العمال (الهستدروت Histadrut) وافتتحت الجامعة العبرية بالقدس سنة ١٩٢٥[٣]... وهكذا، فإن الظلم والقهر والمحاباة كان السمة الأبرز للاستعمار البريطاني لفلسطين.

• جنود الهاغاناه ١٩٤٨

ثانياً: ظهور الحركة الوطنية الفلسطينية:

وبالرغم من حالة الإنهاك التي خرج بها الفلسطينيون من الحرب العالمية الأولى، وبالرغم من وقوع البلاد العربية من حولهم، والعالم الإسلامي بشكل عام، تحت سطوة الاستعمار ونفوذه، وبالرغم من ضعف إمكاناتهم المادية، وانعدام أدوات الضغط والنفوذ السياسي لديهم، مقارنة بما حظي به المشروع الصهيوني من دعم يهودي عالمي، ومن رعاية القوى العظمى له، بالرغم من ذلك كله، فإن التمسك بحقهم الكامل في فلسطين، والإصرار على استقلالهم مهما كلف الثمن، كانت السمة الأبرز لنشاطهم السياسي الجهادي طوال فترة الاحتلال البريطاني. وقد تمحور النشاط السياسي الفلسطيني حول مطالب محددة أبرزها:

- إلغاء وعد بلفور لما يتضمنه من ظلم وإجحاف بحقوق الأغلبية الساحقة من السكان.

- إيقاف الهجرة اليهودية.

- وقف بيع الأراضي لليهود.

- إقامة حكومة وطنية فلسطينية منتخبة عبر برلمان (مجلس تشريعي) يمثل الإرادة الحقيقية الحرة للسكان.

- الدخول في مفاوضات مع البريطانيين لعقد معاهدة، تؤدي في النهاية إلى استقلال فلسطين.

وعلى هذه الأسس نشأت الحركة الوطنية الفلسطينية، وأقام الفلسطينيون مؤتمرهم الأول (المؤتمر العربي الفلسطيني ١/٢٧-١٩١٩/٢/١٠) في القدس، فرفض تقسيم بلاد الشام وفق المصالح الاستعمارية، وعدَّ فلسطين جزءاً من سورية (بلاد الشام)، وطالب باستقلال سورية ضمن الوحدة العربية، وتشكيل حكومة وطنية تمارس الحكم في فلسطين، وقد عقد الفلسطينيون سبعة مؤتمرات من هذا النوع حتى سنة ١٩٢٨. وبرز في قيادة الحركة الوطنية رئيس اللجنة التنفيذية للمؤتمر الفلسطيني موسى كاظم الحسيني الذي استمر في الزعامة الرسمية للحركة الوطنية حتى وفاته في آذار/ مارس ١٩٣٤.

• موسى كاظم الحسيني

• الحاج أمين الحسيني

غير أنه من الناحية الفعلية برز اسم الحاج أمين الحسيني، الذي أصبح مفتي القدس سنة ١٩٢١، ورئيس المجلس الإسلامي الشرعي الأعلى منذ تأسيسه سنة ١٩٢٢، والذي غدا أهم قلعة للحركة الوطنية والقوة الدافعة خلفها. وبوفاة موسى كاظم الحسيني، أصبح الحاج أمين زعيم فلسطين دون منازع حتى نهاية الاستعمار البريطاني سنة ١٩٤٨.

الحركة الوطنية الفلسطينية ١٩١٨-١٩٢٩:

ركزت الحركة الوطنية الفلسطينية خصوصاً خلال الفترة ١٩١٨-١٩٢٩ على المقاومة السلمية للمشروع الصهيوني، ومحاولة إقناع بريطانيا بالعدول عن وعد بلفور، وقد كان لا يزال لديها بقايا أملٍ في ذلك، خصوصاً وأن البريطانيين كانوا حلفاء الشريف حسين خلال الحرب العالمية الأولى، كما أن المشروع الصهيوني لم يكن قد حقق بعد أية نتائج عملية ذات أبعاد خطيرة على الوضع في فلسطين. هذا، فضلاً عن أن القيادة الفلسطينية لم تكن ترى أن الفلسطينيين يملكون الوسائل البديلة المكافئة التي تمكنهم من فرض إرادتهم على البريطانيين. كما أن القيادة نفسها لم تكن تملك العزيمة والإرادة والتماسك لتحدي البريطانيين بوسائل أكثر عنفاً. ولعبت قلة الخبرة السياسية، والتنافس العائلي على القيادة (الحسينية والنشاشيبية)، والذي أسهم البريطانيون في تأجيجه، دوره في إضعاف الحركة الوطنية الفلسطينية. غير أن هذا لم يؤثر بشكل عام على الموقف المبدئي الفلسطيني من المشروع الصهيوني والاستعمار البريطاني، ومن المطالب السياسية العامة للحركة الوطنية.

• ونستون تشرشل

ومن الناحية السياسية، أرسلت القيادة الفلسطينية وفدها الأول إلى لندن في تموز/ يوليو ١٩٢١، الذي التقى وزير المستعمرات ونستون تشرشل Winston Churchill وعدداً من المسؤولين، لكن جهوده لم تلق

آذاناً صاغية من الحكومة البريطانية، وإن كان نجح في دفع مجلس اللوردات البريطاني بإصدار قرار برفض وعد بلفور. ومن جهة أخرى، أفشل الفلسطينيون محاولة بريطانية لتشكيل مجلس تشريعي في فلسطين سنة ١٩٢٣ منزوع الصلاحية الفعلية، ولا يمثل بشكل صحيح سكان فلسطين. ولقيت زيارة بلفور لفلسطين سنة ١٩٢٥ احتجاجات عامة، وتمت مقاطعته، ونُفذ إضراب شمل كل فلسطين. وفي المؤتمر الفلسطيني الخامس الذي أقيم في ٢٢-١٩٢٢/٨/٢٥ وضع المؤتمرون ميثاقاً وطنياً أقسموا اليمين التالي على الالتزام به: "نحن ممثلي الشعب العربي الفلسطيني في المؤتمر العربي الفلسطيني الخامس المعقود في نابلس، نتعهد أمام الله والتاريخ والشعب على أن نستمر في جهودنا الرامية إلى استقلال بلادنا، وتحقيق الوحدة العربية بجميع الوسائل المشروعة، وسوف لا نقبل بإقامة وطن قومي يهودي أو هجرة يهودية"[٤].

وخلال الفترة نفسها (١٩١٨-١٩٢٩) وقعت ثلاث ثورات عبرت بشكل قوي عن الغضب الشعبي العارم من المشروع الصهيوني، غير أنها وجهت غضبها ضدّ اليهود، وحاولت تجنب البريطانيين (بسبب العوامل المشار إليها سابقاً)، لكن الدور الأساسي في قمع هذه الثورات كان للبريطانيين. فكانت ثورة موسم النبي موسى في ٤-١٩٢٠/٤/١٠ في القدس التي أدت إلى مقتل خمسة يهود وجرح ٢١١ آخرين، ومقتل أربعة عرب وجرح ٢٤ آخرين؛ وثورة يافا في ١-١٩٢١/٥/١٥ التي اندلعت في يافا، وشملت أجزاء من شمال فلسطين، وأدت إلى مقتل ٤٧ وجرح ١٤٦ يهودياً، بينما قتل ٤٨ وجرح ٧٣ عربياً؛ وثورة البراق التي تصاعدت أحداثها منذ ١٥ آب/ أغسطس واستمرت حتى ١٩٢٩/٩/٢، وقد خاضها المسلمون دفاعاً عن حائط البراق (الحائط الغربي للمسجد الأقصى المبارك) ضدّ الاعتداءات اليهودية، وانتشرت الثورة في كافة أرجاء فلسطين، وأدت إلى مقتل ١٣٣ وجرح ٣٣٩ يهودياً، وقتل ١١٦ عربياً وجرح ٢٣٢ آخرين. وفي الثورات الثلاث حدثت معظم إصابات اليهود على أيدي العرب، أما معظم إصابات العرب فوقعت على أيدي القوات البريطانية والشرطة. وقد كان للحاج أمين الحسيني مفتي القدس دور أساسي سرِّي في ثورة موسم النبي موسى وثورة البراق. أما القيادة السياسية الرسمية الفلسطينية فقد ظلت متمسكة بالأساليب السلمية، بل وسَعَت إلى تهدئة مشاعر الغضب واستيعابها. ومن المهم الإشارة إلى أن الثورات الثلاث قد اتخذت طابعاً إسلامياً أسهم في تأجيج المشاعر الوطنية وتفجيرها ضدّ المشروع الصهيوني[٥].

الحركة الوطنية الفلسطينية ١٩٢٩-١٩٣٩:

كانت ثورة البراق سنة ١٩٢٩ فاتحة لعقد تصاعدت فيه المقاومة الجهادية العنيفة للمشروع الصهيوني وللاستعمار البريطاني على حدّ سواء، وقد وصلت ذروتها في الثورة الفلسطينية الكبرى (١٩٣٦-١٩٣٩). فقد أخذت تتكرس خطورة المشروع اليهودي - الصهيوني خصوصاً إثر هجرة أكثر من ١٥٢ ألف يهودي خلال الفترة ١٩٣٠-١٩٣٥، مما ضاعف عدد اليهود الذين كان عددهم في منتصف سنة ١٩٢٩ حوالي ١٥٦ ألفاً، وكان الكثير من المهاجرين الجدد من ألمانيا، من رجال الأعمال وأصحاب الأموال والتجارة ومن العلماء المتخصصين. كما تمكن اليهود في الفترة نفسها (١٩٣٠-١٩٣٥) من الاستيلاء على ٢٢٩ ألف دونم من الأراضي الفلسطينية. وهرّب اليهود كميات ضخمة من الأسلحة كُشفت حالتان منها في ١٩٣٠/٣/١٥، وفي ١٩٣٥/١٠/١٦[٦].

وتميز النصف الأول من الثلاثينيات بازدياد النشاط السياسي والتفاعل الوطني مع الأحداث، وتوجيه العداء بشكل مباشر وواسع ضدّ السلطات البريطانية باعتبارها "أصل الداء، وأساس كل بلاء". وتشكلت في هذه الفترة الأحزاب الفلسطينية، وكان "حزب الاستقلال" أولها ظهوراً في آب/ أغسطس ١٩٣٢، وأسهم بشكل كبير في توجيه العداء ضدّ بريطانيا، لكنه ضَعُف منذ منتصف ١٩٣٣. أما الحزب العربي الفلسطيني الذي ظهر في آذار/ مارس ١٩٣٥ فقد أصبح الحزب الشعبي الأول، وحظي بدعم المفتي (الحاج أمين) وبدعم الجماهير[٧]، ونشطت في الفترة نفسها جمعيات الشبان المسلمين، والحركات الكشفية. ونشأت وتطورت تنظيمات سرية عسكرية جهادية مثل حركة "الجهادية" بقيادة عز الدين القسام، و"منظمة الجهاد المقدس" بقيادة عبد القادر الحسيني (والإشراف السرِّي للحاج أمين)، كما ظهرت مجموعات ثورية أصغر دخلت في صدامات مبكرة مع السلطة مثل "الكف الأخضر".

لقد فَقَدَ الفلسطينيون في هذه الفترة أملهم في الحصول على حقوقهم بالوسائل السلمية والقانونية، وعلق الحاج أمين الحسيني على تلك المرحلة قائلاً: "كنا ما نزال حتى سنة ١٩٣٢ على شيء من الأمل، ولكنه زال مع الزمن، كل عذابنا... كل آلامنا كانت تُعدُّ بعناية، لم يكن أمامنا غير الشهادة"[٨]. وأشارت مذكرة لمدير قسم المخابرات في شرطة فلسطين إلى أن "الشعور المتزايد بالسخط ضدّ الانتداب البريطاني والإدارة أصبح سائداً وسط كل الطبقات...، وأن العرب، الذين أَملوا بأن بريطانيا سوف تحقق لهم العدل، قد أصيبوا باليأس"[٩].

• جون هوب سمبسون

وقد أسهم في تكريس القناعات المعادية لبريطانيا وانتشارها فشل مهمة الوفد العربي الفلسطيني إلى لندن برئاسة موسى كاظم الحسيني في ربيع ١٩٣٠. وعدم تنفيذ توصيات جون هوب سمبسون John Hope Simpson خبير الإسكان والأراضي، الذي كلفته الحكومة البريطانية بدراسة الوضع في فلسطين، والذي استنتج بعد دراسة دقيقة أنه لا توجد أراضٍ إضافية يمكن إعطاؤها للمهاجرين اليهود، وأوصى بخفض الهجرة اليهودية أو وقفها[١٠]. وزاد من تفاقم الوضع نكوص الحكومة البريطانية عن تنفيذ توجهاتها التي أعلنتها في "الكتاب الأبيض" في تشرين الأول/ أكتوبر ١٩٣٠ الذي وعد بضبط الهجرة اليهودية، ثم إصدارها "الكتاب الأسود" في شباط/ فبراير ١٩٣١ الذي أكد التزامات بريطانيا تجاه المشروع الصهيوني، ومسح عملياً ما جاء في الكتاب الأبيض[١١].

واستطاع أبناء فلسطين في تلك الفترة أن يجددوا البعد العربي والإسلامي لقضية فلسطين ويُنشِّطوه. فنقلت التقارير في أيار/ مايو ١٩٣١ وجود مخطط ثوري جهادي يستهدف إنقاذ البلاد العربية وخصوصاً فلسطين وسورية، وأن الأمير شكيب أرسلان (وهو إسلامي لبناني) كان زعيم هذه الحركة، ويشترك معه في المخطط الحاج أمين الحسيني ومولانا شوكت علي الزعيم الهندي المعروف. وكان على اتصال بزعماء الحركات العربية في الجزيرة العربية والعراق والشام ومصر. لكن المخطط لم يُكتب له النجاح[١٢]. وفي ٧-١٩٣١/١٢/١٧ انعقد في القدس المؤتمر الإسلامي العام برئاسة الحاج أمين الحسيني، وبحضور مندوبين عن ٢٢ بلداً، وتكرس فيه البعد الإسلامي لقضية فلسطين، التي أصبحت همّاً مركزياً للعالم الإسلامي، وحضره علماء وشخصيات إسلامية كبرى مثل الشيخ محمد رشيد رضا، والمفكر الهندي الشاعر "محمد إقبال"، والزعيم الهندي شوكت علي، والزعيم التونسي عبد العزيز الثعالبي، ورئيس وزراء إيران السابق ضياء الدين الطبطبائي، والزعيم السوري شكري القوتلي، ... وغيرهم. وصدرت العديد من القرارات العملية كإنشاء جامعة إسلامية، وتأسيس شركة لإنقاذ الأراضي، وتشكيل لجان لفلسطين في مختلف البلدان...[١٣]،

صورة للمندوبين الذين حضروا المؤتمر الإسلامي العام في القدس من نهاية (كانون الأول) ١٩٣١ إلى بداية (كانون الثاني) ١٩٣٢ للبحث في تطور الأوضاع في فلسطين وهم حسب الأرقام: ١- مفتي فلسطين الحاج أمين الحسيني ٢- الزعيم الفلسطيني موسى كاظم باشا الحسيني ٣- محمد علي علوبة باشا من مصر ... خلفه مولانا شوكت علي، من كبار العلماء المسلمين في الهند معتمراً لباس رأس مميز بين مسلمي الهند ٤- محمد زبارة، مندوب إمام اليمن يحيى بن حميد الدين ٥- بشير السعداوي ٦- حمد باشا بن جازي، أمير قبائل الحويطات في الأردن وجزيرة العرب ٧- الشيخ نعمان الأعظمي من العراق ٨- الشيخ محمد عبد اللطيف دراز، عميد جامعة الأزهر في مصر ٩- رؤوف باشه ١٠- الشيخ مصطفى الغلاييني من بيروت ١١- الشيخ عبد الوهاب النجار وخلفه دون رقم الوطني الفلسطيني إسعاف النشاشيبي ١٢- الشيخ ابراهيم اطفيش من الجزائر ١٣- محمد طارق ١٤- العلامة الإمام محمد رشيد رضا من طرابلس، لبنان ١٥- أبو الحسن ١٦- عبدالقهار مذكر من اندونيسيا ١٧- الشيخ محمد تقنعة ١٨- الشيخ سعيد الخطيب ١٩- الحاج مصطفى رجب من مصر ٢٠- حامد المليجي مندوب جريدة البلاغ من القاهرة.

• محمد رشيد رضا

• محمد إقبال

• شوكت علي

• عبد العزيز الثعالبي

• ضياء الدين الطبطبائي

• شكري القوتلي

لكن وقوع معظم بلدان العالم الإسلامي تحت الاستعمار، وإصرار البريطانيين على إفشال أي من المشاريع العملية أدى إلى تعطيل العمل بمعظم هذه القرارات. وتزايد دور علماء المسلمين الفلسطينيين بانعقاد مؤتمرهم الأول في ١٩٣٥/١/٢٥، وإصدارهم فتوى بتحريم بيع الأرض لليهود، وتكفير من يرتكب ذلك، ثم قيامهم بحملة توعية كبرى في فلسطين[١٤].

ومن جهة أخرى، فإن المقاومة الجهادية تمثلت في البداية في منظمة الكف الأخضر، التي ظهرت إثر ثورة البراق في شمال فلسطين بزعامة أحمد طافش، وقامت بعمليات ضدّ اليهود والبريطانيين، لكن الحملة البريطانية المكثفة ضدها أدت إلى القضاء عليها في شباط/ فبراير ١٩٣٠، والقبض على زعيمها[١٥].

وفي تشرين الأول/ أكتوبر ١٩٣٣ صعّدت القيادة السياسية الفلسطينية معارضتها، وأقامت مظاهرتين كبيرتين في القدس في ١٠/١٣، وفي يافا في ١٠/٢٧، شارك فيها الزعماء بأنفسهم، وانطلقت المظاهرة الأولى من المسجد الأقصى، أما الثانية فانطلقت بعد صلاة الجمعة من يافا، وأضربت فلسطين في هذين اليومين، وحاولت السلطات منع المظاهرات بالقوة، مما أدى إلى مقتل ٣٥ وجرح ٢٥٥ عربياً. وقد اتسعت المظاهرات وزادت عنفاً في حيفا والقدس ونابلس وبئر السبع واللد وغيرها؛ مما أدى لسقوط المزيد من الضحايا، وأضربت فلسطين مدة سبعة أيام. واعتقلت السلطات البريطانية ١٢ زعيماً فلسطينياً، بينهم ثلاثة من أعضاء اللجنة التنفيذية، وأصيب موسى كاظم الحسيني في أثناء مظاهرة يافا بكدمات أغمي عليه على إثرها، وذُكر أنه توفي في آذار/ مارس ١٩٣٤ متأثراً بهذه الإصابة، وهو في الـ ٨١ من عمره[١٦].

• الاحتلال يقمع المظاهرات في أحداث تشرين الأول/ أكتوبر ١٩٣٣

أما حركة "الجهادية" فقد أسسها الشيخ عز الدين القسام، وتعود بجذورها إلى سنة ١٩٢٥. وهي حركة سرية جهادية، اتخذت الإسلام منهجاً، وكان شعارها "هذا جهاد، نصر أو استشهاد" وانتشرت في شمال فلسطين، خصوصاً بين العمال والفلاحين، وأمكن لها تنظيم ٢٠٠ رجل، بالإضافة إلى ٨٠٠ من الأنصار. وقامت سرّاً بالمشاركة الجهادية في ثورة البراق، ثم نفذت بعض العمليات خلال النصف الأول من الثلاثينيات، لكنها أعلنت عن نفسها ونزلت إلى الميدان في تشرين الثاني/ نوفمبر ١٩٣٥، واستشهد الشيخ القسام واثنان من رفاقه في أول مواجهة مع الشرطة في معركة أحراش يعبد في ١٩٣٥/١١/٢٠.

• الشيخ عز الدين القسام

ولم تكن هذه نهاية الحركة، فقد تولى القيادة الشيخ فرحان السعدي. وكان لها دور رائد عظيم في الثورة الكبرى (١٩٣٦-١٩٣٩)[17].

أما منظمة الجهاد المقدس فقد اصطبغت بصبغة إسلامية وطنية، ولقيت رعاية الحاج أمين، وتركز تنظيمها في القدس، بقيادة عبد القادر الحسيني، ووصل عدد أفرادها سنة ١٩٣٥ إلى ٤٠٠ عضو[18]. وشاركت في الثورة الكبرى في قيادة العمل في مناطق القدس والخليل.

• عبد القادر الحسيني

ثالثاً: الثورة الفلسطينية الكبرى ١٩٣٦-١٩٣٩:

كانت الثورة الكبرى من أعظم الثورات في تاريخ فلسطين الحديث والمعاصر. وقد تفجرت في ١٩٣٦/٤/١٥ على يد مجموعة قسامية بقيادة الشيخ فرحان السعدي، قامت بقتل اثنين من اليهود. ثم تفاعلت الأحداث، وحصلت ردود فعل غاضبة متبادلة بين العرب واليهود، وأعلن أبناء فلسطين الإضراب العام في ٢٠ نيسان/ أبريل، وتمّ توحيد

• الثورة الفلسطينية ١٩٣٦-١٩٣٩

الأحزاب العربية، وتشكيل اللجنة العربية العليا (التي تولى رئاستها الحاج أمين الحسيني بنفسه) في ٢٥ نيسان/ أبريل، وقامت اللجنة بالإعلان عن الإصرار على الاستمرار في الإضراب حتى تحقيق المطالب الفلسطينية في إنشاء حكومة فلسطينية مسؤولة أمام برلمان منتخب، ووقف الهجرة اليهودية، ومنع بيع الأراضي لليهود. واستمر

• اللجنة العربية العليا

الإضراب ١٧٨ يوماً (حوالي ستة أشهر) ليكون **أطول إضراب في التاريخ يقوم به شعب بأكمله**. ورافق الإضراب ثورة عارمة عمّت كل فلسطين، ولم تتوقف المرحلة الأولى من الثورة إلا في ١٩٣٦/١٠/١٢، بناء على نداء ملوك وأمراء العرب، وتهيئة لقدوم لجنة تحقيق ملكية بريطانية (لجنة بيل Peel Commission) لتدرس الوضع وتقدم توصياتها. وقد صدرت توصيات هذه

اللجنة في مطلع تموز/ يوليو ١٩٣٧، واقترحت تقسيم فلسطين بين العرب واليهود. وقد أدى ذلك إلى تأجيج مشاعر الثورة من جديد، وكانت علامة بدئها الفاصلة اغتيال القساميين للحاكم البريطاني اللواء الجليل لويس أندروز Louis Andrews في ١٩٣٧/٩/٢٦. وقامت السلطات البريطانية بإجراءات قمعية هائلة، وحلَّت المجلس الإسلامي الأعلى واللجنة العربية العليا واللجان القومية، وحاولت اعتقال الحاج أمين الذي تمكن من الهرب إلى لبنان في منتصف تشرين الأول/ أكتوبر ١٩٣٧، حيث تولى قيادة الثورة من هناك، لكنها نجحت في اعتقال أربعة من أعضاء اللجنة العربية العليا، وأبعدتهم إلى جزر سيشل Seychelles.

وقد وصلت الثورة إلى قمتها في صيف ١٩٣٨، ونجح الثوار في السيطرة على الريف الفلسطيني وقُراه، وتمكنوا من احتلال عدد من المدن لفترات محدودة، وانهارت السلطة المدنية البريطانية. ولو أن الأمر اقتصر فقط على مواجهة بين شعب محتل وسلطة مستعمِرة، لربما أدى الأمر إلى انسحابها وإعطاء الشعب حقوقه. ولكن وجود الطرف اليهودي - الصهيوني ونفوذه، وطبيعة مشروعه، كانت تضغط دائماً لمزيد من المكابرة والعناد عند البريطانيين. وقد اضطرت السلطات البريطانية إلى إرسال تعزيزات عسكرية ضخمة، يقودها أفضل قادة بريطانيا العسكريين أمثال ديل Dill، وويفل Wavell، وهيننج Haining، ومونتجمري Montgomery. وقامت بإعادة احتلال فلسطين قرية قرية، مستخدمة كل وسائل التنكيل والدمار، وأحدث ما توصلت إليه أكبر قوة عظمى في ذلك الزمان. واستشهد كثير من قادة الثورة أمثال فرحان السعدي، ومحمد الصالح الحمد، وعبد الرحيم الحاج محمد، ويوسف أبو درة[١٩]. ولذلك فقد عانت الثورة من حالة من التراجع والضعف

مشروع لجنة بيل ١٩٣٧

مترجم عن الأصل، الجمعية الفلسطينية الأكاديمية للشؤون الدولية - القدس.

• فرحان السعدي

• محمد الصالح الحمد

• يوسف أبو درة

خصوصاً منذ نيسان/ أبريل ١٩٣٩. غير أن جذوة الثورة استمرت بالانطفاء التدريجي حتى أواخر سنة ١٩٣٩. وحسب الإحصائيات البريطانية فإن مجموع العمليات التي قام بها الثوار خلال فترة ١٩٣٦-١٩٣٩ كانت كما يلي[٢٠]:

السنة	١٩٣٦	١٩٣٧	١٩٣٨	١٩٣٩
مجموع العمليات	٤٠٧٦	٥٩٨	٤٩٦٩	٩٥٢

ذكرت المصادر البريطانية أنه قُتل في المرحلة الأولى من الثورة من اليهود ٨٠ وجرح ٢٨٨، وقتل من الجيش والشرطة البريطانية ٣٥ وجرح ١٦٤، فيما قتل من العرب ١٩٣ وجرح ٨٠٣. وحسب محمد عزة دروزة فإن عدد قتلى العرب زاد عن ٧٥٠ وعدد الجرحى زاد عن ١٥٠٠. أما في المرحلة الثانية فحسب دروزة فإن إصابات اليهود كانت نحو ١٥٠٠، ربعهم إن لم يكن ثلثهم من القتلى، وهو قريب من الإحصائيات الرسمية اليهودية، وقَدَّر الإصابات في الجيش والشرطة البريطانية بـ ١٨٠٠ قتيل وجريح، بينما قَدَّر قتلى العرب بثلاثة آلاف وجرحاهم بسبعة آلاف[٢١].

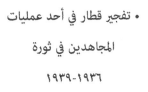

• عبد الرحيم الحاج محمد يقود فريقاً من المجاهدين؛
وفي الزاوية العليا صورة شخصية له

• تفجير قطار في أحد عمليات المجاهدين في ثورة ١٩٣٦-١٩٣٩

ومن جهة أخرى، حاولت بريطانيا إيجاد مخرج سياسي، بينما كانت تقوم بسحق الثورة، فقامت بإلغاء مشروع تقسيم فلسطين، وأفرجت عن معتقلي سيشل، ودعت إلى مؤتمر المائدة المستديرة في لندن، بحيث تحضره وفود تمثل الفلسطينيين واليهود وعدداً من البلاد العربية. وقد فشل المؤتمر الذي انعقد في شباط/ فبراير ١٩٣٩، في الوصول إلى نتيجة محددة. وهذا مهّد الطريق أمام البريطانيين ليعلنوا وحدهم الحل الذي يرتأونه، والذين قالوا إنهم سينفذونه بغض النظر عن رضى الطرفين. فأصدرت الحكومة البريطانية "الكتاب الأبيض" في أيار/ مايو ١٩٣٩، الذي شكّل إلى حدّ ما نصراً سياسياً للفلسطينيين، فقد أقرت بريطانيا بشكل حاسم أنه ليس من سياستها أن تصبح فلسطين دولة يهودية، وأن ما تريده هو دولة فلسطينية مستقلة، يقتسم فيها العرب واليهود السلطة الحكومية. وأعلنت بريطانيا سعيها إلى إنشاء دولة فلسطينية خلال عشر سنوات، وأن الهجرة اليهودية في السنوات الخمس القادمة لن تزيد عن ٧٥ ألفاً، وبعد ذلك تُمنع إلا بإذن من العرب، وقررت حظر بيع الأراضي في بعض مناطق فلسطين، بينما يكون مقيداً في مناطق أخرى. ولم توافق معظم القيادة الفلسطينية على المشروع البريطاني؛ لشكِّها أساساً في الوعود والنوايا البريطانية، ولأنه ربط استقلال فلسطين بموافقة اليهود وتعاونهم، كما أنه لم يَعِد بإصدار عفو عام عن الثوار، أو المصالحة مع زعيم فلسطين الحاج أمين. وفوق ذلك فإن الفلسطينيين رأوا أنه ليس من الحكمة الموافقة المبكرة على المشروع الذي يتضمن بعض التنازلات، وما دامت بريطانيا مصرّة على تنفيذه على أي حال، فإن الزمن كفيل بكشف مدى جديتها. كما عارض اليهود بقوة وعنف المشروع البريطاني[٣٢].

رابعاً: التطورات السياسية ١٩٣٩-١٩٤٧:

وخلال الفترة ١٩٣٩-١٩٤٥ وقعت الحرب العالمية الثانية، ودخل الفلسطينيون تلك الفترة وقد أنهكت قواهم، وتشتت قيادتهم السياسية نتيجة الثورة، واضطر الحاج أمين أن يهرب إلى العراق في تشرين الأول/ أكتوبر ١٩٣٩، ثم هرب إلى إيران وتركيا ثم إلى ألمانيا التي وصلها في تشرين الثاني/ نوفمبر ١٩٤١، بعد أن سقط الحكم الوطني المعادي لبريطانيا في العراق، الذي كان للحاج أمين دور رئيسي في إقامته. وهناك لم يجد بُدّاً من

التعاون مع الألمان أعداء الإنجليز، في سبيل نيل العرب لحقوقهم، وتمّ إعداد مسودة تصريح تضمن تقديم دولتي المحور (ألمانيا وإيطاليا) كل مساعدة ممكنة للبلدان العربية التي تحتلها وتسيطر عليها بريطانيا، والاعتراف باستقلالها، والمساعدة في القضاء على فكرة الوطن القومي اليهودي. غير أن الألمان أصرُّوا على عدم إصدار التصريح إلا بعد وصول القوات الألمانية إلى منطقة القوقاز.

في لقاء سري مع السفير السوفييتي في لندن إيفان مايسكي Ivan Maisky في شباط/ فبراير ١٩٤١، عرض رئيس الحركة الصهيونية حاييم وايزمان Chaim Weizmann تهجير مليون فلسطيني من أرضهم من أجل إحضار ٤-٥ ملايين يهودي من شرق أوروبا مكانهم، وأرسل السفير تقريراً بذلك، حفظته الخارجية الروسية في أرشيفها، إلى أن كشفته جريدة يديعوت أحرونوت الإسرائيلية Yedioth Ahronoth في أيار/ مايو ١٩٩٣، ونشرته جريدة القدس، وكذلك الرأي الأردنية في ١٩٩٣/٥/٢٩.

حاييم وايزمان   إيفان مايسكي

وعلى أي حال، فإن الحاج أمين استفاد عملياً من وجوده هناك في السعي لتكوين جيش عربي مدرَّب على يد الألمان من الجنسيات العربية، وقد تدرب بالفعل مئات الشبان العرب ضمن هذا الجيش الذي أعلن رسمياً عن إنشائه في ١٩٤٣/١١/٢، ومدَّه الألمان بالكثير من الأسلحة الخفيفة والذخائر، وخُبِّئ في ليبيا نحو ٣٠ ألف قطعة سلاح لاستخدامها مستقبلاً[٢٣]. لكن انتصار البريطانيين وحلفائهم في الحرب، وضع الفلسطينيين وقيادتهم في حال أكثر صعوبة. وقبض الفرنسيون على الحاج أمين، لكنه ما لبث أن استطاع الهرب في حزيران/ يونيو ١٩٤٦، ووصل فجأة إلى مصر، وعمَّت فلسطين الأفراح "فأقيمت الزينات في طول البلاد وعرضها، وتألفت المواكب، وشمل الناس سرور عظيم"[٢٤] مما دلَّ على الشعبية الهائلة التي ما زال المفتي يتمتع بها.

وتألفت الهيئة العربية العليا لفلسطين في ١٩٤٦/٦/١٢ بقرار من جامعة الدول العربية، وعندما عاد الحاج أمين تولى رئاستها، وأصبحت الهيئة الرسمية الممثلة للفلسطينيين. لكن مشاكل الحاج أمين مع حكومتي الأردن والعراق أضعفت قدرته على العمل والمناورة، هذا فضلاً عن وجوده في مصر التي كانت لا تزال تحت بعض أشكال النفوذ البريطاني.

ومن جهة أخرى، استغلت الحركة الصهيونية ما حدث لليهود خلال الحرب العالمية الثانية استغلالاً كبيراً، وسعوا إلى المبالغة وتهويل ما حدث لهم في ألمانيا وأوروبا الشرقية، كسباً للعواطف والأنصار، مؤكدين أنه لا يوجد مكان آمن لحمايتهم، وأنه لا بديل لنجاتهم سوى إقامة وطنهم القومي في فلسطين. وحوَّلت الحركة الصهيونية مركز تركيزها إلى القوة العظمى الصاعدة الولايات المتحدة، خصوصاً منذ مؤتمر بلتمور Biltmore سنة ١٩٤٢، وحصلوا على دعم الحزبين الجمهوري والديموقراطي بإلغاء الكتاب البريطاني الأبيض في أيار/ مايو ١٩٣٩. وعندما صعد هاري ترومان Harry Truman لسدة الحكم أظهر عطفاً أكبر على الصهيونية، وطلب في ١٩٤٥/٨/٣١ من كليمنت أتلي Clement Attlee رئيس بريطانيا إدخال ١٠٠ ألف يهودي إلى فلسطين. وسعى اليهود إلى تجهيز أنفسهم عسكرياً، وشارك ٢٦ ألفاً من يهود فلسطين في الوحدات اليهودية في الجيش البريطاني خلال الحرب العالمية، وكان معظمهم أعضاء في منظمة الهاغاناه، حيث استفادوا خبرة عسكرية، جعلتهم نواة الدولة اليهودية المنتظرة. وهاجر إلى فلسطين خلال الفترة ١٩٣٩-١٩٤٥ نحو ٩٢ ألف يهودي، كما تمكن ٦١ ألفاً آخرين من الهجرة خلال الفترة ١٩٤٦-١٩٤٨، وحاز اليهود خلال الفترة ١٩٣٩-١٩٤٧ على نحو ٢٧٠ ألف دونم من الأراضي، وأنشأوا ٧٣ مستعمرة جديدة خلال الفترة ١٩٤٠-١٩٤٨. وفي جو من الضغط اليهودي - الأمريكي، والضعف العربي، قام البريطانيون بالتخلي رسمياً عن

• هاري ترومان

• كليمنت أتلي

الكتاب الأبيض في البيان الذي أصدره وزير الخارجية ارنست بيفن Ernest Bevin في ١٩٤٥/١١/١٤. ودعا البيان أيضاً إلى تشكيل لجنة إنجلو-أمريكية للتحقيق في قضية فلسطين، وتقديم توصياتها، مما أدخل الأمريكان بشكل مباشر في القضية، وقد أوصت اللجنة سنة ١٩٤٦ بهجرة ١٠٠ ألف يهودي، وبحرية انتقال الأراضي وبيعها لليهود[٢٥].

• ارنست بيفن

واتخذت قضية فلسطين بُعداً دولياً عندما طلبت بريطانيا من الأمم المتحدة في ١٩٤٧/٤/٢ إدراج القضية ضمن جدول أعمالها. ثم تشكلت لجنة تحقيق دولية خاصة بفلسطين (انسكوب UNSCOP) لدراسة الوضع وتقديم تقرير عنه. وقد انتهت من وضع تقريرها في ١٩٤٧/٨/٣١، ونصّت توصياتها المتحيزة على:

- إنهاء الانتداب البريطاني على فلسطين.

- تقسيم فلسطين إلى دولتين مستقلتين عربية ويهودية، مع وضع القدس تحت وصاية دولية[٢٦].

وفي مؤتمر صوفر في ١٩٤٧/٩/٦، وعاليه في ١٩٤٧/١٠/١٥-٧، قررت الدول العربية مقاومة اقتراحات اللجنة الدولية، وتقديم المعونة من رجال وسلاح لأهل فلسطين، واتخاذ "احتياطات عسكرية"، وتنظيم العمل العسكري.

"إن مطالبة الصهاينة بدولة يهودية كان يتعارض بشكل تام مع كل مبادئ القانون الدولي والتاريخ الحديث".

> ناحوم جولدمان، رئيس المنظمة الصهيونية العالمية ١٩٥٦-١٩٦٨ في مقاله:

Nahum Goldman, "The Psychology of Middle East Peace," Foreign Affairs magazine, October 1975, p. 114.

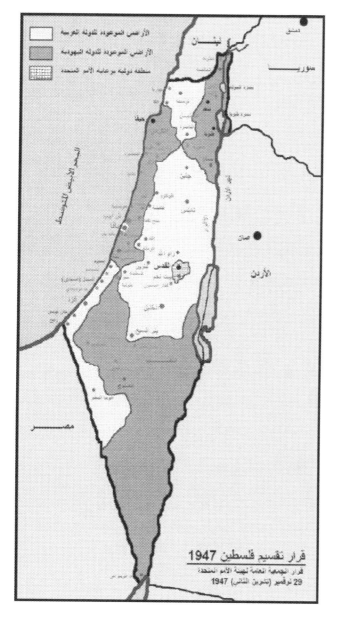

وفي ١٩٤٧/١١/٢٩ أصدرت الجمعية العامة للأمم المتحدة قرارها المشؤوم رقم ١٨١ بتقسيم فلسطين إلى دولتين عربية ويهودية، وحاز أغلبية الثلثين بضغط أمريكي ودعم روسي قوي. وأعطى القرار ٥٤,٧% من أرض فلسطين للدولة اليهودية (١٤٤٠٠ كم٢)، و٤٤,٨% للدولة العربية (١١٧٨٠ كم٢) ونحو ٠,٥% لمنطقة القدس.

ولم تكن القوى الكبرى تملك أغلبية الثلثين، وكاد في يوم ٢٦ تشرين الثاني/ نوفمبر أن يحدث تصويت، ولو تمّ لسقط مشروع التقسيم، لكن رئيس الجمعية مندوب البرازيل أجَّل الجلسة. وقام اليهود والأمريكان بحملة محمومة نجحت بمختلف الوسائل في زيادة الأصوات المؤيدة، فقد استلمت زوجات ممثلي أمريكا اللاتينية هدايا كثيرة معظمها ألماس ومعاطف فرو ثمينة. وأَمَرت حكومة هايتي، التي كانت قد صوتت ضدّ التقسيم، مندوبها بالتصويت معه، بعد أن وعدتها أمريكا بالمساعدة الاقتصادية. واستخدم رجل الأعمال الأمريكي روبرت ناثان Robert Nathan نفوذه الاقتصادي لشراء صوت جواتيمالا، وهدّدت شركة فايرستون ليبيريا اقتصادياً إن لم تتحول من الامتناع إلى التأييد، وتعرضت الفليبين لضغوط شديدة، وتدخل رئيس جمهوريتها، فأمر مندوبه بالموافقة على القرار. ووفق هذه الألعاب القذرة تمّ تقرير مصير أحد أقدس وأطهر البقع في الأرض. تُرى ما هو المنطق في أن يتقرر مصير شعب مسلم وأرض مقدسة بناء على أن زوجة فلان من أمريكا اللاتينية حصلت على طقم ألماس

أو معطف فرو!! أو لأن ليبيريا تخشى نفوذ شركة أمريكية!! وفي يوم ١٩٤٧/١١/٢٩ فاز قرار التقسيم بأغلبية ٣٣ مقابل ١٣ وامتناع عشرة.

ولا بدّ من الإشارة هنا إلى أن قرارات الجمعية العامة ليست قرارات ملزمة، حتى ضمن مواثيق الأمم المتحدة نفسها. والقرار نفسه مخالف للأساس الذي قامت عليه الأمم المتحدة من حقوق الشعوب في الحرية وتقرير مصيرها بنفسها. ثم إن شعب فلسطين المعنيّ أساساً بالأمر لم تتم استشارته ولا استفتاؤه. هذا، فضلاً عن الظلم الفاضح الذي تضمنته تفصيلات القرار من إعطاء نحو ٥٥% من أرض فلسطين لأقلية يهودية دخيلة مهاجرة تمثل ٣١,٧% من السكان ولا تملك أكثر من ٦% من الأرض.

تطور أعداد السكان في فلسطين تحت الاحتلال البريطاني

السنة	العرب		اليهود	
	العدد	النسبة (٪)	العدد	النسبة (٪)
١٩١٨	٦٠٠٠٠٠	٩١,٦	٥٥٠٠٠	٨,٤
١٩٤٨	١٣٩٠٠٠٠	٦٨,٣	٦٤٦٠٠٠	٣١,٧

تطور نسبة ملكية الأراضي في فلسطين تحت الاحتلال البريطاني

السنة	العرب (٪)	اليهود (٪)
١٩١٨	٩٨	٢
١٩٤٨	٩٤	٦

"أريد عدداً قليلاً من اليهود الأمريكيين المشهورين، خصوصاً أولئك الذين أحترمهم. والذين علموني كل شيء، أريدهم أن يقفوا ويقولوا لنترك الكذب على العالم وعلى أنفسنا، لقد سرقنا فلسطين، لقد سرقناها. حتى لو أعطينا الفلسطينيين حكماً ذاتياً، أو تقرير مصير، أو الضفة الغربية، أو دولة فلسطينية، فإننا لا زلنا نسرق معظم أرضهم، فلنبدأ على الأقل بقول الحقيقة".

> الكاتب اليهودي رون ديفيد Ron David، كتاب العرب وإسرائيل للمبتدئين Arabs & Israel for Beginners، ص ٢١٠.

خامساً: حرب ١٩٤٨ وانعكاساتها:

وقد اندلعت الحرب فور صدور قرار التقسيم، وتحمل أبناء فلسطين أعباءها في الأشهر الستة الأولى، بمساعدة عدد محدود من المتطوعين، إذ رفضت الدول العربية إرسال جيوشها إلى أن تخرج بريطانيا

في ١٩٤٨/٥/١٥. وشكّل الفلسطينيون جيش الجهاد المقدس بقيادة عبد القادر الحسيني، كما شكّلت الجامعة العربية "جيش الإنقاذ" من متطوعي البلاد العربية والإسلامية. وقد عانى أبناء فلسطين من هزالة الدعم العربي بالسلاح والعتاد لدرجة مأساوية، ومع ذلك تمكنوا من إثارة قلق اليهود ورعبهم فترة طويلة، ووصل الأمر بالولايات المتحدة للتفكير الجدي بالتراجع عن فكرة التقسيم في آذار/ مارس ١٩٤٨. وحتى دخول الجيوش العربية تمكن الفلسطينيون من المحافظة على نحو ٨٢% من أرض فلسطين بالرغم من النقص المريع في كل شيء قياساً باليهود، وبالرغم من تعاون البريطانيين، في أثناء انسحابهم، مع اليهود.

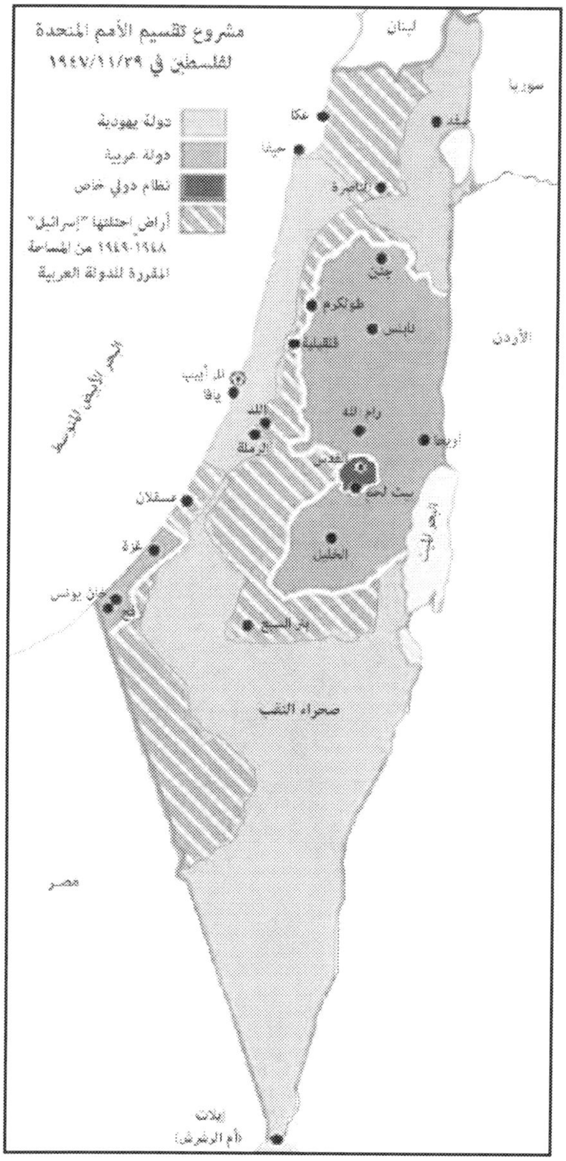

وقد مثّل دخول الجيوش العربية السبعة قصة مأساة أخرى، فلم يزد عدد مقاتليها مجتمعة عن ٢٤ ألفاً مقابل أكثر من ٧٠ ألف يهودي، وعانت من ضعف التنسيق بينها، وجهلها بالأرض، ومن أسلحتها القديمة والفاسدة، وشغل بعضها أنفسهم بنزع أسلحة الفلسطينيين بدلاً من تسليحهم، كما عانى بعضها من سوء قياداته، فضلاً عن أن أحد هذه الجيوش كان بين ضباطه الخمسين الكبار ٤٥ بريطانياً. وفضلاً عن الاستقلال

الحديث لبعض الدول العربية، وقلة خبرة جيوشها، فإن بعض هذه الدول كان لا يزال عملياً تحت النفوذ الاستعماري البريطاني[٢٧]. والجدول التالي يوضح ميزان القوة العسكرية العددية بين الطرفين العربي والصهيوني:

	القوات العربية (بالألف)	القوات اليهودية (بالألف)
مرحلة ما قبل دخول الجيوش العربية (كانون الأول/ ديسمبر ١٩٤٧ - أيار/ مايو ١٩٤٨)	١٢	٦٠
المرحلة الأولى من القتال (عند دخول الجيوش العربية)	٢١	٦٧
المرحلة الثانية من القتال (عند نهايات الحرب)	٤٠	١٠٦

لقد كانت حماسة أبناء فلسطين وأبناء الشعوب العربية والإسلامية هائلة نحو الجهاد والبذل والتضحية، ولكن القيادات السياسية والجيوش كانت عامل إحباط وفشل كبير. وعلى سبيل المثال فقد شارك الإخوان المسلمون في مصر بجهود كبيرة لإنقاذ فلسطين، وتطوع الشهيد حسن البنا في تشرين الأول/ أكتوبر ١٩٤٧ بدماء عشرة آلاف من الإخوان كدفعة أولى للمعركة. لكن الحكومة المصرية ضيّقت الخناق عليهم، ومنعتهم من السفر إلا بشكل محدود جداً. ومع ذلك فإن المئات الذين استطاعوا المشاركة في المعارك، وقاموا فيها بأدوار بطولية، كان مصيرهم الاعتقال والسجون قبل عودتهم إلى مصر، وتمّ حلُّ جماعة الإخوان المسلمين قبل أن تنتهي المعارك في كانون الأول/ ديسمبر ١٩٤٨، وقامت المخابرات المصرية باغتيال حسن البنا نفسه في ١٩٤٩/٢/١١، قبيل توقيعها اتفاقية الهدنة مع الكيان الصهيوني. كما شارك الإخوان المسلمون من

• الشيخ حسن البنا

الأردن وسورية والعراق ليمثلوا صورة وضيئة للاندفاع الشعبي للتضحية والجهاد. وهذا لا يقلل من قيمة البطولات التي قدمها الآخرون، أمثال رجال الجهاد المقدس. هذا بالإضافة إلى مشاركة الكثير من العرب في جيش الإنقاذ، بل ومشاركة نحو ٢٥٠ بوسنياً في هذه الحرب دفاعاً عن فلسطين. وكان من المشاهد التي آلمت أبناء فلسطين أن تقوم بعض الجيوش العربية بنزع أسلحة الفلسطينيين بدلاً من تسليحهم!! كما كان من المشاهد التي آلمت الجندي العربي أن يسلّم أسلحة قديمة أو فاسدة تنفجر أحياناً في وجهه عندما يستخدمها!!.

أعلنت الحركة الصهيونية "دولة إسرائيل" في مساء ١٩٤٨/٥/١٤، وتمكنت مع نهاية الحرب من هزيمة الجيوش العربية، ومن الاستيلاء على نحو ٧٧% من أرض فلسطين. أما من الناحية الفلسطينية، فقد كانت الهيئة العربية العليا قد قررت إنشاء حكومة فلسطينية لملء الفراغ الناتج عن انسحاب بريطانيا من فلسطين، وسعت لإقناع الحكومات العربية بذلك خلال أشهر آذار/ مارس، ونيسان/ أبريل والنصف الأول من أيار/ مايو ١٩٤٨، ولكن دون جدوى. وفي ١٩٤٨/٩/٢٣ قامت

• ديفيد بن جوريون يقرأ إعلان قيام "دولة إسرائيل"

الهيئة بإعلان "**حكومة عموم فلسطين**" في غزة برئاسة أحمد حلمي عبد الباقي. وقد أقرّت الحكومات العربية (ما عدا الأردن) ذلك واعترفت بالحكومة. وتأكيداً لشرعيتها، قامت حكومة عموم فلسطين والهيئة العربية العليا بالدعوة إلى مجلس وطني فلسطيني في غزة في ١٩٤٨/١٠/١ برئاسة الحاج أمين. وقد أعلن المؤتمر استقلال فلسطين، وإقامة دولة حرة ديموقراطية ذات سيادة، بحدودها الدولية المتعارف عليها في أثناء الاحتلال البريطاني. ومنح المجلس الثقة لحكومة عموم فلسطين المكونة من عشرة وزراء برئاسة أحمد حلمي عبد الباقي[٢٨].

• أحمد حلمي عبد الباقي رئيس حكومة عموم فلسطين

وعندما حاولت حكومة عموم فلسطين ممارسة صلاحياتها في قطاع غزة، تدخلت السلطات المصرية، فنقلت الحاج أمين الحسيني بالقوة إلى القاهرة، وأجبرت عدداً من أعضاء المجلس الوطني على مغادرة غزة إلى القاهرة. ثم ما لبثت أن أكرهت رئيس وأعضاء حكومة عموم فلسطين على الانتقال إلى مصر. ورفضت الحكومات العربية الاعتراف بالجوازات التي أصدرتها حكومة عموم فلسطين، كما تمّ حل وإنهاء قوات الجهاد المقدس التابعة للهيئة العربية العليا، وقامت السلطات المصرية بتعيين حاكم إداري على "المناطق الخاضعة لرقابة القوات المصرية"، أي قطاع غزة[٢٩].

وكان من النتائج المباشرة لحرب ١٩٤٨ قيام العصابات اليهودية - الصهيونية بتشريد حوالي ٥٨% من الشعب الفلسطيني من أرضهم (شُرّد بالقوة حوالي ٨٠٠ ألف من أصل مليون و٣٩٠ ألفاً) إلى خارج الأرض التي أقام اليهود عليها كيانهم، بينما شرّدوا ٣٠ ألفاً آخرين إلى مناطق أخرى في داخل الأرض المحتلة نفسها. ودمّر الصهاينة ٤٧٨ قرية من أصل ٥٨٥ قرية كانت قائمة قبل الحرب، وارتكبوا ٣٤ مجزرة خلال حرب ١٩٤٨ بمدنيين فلسطينيين في أثناء عملية التهجير، وكان من أشهرها مذبحة دير ياسين في ١٩٤٨/٤/٩ التي اعترف الصهاينة أنفسهم بقتلهم وذبحهم لـ ٢٥٤ رجلاً وامرأة وطفلاً[٣٠].

• تهجير الفلسطينيين سنة ١٩٤٨

لقد مزقت حرب ١٩٤٨ النسيج الاجتماعي والاقتصادي للشعب الفلسطيني، الذي وجد نفسه مشرداً في العراء، بعد أن استقر في بلاده طوال أربع آلاف وخمسمائة سنة ماضية. وكان على هذا الشعب المسلم أن يُذبح ويُدمر ليدفع ثمن حماقات الأوروبيين تجاه اليهود، وكان عليه أن يُطرد تنفيذاً لرغبات قوى الاستكبار الدولية المتعاطفة مع الحركة الصهيونية، ولم يكن الصهاينة الذين بنَوْا كيانهم على بحر من دماء الفلسطينيين وآلامهم ومعاناتهم ليشعروا بالإثم أو وخز الضمير، وكان أولى بهم أن يستشعروا معاناة الآخرين، بسبب ما يدَّعونه من الظلم الذي حاق باليهود، والذي أقاموا الدنيا ولم يقعدوها بسببه، ولم يكونوا قد ضمدوا جراحهم بعد من مذابح الألمان، ومن "لاسامية" الروس. ويعترف موشيه ديان Moshe Dayan الذي تولى مناصب رئاسة أركان الجيش الإسرائيلي ووزارة الدفاع ووزارة الخارجية، وكان عالماً بالآثار، أنه "ليست هناك قرية يهودية واحدة في هذه البلاد لم يتم بناؤها فوق موقع لقرية عربية"[٣١]. إنه الإجرام المنظم مع سبق الإصرار والترصد، ولم يشفع للكيان الصهيوني أن الأمم المتحدة اتخذت أكثر من ١٢٠ قراراً حتى الآن بعودة اللاجئين إلى أرضهم، والذي وصل عددهم إلى نحو ستة ملايين و٢٥٠ ألفاً من أبناء فلسطين المحتلة ١٩٤٨، في سنة ٢٠١١، فضلاً عن أكثر من مليون آخرين من أبناء الضفة والقطاع محرومون من العودة إليهما.

• مذبحة دير ياسين

• تهجير الفلسطينيين سنة ١٩٤٨

• يوسف ويتز

"يجب أن يكون واضحاً فيما بيننا أنه لا مكان في هذا البلد لشعبين. فبعد أن يتم نقل العرب، ستكون البلد واسعة بما يكفي لنا. إن الحل الوحيد هو أن تكون أرض إسرائيل، أو على الأقل الجزء الغربي منها [يعني فلسطين] دون عرب... ليس هناك حلٌّ آخر.

إن الفكرة الصهيونية جاءت جواباً للمشكلة اليهودية في أرض إسرائيل؛ إن التفريغ الكامل للبلد من كل غير اليهود وتسليمها للشعب اليهودي هو الحل".

> يوسف ويتز Yosef Weitz مدير قسم الاستيطان (الأرض) في الصندوق القومي اليهودي، حسبما كتب في مذكراته في ١٩٤٠/١٢/٢٠ و١٩٤١/٣/٢٠، والمحفوظة في الأرشيف الصهيوني المركزي (CZA) تحت رقم A246/7. نقلاً عن:

Nur Masalha, The Expulsion of the Palestinians (USA: Institute for Palestine Studies, 1993), pp. 131-132.

هوامش الفصل الثاني

[١] أميل الغوري، **فلسطين عبر ستين عاماً** (بيروت: دار النهار للنشر، ١٩٧٢)، ص ٢٨-٣٠.

[٢] كان عدد العرب نحو ٦١٠ آلاف واليهود نحو ٥٠-٥٥ ألفاً.

[٣] لمزيد من التفصيل حول تطور المشروع الصهيوني، انظر مثلاً: محمد سلامة النحال، **سياسة الانتداب البريطاني حول أراضي فلسطين العربية**، ط ٢ (بيروت: منشورات فلسطين المحتلة، ١٩٨١)؛ **وحرب فلسطين ١٩٤٧-١٩٤٨** (الرواية الإسرائيلية الرسمية) ترجمة أحمد خليفة (قبرص: مؤسسة الدراسات الفلسطينية، ١٩٨٤)، ص ١٨، و٢٦؛ وصالح أبو يصير، مرجع سابق، ص ٤٦٥-٤٨٥؛ ومحمد عبد الرؤوف سليم، **نشاط الوكالة اليهودية لفلسطين: منذ إنشائها وحتى قيام دولة إسرائيل ١٩٢٢-١٩٤٨** (بيروت: المؤسسة العربية للدراسات والنشر، ١٩٨٢).

[٤] حول ما سبق، انظر: عبد الوهاب الكيالي، **مرجع سابق**، ص ١٠٤-١٠٥، و١٣٤-١٩٨.

[٥] حول هذه الثورات الثلاث، انظر: محسن محمد صالح، **التيار الإسلامي في فلسطين وأثره في حركة الجهاد** ١٩١٧-١٩٤٨ (الكويت: مكتبة الفلاح، ١٩٨٨)، ص ١٦٥-١٩١.

[٦] انظر: **تقرير بيل**، ص ٢٦٦؛ وانظر أيضاً:

Palestine Government, A Survey of Palestine, prepared in Dec. 1945 & Jan. 1946 (Jerusalem: Government Printer, 1946), vol. 1, p. 141, 185, 224.

[٧] انظر: بيان الحوت، **القيادات والمؤسسات السياسية في فلسطين** ١٩١٧-١٩٤٨ (بيروت: مؤسسة الدراسات الفلسطينية، ١٩٨١)، ص ٣٠١-٣١٤؛ وكامل خلة، **فلسطين والانتداب البريطاني ١٩٢٢-١٩٣٩** (طرابلس (ليبيا): المنشأة العامة للنشر والتوزيع والإعلان، ١٩٨٢)، ص ٥١٧-٥٢١.

[٨] زهير المارديني، **ألف يوم مع الحاج أمين الحسيني** (بيروت: د.ن، ١٩٨٠)، ص ٧٧.

[٩] Appreciation of Arab Feeling as Affecting Palestine, Memorandum by H.R. Rice Submitted to the Chief Secretary, Government of Palestine, 8/9/1933, Secret, Colonial Office (C.O.) 733/257/11.

[١٠] Palestine: Report on Immigration, Land Settlement and Development, by Sir J.H. Simpson, 1930, Cmd. 3686 (London: His Majesty Stationary Office, 1930), pp. 141-153.

[١١] اشتهر الكتاب الأبيض باسم كتاب باسفيلد الأبيض Passfield White Paper، أما الكتاب الأسود فهو رسالة رئيس الوزراء البريطاني ماكدونالد R. MacDonald إلى حاييم وايزمان رئيس المنظمة الصهيونية العالمية، وقرأها في مجلس العموم البريطاني في ١٩٣١/٢/١٣.

[١٢] عبد الوهاب الكيالي، **مرجع سابق**، ص ٢٢٩.

[١٣] انظر: بيان الحوت، **مرجع سابق**، ص ٢١٦، و٢٤٦-٢٤٧، و٨٧٢-٨٧٣.

[١٤] المرجع نفسه، ص ٢٩٤-٢٩٥؛ **ووثائق الحركة الوطنية الفلسطينية** ١٩٨١-١٩٣٩: من أوراق أكرم زعيتر، أعدتها للنشر بيان الحوت، ط ٢ (بيروت: مؤسسة الدراسات الفلسطينية، ١٩٨٤)، ص ٣٨١-٣٩١.

[١٥] انظر: محسن محمد صالح، **القوات العسكرية والشرطة في فلسطين** ١٩١٧-١٩٣٩ (عمّان: دار النفائس، ١٩٩٦)، ص ٤٠٥-٤٠٨.

[١٦] **المرجع نفسه**، ص ٤٠٨-٤١٨.

[١٧] انظر بالتفصيل حول هذه الحركة في: محسن صالح، **التيار الإسلامي في فلسطين**، ص ٢٢٩-٣٢٧.

[١٨] انظر: أميل الغوري، **مرجع سابق**، ص ٢٣٢-٢٣٥.

[١٩] حول الثورة الكبرى، انظر: عبد الوهاب الكيالي، **مرجع سابق**، ص ٢٦٠-٣٠٠؛ ومحسن صالح، **القوات العسكرية والشرطة في فلسطين**، ص ٤٣٧-٦١٨.

[٢٠] انظر: يوسف رجب الرضيعي، **ثورة ١٩٣٦ في فلسطين: دراسة عسكرية** (بيروت: مؤسسة الأبحاث العربية، ١٩٨٢)، ص ٦١-٦٢، و٦٩، و٧٣، و٧٨.

[٢١] محمد عزة دروزة، **فلسطين وجهاد الفلسطينيين** (القاهرة: دار الكتاب العربي، ١٩٥٩)، ص ٤٣، و٢٢٠.

[٢٢] انظر: عبد الوهاب الكيالي، **مرجع سابق**، ص ٣٠٠-٣٠٢؛ وكامل خلة، **مرجع سابق**، ص ٧٣٣-٧٤٣.

[٢٣] انظر: فلاح خالد علي، **فلسطين والانتداب البريطاني ١٩٣٩-١٩٤٨** (بيروت: المؤسسة العربية للدراسات والنشر، ١٩٨٠)، ص ١٠٧-١١١؛ وزهير المارديني، **مرجع سابق**، ص ١٥٧-١٦٢، و١٧١، و٢٠٠-٢٠٢، و٢٤١، و٢٤٣.

[٢٤] خليل السكاكيني، **كذا أنا يا دنيا**، ط ٢ ([دمشق]: الاتحاد العام للكتاب والصحفيين الفلسطينيين، ١٩٨٢)، ص ٣٦٧.

[٢٥] حول هذه الفقرة، انظر: فلاح علي، **مرجع سابق**، ص ١٤١، و١٨١، و١٩٥-١٩٧، و٢٠٣-٢٠٥؛ **وحرب فلسطين ١٩٤٧-١٩٤٨** (الرواية الإسرائيلية الرسمية)، ص ٢٦، و٨٧.

[٢٦] فلاح علي، **مرجع سابق**، ص ٢٤٨-٢٥٠.

[٢٧] حول حالة الجيوش العربية وسلوكها في حرب ١٩٤٨، انظر مثلاً: عارف العارف، **النكبة: نكبة بيت المقدس والفردوس المفقود ١٩٤٧-١٩٥١** (صيدا-بيروت: المكتبة العصرية، ١٩٥٤)، ج ٢، ص ٣٤٢، وج ٦، ص ٢٢٥؛ ومحمد عزة دروزة، **مرجع سابق**، ص ٨٠-٨٩. كما تحدث عن ذلك بإسهاب: صالح أبو يصير في كتابه **جهاد شعب فلسطين**.

[٢٨] حسين أبو النمل، قطاع غزة ١٩٤٨-١٩٦٧: **تطورات اقتصادية وسياسية واجتماعية وعسكرية** (بيروت: مركز الأبحاث (م.ت.ف)، ١٩٧٩)، ص ٢٢-٢٣.

[٢٩] **انظر:** الموسوعة الفلسطينية، ج ٢، ص ٣٤٢-٣٤٤، وج ٤، ص ٣٧٧-٣٧٩، و٥٥٦-٥٦١؛ وحسين أبو النمل، مرجع سابق، ص ٢٥.

[٣٠] انظر: إبراهيم أبو جابر، "المجتمع العربي في إسرائيل،" في جواد الحمد (محرر)، **المدخل إلى القضية الفلسطينية**، سلسلة دراسات رقم ٢١ (عمّان: مركز دراسات الشرق الأوسط، ١٩٩٧)، ص ٤٢٧؛ وانظر أيضاً:

Salman Abu Sitta, *Palestinian Right to Return* (London: The Palestinian Return Center, 1999), p. 16, 27.

[٣١] كليفورد رايت، **حقائق وأباطيل في الصراع العربي الإسرائيلي**، ترجمة عبد الله عريقات وعبد الله عيّاد (عمّان: دار الناصر، ١٩٩٢)، ص ٨٥، نقلاً عن جريدة **الجارديان** *The Guardian* البريطانية في عدد ١٤/١١/١٩٧٣.

الفصل الثالث

قضية فلسطين

١٩٤٩-١٩٦٧

قضية فلسطين ١٩٤٩-١٩٦٧

مقدمة:

كان الشعور بالمرارة والمهانة هو الشعور السائد لدى أبناء فلسطين بل والعرب والمسلمين نتيجة حرب ١٩٤٨، ووجد شعب فلسطين نفسه مشتتاً مقتلعاً من أرضه للمرة الأولى، وتحت حكم أنظمة مختلفة، تفاوتت في إعطائه درجات من الحرية وحقوقه المدنية، وإمكانات تنظيم نفسه في مؤسسات سياسية وجهادية، سعياً لتحرير أرضه. غير أن شعب فلسطين، بما عُرف عنه من حيوية، تعامل بإيجابية عالية مع الوضع، وحاول التكيف مع أوضاعه الصعبة. فمثلاً لم تمض ِسوى سنوات قليلة حتى كان شعب فلسطين هو الأكثر تعلماً مقارنة بكل البلاد العربية، إذ كانت عملية التعليم أحد وسائل التعويض والإعداد لمواجهة المستقبل وتحدياته.

أولاً: البلاد العربية وفلسطين:

وقد شهدت هذه المرحلة انحسار الاستعمار عن معظم بلدان العالم العربي والإسلامي، غير أن الأنظمة "المستقلة" التي حلت مكانه، استخدمت النسق الغربي للحكم، فاتخذت صبغات علمانية، ذات مضامين ليبرالية أو اشتراكية أو محافظة، أو وقعت تحت الحكم العسكري. وقد سعى كل نظام، عملياً، إلى ترسيخ نفوذه والهوية الوطنية القطرية بدلاً من السعي نحو الوحدة، مما كرس حالة التجزئة والتمزق التي تعاني منها الأمة. ومع ذلك بقي الخطاب القومي وشعاراته هي السائدة في الساحة العربية. وقد علّق الفلسطينيون آمالهم في هذه المرحلة على "قومية المعركة"، وعلى الأنظمة العربية، وخصوصاً مصر بزعامة جمال عبد الناصر.

وكان شعار المرحلة البرّاق "الوحدة طريق التحرير"، الذي بقدر ما كثر الحديث عنه، بقدر ما ترسخت حالة الإحباط في النهاية تجاه تحقيقه، خصوصاً بعد فشل الوحدة المصرية - السورية خلال الفترة ١٩٥٨-١٩٦١، وبعد أن انكشفت حالة "إفلاس"

رموزه إثر كارثة حرب ١٩٦٧، الذين افتقدوا المنهجية الصحيحة والجدية والإصرار اللازمين، فلا حققوا وحدةً ولا تحريراً، فضلاً عن تضييع باقي فلسطين وسيناء والجولان. وشهدت هذه الفترة مداً قومياً ويسارياً، وانحساراً للتيار الإسلامي سياسياً وشعبياً وجهادياً، خصوصاً بعد الحملة الشرسة المنظمة التي قادها عبد الناصر وأنصاره ضدّ هذا التيار.

وعلى أي حال، فإن حالة العداء الرسمي ضدّ الكيان الصهيوني استمرت طوال هذه المرحلة، لكن الخط البياني للأنظمة العربية اتجه عملياً نحو ترسيخ الواقع، وليس إلى تغييره، أو بعبارة أخرى اتجه نحو "التسوية" وليس نحو "التحرير" لأسباب ذاتية وموضوعية، جعلتهم يستشعرون حالة عجز حقيقي، فانشغلوا بدغدغة عواطف الجماهير الواسعة، التي كانت تترقب ساعة المعركة، بينما كان الكيان الصهيوني "الغضّ" يشتد ويزداد قوة ورسوخاً.

ولذلك، تمّ تبني المقاومة الفلسطينية غالباً لأسباب تكتيكية مرحلية، وليس ضمن خطط استراتيجية شاملة. وسارت سياسات دول المواجهة مع المقاومة الفلسطينية ضمن خطين:

- **الأول:** ضمان أمن النظام وبقائه، وعدم تعريضه لمخاطر الانتقام الصهيوني، وبشكل آخر عدم كشف مدى ضعف النظام في ساحة المواجهة، وبالتالي ضبط العمل الفدائي الفلسطيني، ووضعه تحت السيطرة ما أمكن، ومنعه من استخدام الحدود للقيام بعمليات مسلحة. وهي السياسة العامة التي درجت عليها كل دول الطوق.

- **الثاني:** السماح المرحلي التكتيكي بتواجد المقاومة المسلحة على أرضها، تحقيقاً لمكاسب سياسية شعبية، أو تجنباً لاضطرابات داخلية، وتنفيساً عن غضب الجماهير. ولذلك بقيت حدود دول المواجهة مع العدو مغلقة محرمة على العمل الفدائي الفلسطيني، مع استثناءات محدودة فرضتها ظروف معينة، وكان أهم هذه الاستثناءات جنوب لبنان الذي تشكلت فيه قاعدة مقاومة قوية بعد حرب ١٩٦٧، واستمرت حتى ١٩٨٢، ليس بسبب رغبة النظام الحاكم، وإنما بسبب ضعفه، وقوة الثورة وقاعدة تأييدها الواسعة.

ثانياً: العمل الوطني الفلسطيني:

وفي المرحلة التي نحن بصددها نجد أن السلوك الشعبي الفلسطيني اتسم بما يلي:

- محاولة استيعاب الصدمة، والتكيف مع الواقع الجديد، والتركيز على التعليم وسبل الاعتماد على النفس.

- الانتماء إلى التنظيمات والأحزاب ذات الطبيعة القومية (الناصريون، البعث...) والشيوعية واليسارية (الحزب الشيوعي، القوميون العرب...)، والإسلامية (في النصف الأول من المرحلة: الإخوان المسلمون، حزب التحرير...).

- بدايات تشكُّل الهوية الوطنية الفلسطينية، التي لم تستطع أن تبرز كثيراً في ظلّ المد القومي واليساري (نشأة حركة فتح، ومنظمة التحرير الفلسطينية).

- هجرة الكثير من أبناء فلسطين طلباً للرزق إلى الضفة الشرقية من نهر الأردن، وإلى بلدان الخليج العربي وخصوصاً السعودية والكويت.

- الانفضاض الشعبي التدريجي عن الحاج أمين الحسيني.

وقد أكملت الحكومة الأردنية سيطرتها الدستورية على الضفة الغربية، وهي معظم ما تبقى من فلسطين (٥٨٧٨ كم٢ أي ٢١٫٧٧% من مساحة فلسطين)، بعد أن انعقدت بتشجيعها مؤتمرات حضرها وجهاء فلسطينيون مؤيدون للأردن، ودعت للوحدة مع الأردن. فانعقد مؤتمر في عمّان في ١٩٤٨/١٠/١ (بالتوازي مع مؤتمر غزة) برئاسة الشيخ سليمان التاجي الفاروقي، فوض الملك عبد الله تفويضاً تاماً في أن يتحدث باسم عرب فلسطين[١]. وانعقد في أريحا مؤتمر في ١٩٤٨/١٢/١ برئاسة محمد علي الجعبري رئيس بلدية الخليل، تمّ الإعلان فيه عن وحدة الأراضي الأردنية والفلسطينية، ومبايعة الملك عبد الله ملكاً على فلسطين. فقامت الحكومة الأردنية بإصدار بيان تقول فيه إنها "تُقدّر رغبة سكان فلسطين، ومتفقة معها". واجتمع مجلس الأمة الأردني في ١٩٤٨/١٢/١٣، حيث أيد مؤتمر أريحا وموقف الحكومة الأردنية، واتخذ قراراً بالمبادرة إلى تنفيذ توحيد الضفتين. وفي آخر كانون الأول/ ديسمبر من العام نفسه، انعقد مؤتمرٌ ثالثٌ في رام الله ورابعٌ في نابلس، وقد أيدا قرارات مؤتمر أريحا. وقد أثار موقف الأردن معارضة شديدة في الأوساط العربية والفلسطينية الرسمية والشعبية، غير أن سيطرة القوات الأردنية على معظم ما تبقى من فلسطين (الضفة الغربية) مكَّنها من منع حكومة عموم فلسطين من ممارسة صلاحياتها،

وقامت الحكومة الأردنية بعدد من إجراءات الوحدة خلال سنة ١٩٤٩، وفي كانون الأول/ ديسمبر ١٩٤٩ صدرت إرادة ملكية بأن كل المقيمين في الضفتين قد حازوا الجنسية الأردنية، كما صدرت إرادة ملكية أخرى بإجراء انتخابات في ١٩٥٠/٤/٢٠ مناصفة بين الضفتين. وفي ١٩٥٠/٤/٢٤ التأم أول مجلس نيابي تمثيلي لكلا الضفتين، حيث وافق على الوحدة الاندماجية بين الضفة الغربية وشرقي الأردن[٢].

وفي الوقت نفسه وضعت الحكومة المصرية يدها على قطاع غزة (٣٦٣ كم٢ أي ١,٣٤% من مساحة فلسطين) وقامت بإدارته. ومُنع الحاج أمين ورفاقه في الهيئة العربية العليا وفي حكومة عموم فلسطين من العيش أو العمل السياسي في الضفة الغربية أو القطاع. وبقيت حكومة عموم فلسطين قائمة في مصر، دون أن تستطيع القيام بأي من الأعمال المنوطة بها. وفرضت السلطات المصرية حصاراً على دار الهيئة العربية العليا في القاهرة، ووضعت الحاج أمين تحت رقابة مُشدَّدة، حرمته من حرية العمل والتنقل. وهكذا، عانت الهيئة العربية العليا وحكومة عموم فلسطين من الحصار والتجاهل والتضييق. حتى انتهى أي تأثير عملي لهما على الواقع الفلسطيني. ووجد الحاج أمين نفسه أشبه بالرهينة لدى مصر، فاضطر إلى مغادرتها إلى لبنان في سنة ١٩٥٨ بعد أن ذاق مرارة العزل والحصار، كما وجدت "هيئته" و"حكومته" نفسيهما تتضاءلان وتنزويان إلى أن انحصرتا في شقة أو اثنتين في بنايات القاهرة!!

• الحاج أمين الحسيني

وتحوّل دور رئيس حكومة عموم فلسطين منذ سنة ١٩٥٢ إلى مجرد مندوب لفلسطين لدى الجامعة العربية. وهكذا، أفل نجم الحاج أمين بالتدريج. وسواء استمتع الحاج أمين بشعبية واسعة حتى منتصف الخمسينيات أم لا، وسواء حمّله البعض مسؤولية عن ضياع فلسطين أم لا، فإن الرجل كان مشهوداً له بالصلابة والإخلاص، وكان الرمز الأول للعمل الوطني أكثر من ثلاثين عاماً.

من الناحية الشعبية، كان للإخوان المسلمين قصب السبق وسط قطاعات الفلسطينيين خلال الفترة ١٩٤٩-١٩٥٤ سواء في الضفة أم في القطاع، لما حققوه من سمعة جهادية في حرب ١٩٤٨، ولما طرحوه من برامج إسلامية وطنية، حيث نعموا بحرية نسبية في مصر حتى سنة ١٩٥٤، وبأجواء مواتية في الأردن. كما أصبح حزب "التحرير الإسلامي" ظاهرة لا يستهان بها خصوصاً في الأردن في منتصف الخمسينيات، حيث ركز على العمل السياسي وإقامة الخلافة الإسلامية. ومثّل الشيوعيون تحدياً شعبياً للتيار الإسلامي، خصوصاً في القطاعات الطلابية والمهنية، بما طرحه من شعارات برّاقة حول معاناة الجماهير، واتهام الأنظمة بالخيانة والعمالة... . إلا أن هذا التيار والتيارات القومية واليسارية الأخرى لم تكن لتقوى على منافسة الإسلاميين، إلا بعد أن سدّد عبد الناصر ضربته القاسية للإخوان، وأخذ يلاحقهم، واستخدم إعلامه القوي في تشويه صورتهم. فأصبح التوجه العام لدى الإخوان والإسلاميين عموماً هو المحافظة على النفس، والانكفاء على الذات بانتظار ظروف أفضل. وكانت أحد نماذج قوة الإسلاميين رابطة طلبة فلسطين في مصر التي كان يفوز بها الإسلاميون أو من يدعمونه حتى سنة ١٩٥٧، والتي رأسها ياسر عرفات عندما كان طالباً مقرّباً من الإخوان.

واتخذت المقاومة الفلسطينية في هذه المرحلة أشكالاً بسيطة محدودة التأثير، فكثرت في النصف الأول من الخمسينيات عمليات اختراق الحدود لاسترجاع ممتلكات للعائلات المشردة، أو لتوجيه ضربات انتقامية للعدو. وفي قطاع غزة أنشأ الإخوان المسلمون تنظيماً سرياً ذا طبيعة عسكرية، قام بعدد من العمليات بالتنسيق مع بدو النقب، واستفادوا من وجود الضابط الإخواني في الجيش المصري عبد المنعم عبد الرؤوف في القطاع إثر نجاح الثورة المصرية، فسهل لهم سبل التدريب العسكري. وكانت عملية "الباص" في ١٩٥٤/٣/١٧ أحد أشهر العمليات التي تُظهر بعض المؤشرات أن البدو نفذوها بالتنسيق مع الإخوان، وأدت إلى مقتل ١١ إسرائيلياً قرب بئر السبع بجانب مستعمرة معاليه أكربيم Ma'ale Akrabim[٣].

وقد اتسمت ردود الفعل الصهيونية على عمليات المقاومة بالعنف والغطرسة، سواء في الضفة أو القطاع، فوقعت مثلاً مذبحة قبية في ١٤-١٩٥٣/١٠/١٥ حيث استشهد ٦٧ شخصاً[٤]. وفي ١٩٥٥/٢/٢٨ ارتكبت القوات الصهيونية مذبحة غزة التي أدت إلى استشهاد ٣٩ وجرح ٣٣ شخصاً، مما دفع أهل القطاع إلى الانتفاضة والمطالبة بالقتال،

• مصطفى حافظ

فوافقت القيادة المصرية على العمل الفدائي الفلسطيني، وأوكلت المهمة إلى الضابط المصري مصطفى حافظ، الذي أحسن أداء واجبه. وتدفق الآلاف للتطوع، غير أنه تمّ انتقاء العناصر ذات الخبرات القتالية والمعرفة بالأرض، وزاد عدد الفدائيين العاملين عن ألف. وقاموا بعمليات يومية خاطفة، وأحيانا بعمليات كبيرة واسعة. وقد نشط هذا العمل بدءاً من شهر أيلول/ سبتمبر ١٩٥٥ وحتى تشرين الأول/ أكتوبر ١٩٥٦. غير أن مصطفى حافظ استشهد في ١٩٥٦/٧/١١ نتيجة انفجار طرد ملغوم، أرسله له رجال الموساد الإسرائيلي عن طريق عميل مزدوج[٥].

وحسب تصريح أدلى به ديفيد بن جوريون David Ben Gurion رئيس الوزراء الإسرائيلي في الكنيست Knesset في آذار/ مارس ١٩٥٦ فإن عدد الإصابات الإسرائيلية بسبب الحوادث الحدودية سنة ١٩٥١ بلغ ١٣٧ إصابة، وفي سنة ١٩٥٢ بلغ ١٤٧ إصابة، وسنة ١٩٥٣ بلغ ١٦٢ إصابة، وسنة ١٩٥٤ بلغ ١٨٠ إصابة، وسنة ١٩٥٥ بلغ ٢٥٨ إصابة[٦]. أما حسين أبو النمل فينقل إحصائية تذكر أن عدد قتلى الإسرائيليين، منذ توقيع وقف إطلاق النار في آذار/ مارس ١٩٤٩ وحتى حرب اجتياح القطاع وسيناء في آخر تشرين الأول/ أكتوبر ١٩٥٦، قد بلغ ١١٧٦ قتيلاً[٧].

وفي ١٩٥٦/١٠/٢٩ بدأ العدوان الثلاثي (الإسرائيلي - البريطاني - الفرنسي) على مصر. وكانت رغبة الصهاينة في تدمير العمل الفدائي الفلسطيني في القطاع، وسعيهم لفتح خطوط الملاحة لسفنهم في البحر الأحمر، سواء بفتح قناة السويس، أو بفك الحصار عن ميناء إيلات، فضلاً عن نواياهم التوسعية هي أبرز العوامل التي دفعتهم لشن هذه الحملة. وقد توافق ذلك مع النوايا الاستعمارية البريطانية في الرغبة باستمرار السيطرة على قناة السويس.

• العدوان الثلاثي ١٩٥٦

كما توافق ذلك مع الرغبة الفرنسية في توجيه ضربة لمصر، لأنها كانت تدعم الثورة الجزائرية. وقد أدى ذلك كله إلى احتلال الصهاينة لقطاع غزة وسيناء، وشاركت بريطانيا وفرنسا في ضرب المطارات المصرية واحتلال موانئها. وكان الاحتلال الصهيوني سريعاً وحاسماً، بدرجة كشفت ضعف الجيش المصري، وتقصير قيادته السياسية. غير أن الإعلام المصري ركز على صمود القيادة المصرية في وجه التنازلات، واستفاد من اضطرار القوات الإسرائيلية والبريطانية والفرنسية للانسحاب في ١٩٥٧/٣/٦ تحت الضغط الأمريكي، فعاد الألق من جديد إلى شخص عبد الناصر. وقد توقف العمل الفدائي عن طريق قطاع غزة إثر العدوان الثلاثي، وبعد قرار مصر إغلاق الحدود في وجه الفدائيين.

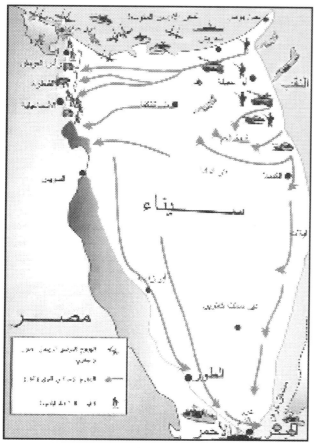

• العدوان الثلاثي ١٩٥٦

ثالثاً: نشأة حركة فتح:

وفي تلك الفترة، فرضت حالة التضييق والمطاردة المفروضة على التيار الإسلامي، خصوصاً في مصر والقطاع، تساؤلات أمام شباب الإخوان المسلمين الفلسطينيين المتحمسين، الذين أخذوا يتساءلون عن وسائل العمل الممكنة لتحرير فلسطين. وبالرغم من أن التيار العام وسطهم كان يدعو إلى التريث، والتركيز على الجوانب التربوية والإيمانية، إلا أن تياراً آخر أخذ يتجه للقيام بعمل منظم مسلح، لا يتخذ أشكالاً إسلامية مكشوفة، وإنما يتبنى أطراً وطنية تمكنه من تجنيد قطاعات أوسع من الشباب، ولا تجعله عرضة لعداء الأنظمة وملاحقاتها. وكانت تجربة الثورة الجزائرية في تلك الفترة

• ياسر عرفات

أحد الحوافز المهمة لهذا العمل. وكانت هذه هي البذور الأولى لنشأة حركة فتح (حركة تحرير فلسطين، وفيما بعد حركة التحرير الوطني الفلسطيني) سنة ١٩٥٧ في الكويت، برئاسة ياسر عرفات، والتي خرجت أساساً من أحضان الإخوان المسلمين، وبالذات من أبناء قطاع غزة.

وكان خليل الوزير (أبو جهاد) الذي أصبح الرجل الثاني في فتح طوال ثلاثين عاماً، قد قدّم اقتراحاً بذلك إلى قيادة الإخوان في القطاع فلم يستجيبوا له، غير أن هذا لم يمنع أن ينضم لفتح عند نشأتها عدد لا بأس به من ذوي المكانة والاحترام بين الإخوان أمثال سعيد المزين، وغالب الوزير، وسليم الزعنون، وصلاح خلف،

• خليل الوزير وياسر عرفات

وأسعد الصفطاوي، ومحمد يوسف النجار، وكمال عدوان، ورفيق النتشة، وعبد الفتاح حمود، ويوسف عميرة حيث تولوا مناصب قيادية عالية في الحركة. غير أن فتح، التي ظلت تركز في تجنيدها على العناصر الإخوانية حتى سنة ١٩٦٣، انفتحت أكثر على مختلف التيارات وقطاعات الشعب الأخرى، خصوصاً

بعد أن أصدرت قيادة الإخوان في القطاع أوامرها بالتمايز إما مع فتح وإما مع الإخوان.⁸ وأخذت فتح تصطبغ بصبغة وطنية علمانية شكلت هويتها العامة إلى وقتنا هذا. وشكلت فتح جناحها العسكري "العاصفة"، وقامت بأولى عملياتها العسكرية في مطلع سنة ١٩٦٥، وتمكنت من شنّ نحو ٢٠٠ عملية عسكرية منذ ذلك الوقت وحتى حرب حزيران/ يونيو ١٩٦٧.⁹

أما حركة القوميين العرب فقد كان معظم أعضائها المؤسسين من الفلسطينيين الدارسين في الجامعة الأمريكية ببيروت في منتصف الخمسينيات من القرن العشرين، وكان من أبرزهم جورج حبش. ورفعت شعار الوحدة القومية وتحرير فلسطين، وأيدت

السياسات الناصرية. وشكلت لجنة فلسطين في سنة ١٩٥٨. وبعد فشل تجربة الوحدة المصرية - السورية، أخذت تتبنى الفكر الاشتراكي والعمل الشعبي، وفي أيار/ مايو ١٩٦٤ شكلت "الجبهة القومية لتحرير فلسطين" وجناحها العسكري شباب الثأر، الذي أخذ يمارس العمل الفدائي منذ تشرين الثاني/ نوفمبر ١٩٦٤. وفي سنة ١٩٦٦ تبنت الحركة الماركسية طريقاً لعملها[١٠]. وهي التي أنشأت في كانون الأول/ ديسمبر ١٩٦٧ الجبهة الشعبية لتحرير فلسطين بالتحالف مع قوى أخرى.

• صلاح خلف

• سليم الزعنون

• عبد الفتاح حمود

• محمد يوسف النجار

• كمال عدوان

• رفيق النتشة

• سعيد المزين

رابعاً: إنشاء منظمة التحرير الفلسطينية (م.ت.ف):

ومن جهة أخرى، كانت الأنظمة العربية تشعر بما تموج به الساحة الفلسطينية من أنشطة سرية وحركات وتنظيمات. وكان الرئيس عبد الناصر يرغب ألا يفلت الزمام من يده، خاصة في ظروف الخلافات بين الأنظمة العربية...، فأصبح هناك اتجاه يريد استيعاب الفلسطينيين في كيان رسمي معتمد، يسهل التحكم فيه. وفي سنة ١٩٥٩ اتخذ مجلس الجامعة العربية قراراً دعا إلى إعادة تنظيم الشعب الفلسطيني، وإبرازه كياناً موحداً بواسطة ممثلين يختارهم الشعب. لكن ذلك ظلّ عرضة للتأجيل والتسويف، حتى وفاة أحمد حلمي عبد الباقي، ممثل حكومة عموم فلسطين لدى الجامعة العربية في سنة ١٩٦٣.

• أحمد الشقيري

وبدعم من عبد الناصر، تمّ اختيار أحمد الشقيري ممثلاً لفلسطين مكان عبد الباقي، وكُلّف بدراسة القضية الفلسطينية وسبل تحريكها وتنشيطها. وعندما انعقد مؤتمر القمة العربي الأول في القاهرة في ١٩٦٤/١/١٣، تقرر تكليف الشقيري بالاتصال بالدول الأعضاء والشعب الفلسطيني، "بغية الوصول إلى القواعد السليمة لتنظيم الشعب الفلسطيني، وتمكينه من القيام بدوره في تحرير وطنه، وتقرير مصيره". ولم يقم الشقيري بتقديم تقرير للجامعة حول السبل المقترحة؛ لقناعته بأنه سيكون عرضة لمزيد من المدارسة والتأجيل، فقرر وضع البلاد العربية أمام الأمر الواقع. فقام، بدعم مصري، بإنشاء منظمة التحرير الفلسطينية (م.ت.ف)، حيث انعقد المجلس الوطني الفلسطيني الأول في القدس في ١٩٦٤/٥/٢٨ بحضور ٤٢٢ ممثلاً للفلسطينيين، وبرعاية الملك حسين ملك الأردن. وأعلن ميلاد المنظمة رسمياً، وصودق على الميثاق القومي الفلسطيني الذي أكد على الكفاح المسلح لتحرير كل فلسطين، وعدم التنازل عن أي جزء منها، وانتُخب أحمد الشقيري رئيساً للمنظمة. وقد قررت م.ت.ف تشكيل جيش التحرير الفلسطيني، كما قامت بعدد من الجهود التعبوية والإعلامية. ورحب الفلسطينيون بشكل عام بإنشاء م.ت.ف باعتبارها تمثيلاً للكيانية الفلسطينية والهوية الوطنية التي جرى تغييبها سابقاً. وإن كان البعض مثل حركة فتح قد شكك في خلفيات إنشائها، وقدرتها على القيام بواجباتها[11].

• المجلس الوطني الفلسطيني الأول في القدس ١٩٦٤

خامساً: حرب حزيران/ يونيو ١٩٦٧ وانعكاساتها:

وفي ١٩٦٧/٦/٥ اندلعت الحرب العربية - الإسرائيلية، بعد حالة من التصعيد المتبادل، قامت فيه مصر بإغلاق مضائق تيران في البحر الأحمر، وطلبت من مراقبي الأمم المتحدة على حدودها المغادرة، وأعلنت البلاد العربية استعدادها لمعركة المصير وتحرير فلسطين. لكن القوات الإسرائيلية قامت في صباح ٥ حزيران/ يونيو بتدمير الطيران في المطارات المصرية والأردنية والسورية، وفي غضون ستة أيام كان الأمر قد انتهى بكارثة عربية جديدة، فاحتل الصهاينة باقي فلسطين (الضفة الغربية ٥٨٧٨ كم٢، وقطاع غزة ٣٦٣ كم٢) وصحراء سيناء المصرية ٦١١٩٨ كم٢، ومرتفعات الجولان السورية ١١٥٠ كم٢.

• جنود إسرائيليون يحتفلون باحتلال القدس

وبحسب الروايات الشعبية الفلسطينية، فقد دخل الجنود اليهود بيت المقدس والمسجد الأقصى وهم يهزّجون "حطّ المشمش عالتفاح... دين محمد ولّى وراح"، و"محمد مات... خلّف بنات" ويصرخون "يا لثارات خيبر...". وصحت الجماهير العربية والإسلامية على هول كارثة لم تدر بخلدها، واكتشفوا مدى الزيف والخداع والأوهام

التي غذتهم بها الأنظمة العربية طوال الـ ١٩ سنة السابقة. فقد تمّ تدمير أسلحة الطيران المصرية والسورية والأردنية، وهي ما تزال قابعةً في مدرجاتها. وتمّ تدمير ٨٠٪ من أعتدة الجيش المصري. واستشهد حوالي ١٠ آلاف مقاتل مصري و٦٠٩٤ مقاتلاً أردنياً وألف مقاتل سوري، فضلاً عن الجرحى.

وكان من نتائج هذه الحرب تشريد ٣٣٠ ألف فلسطيني آخرين، وخفوت نجم جمال عبد

• آليات مصرية مدمرة في حرب ١٩٦٧

الناصر، وضعف الثقة بالأنظمة العربية، وسعي الفلسطينيين إلى أخذ زمام المبادرة بأيديهم، ونمو الحركة الوطنية الفلسطينية أكثر وأكثر. غير أن أحد أبرز النتائج المؤسفة هو أن تركيز الأنظمة العربية، بل وم.ت.ف فيما بعد، قد صار على استعادة الأرض المحتلة ١٩٦٧ (الضفة والقطاع) أي ٢٣٪ من أرض فلسطين، والاستعداد الضمني للتنازل عن الأرض المحتلة سنة ١٩٤٨، والتي قامت كل هذه الحروب والمنظمات أساساً لتحريرها.

• وزير الدفاع الإسرائيلي موشيه ديان (وسط الصورة) يدخل القدس بعد احتلالها سنة ١٩٦٧

نتائج حرب حزيران/ يونيو ١٩٦٧

هوامش الفصل الثالث

١ أسعد عبد الرحمن، **منظمة التحرير الفلسطينية** (نيقوسيا: مركز الأبحاث (م.ت.ف)، ١٩٨٥)، ص ٣٣.

٢ انظر: **الموسوعة الفلسطينية**، ج ٤، ص ٣٧٧-٣٧٩؛ وأسعد عبد الرحمن، **منظمة التحرير الفلسطينية**، ص ٣٤.

٣ See Public Record Office (The National Archives), Kew Gardens, London, Files: Foreign Office (F.O.) 371/111077, 111098-111100.

٤ **الموسوعة الفلسطينية**، ج ٣، ص ٥٠٢-٥٠٤.

٥ **المرجع نفسه**، ج ٣، ص ٣٩٣-٣٩٨؛ وحسين أبو النمل، **مرجع سابق**، ص ١٠١-١٢٣.

٦ Dispatch, British Embassy, Tel Aviv, to Lloyd, London, 10/3/1956, F.O. 371/121773.

٧ حسين أبو النمل، **مرجع سابق**، ص ٦٦.

٨ انظر: عبد الله أبو عزة، **مع الحركة الإسلامية في الدول العربية** (الكويت: دار القلم، ١٩٨٦)، ص ٧١-٩٦؛ ومحسن صالح، **الطريق إلى القدس**، ص ١٦٠-١٦٣.

٩ صلاح خلف، **فلسطين بلا هوية**، ط ٢ (عمّان: دار الجليل للنشر، ١٩٩٦)، ص ٧٥-٨٣.

١٠ فوزي تيم، "القوى السياسية الفلسطينية،" في جواد الحمد (محرر)، **المدخل إلى القضية الفلسطينية**، سلسلة دراسات رقم ٢١ (عمّان: مركز دراسات الشرق الأوسط، ١٩٩٧)، ص ٣٥٧-٣٥٨.

١١ حول م.ت.ف، انظر: أسعد عبد الرحمن، **منظمة التحرير الفلسطينية**؛ والموسوعة الفلسطينية، ج ٤، ص ٣١٣-٣٢٥.

الفصل الرابع

قضية فلسطين

١٩٦٧-١٩٨٧

قضية فلسطين ١٩٦٧-١٩٨٧

مقدمة:

تتميز الفترة ١٩٦٧-١٩٨٧ ببروز الهوية الوطنية الفلسطينية، وبقيادة الفصائل الفلسطينية لمنظمة التحرير الفلسطينية، وبنجاح المنظمة في تحقيق الاعتراف بها كممثل شرعي وحيد للشعب الفلسطيني، وتحصيل مقعد لها كمراقب في الأمم المتحدة.

وهي فترة تتميز أيضاً بتراجع البعد العربي للقضية الفلسطينية، وإغلاق حدود دول الطوق في وجه العمل الفدائي الفلسطيني، وانتهاء حقبة الحروب العربية الرسمية مع "إسرائيل"، ودخول مصر في تسوية سلمية مع "إسرائيل".

وترافق خروج المقاومة الفلسطينية من الأردن، وغرقها في مستنقع الحرب الأهلية في لبنان، ثم إخراجها من لبنان سنة ١٩٨٢ مع ميول متزايدة لدى القيادة الفلسطينية للعمل السياسي، والحلول المرحلية، وإقامة الدولة الفلسطينية على أيّ جزء يتم تحريره من فلسطين.

وفي الوقت نفسه شهدت هذه الفترة تصاعد التيار الإسلامي الفلسطيني في داخل فلسطين وخارجها، حيث أصبح يشكل قوة شعبية لا يستهان بها، ظهرت معالمها في المساجد والمدارس والجامعات والنقابات ومؤسسات العمل الخيري؛ كما ظهرت الأنوية الأولى للعمل العسكري الإسلامي المقاوم.

أولاً: بروز الهوية الفلسطينية:

أحدثت حرب ١٩٦٧ جُرحاً غائراً في الكرامة العربية، فحاولت الأنظمة العربية استيعاب الصدمة واستعادة ثقة الجماهير بها، واجتمع الزعماء العرب في الخرطوم في ٨/٢٩-١٩٦٧/٩/١ معلنين أن لا صلح ولا مفاوضات ولا اعتراف بالكيان الإسرائيلي، وتعهدت الدول العربية بدعم دول الطوق لإعادة بناء قواتها المسلحة. ودخلت مصر وسورية في حرب استنزاف مع الكيان الإسرائيلي، خصوصاً في الفترة من آب/ أغسطس ١٩٦٨ إلى آب/ أغسطس ١٩٧٠، أسهمت إلى حدّ ما في إعادة الثقة ورفع المعنويات لدى الجيشين المصري والسوري.

وقد اضطرت الأنظمة العربية تفادياً لموجات السخط الشعبي، وتجاوزاً لحالة الإحباط الناتجة عن حرب ١٩٦٧، إلى إفساح المجال للعمل الفدائي الفلسطيني، الذي استطاع أن يبني قواعد قوية وواسعة في الأردن ولبنان. واستطاعت التنظيمات الفدائية الفلسطينية بقيادة فتح الوصول إلى قيادة م.ت.ف التي أصبحت برئاسة ياسر عرفات منذ شباط/ فبراير ١٩٦٩. وبرز خط الكفاح الشعبي المسلح وحرب العصابات، واكتسبت الشخصية الوطنية الفلسطينية زخماً كبيراً. وتمكنت م.ت.ف في مؤتمر الزعماء العرب في الرباط في تشرين الأول/ أكتوبر ١٩٧٤ من الحصول من الدول العربية على الاعتراف بها ممثلاً شرعياً وحيداً للشعب الفلسطيني. وفي الشهر التالي حققت انتصاراً سياسياً، عندما دُعي ياسر عرفات لإلقاء خطابه في مقر الأمم المتحدة بنيويورك، وتمّ قبول م.ت.ف عضواً مراقباً. ولم تعد الأمم المتحدة تتعامل مع قضية فلسطين كقضية لاجئين فقط، كما حدث طوال العشرين سنة الماضية، وإنما أخذت منذ ١٩٦٩/١٢/١٠ تعترف بوجود الشعب الفلسطيني، وأصدرت قرارات في السبعينيات تؤيد حقّ شعب فلسطين في تقرير مصيره، بل واتخاذ كافة السبل المشروعة لنيل حقوقه، ومنها الكفاح المسلح.

• ياسر عرفات في الأمم المتحدة ١٩٧٤

ومنذ سنة ١٩٧٤ عادت قضية فلسطين لتدرج بنداً مستقلاً على جدول أعمال الأمم المتحدة لأول مرة منذ الأربعينيات. وكان أحد أهم القرارات المتخذة القرار رقم ٣٢٣٦ الصادر في ١٩٧٥/١١/٢٢، ويحمل عنوان قرار حقوق الشعب الفلسطيني، وفيه يؤيد حقه في تقرير مصيره دون تدخل خارجي، وحقه في الاستقلال والسيادة الوطنيين، وحقه في العودة إلى أرضه، وحقه في استعادة حقوقه بكل الوسائل، وفقاً لمقاصد ميثاق الأمم المتحدة ومبادئه. ثم توالت قرارات "الشرعية" الدولية المؤيدة للحق الفلسطيني، ووجد الصهاينة أنفسهم في حالة حصار سياسي، خصوصاً أن الأمم المتحدة أخذت منذ سنة ١٩٧٥ تتخذ قرارات تعدّ الصهيونية شكلاً من أشكال التفرقة العنصرية. غير أن الولايات المتحدة كانت دائماً على استعداد للوقوف بجانب الكيان الصهيوني، ونقض أي قرارات دولية ملزمة عبر استخدامها حقّ النقض "الفيتو" Veto[١].

وهكذا فإن الكفاح المسلح أجبر العالم على سماع صوت أبناء فلسطين، وفرض عليهم احترامه. لكن الضربات التي تلقتها المقاومة الفلسطينية، والضعف والتمزق العربي والإسلامي، قلّل من إمكانات الاستفادة الجدية من الدعم الدولي.

وإذا كان خط المكاسب الفلسطينية السياسية قد تصاعد على الساحة العربية والدولية في هذه المرحلة، فإن خط العمل الفدائي الفلسطيني المسلح، وخط الدعم العربي الفاعل، اللذين شهدا صعوداً في البداية، ما لبثا أن تراجعا وانحسرا إلى مستويات متدنية، في النصف الثاني من هذه المرحلة، بحيث أثّر سلباً على المكاسب السياسية نفسها.

ثانياً: الكفاح الفلسطيني المسلّح:

كانت الفترة ١٩٦٧-١٩٧٠ هي الفترة الذهبية للعمل الفدائي الفلسطيني حيث كانت حدود الأردن مع فلسطين المحتلة (٣٦٠ كم) ومع لبنان (٧٩ كم) مفتوحة للعمليات الفدائية. وكانت معركة الكرامة في ١٩٦٨/٣/٢١ التي وقف فيها الفدائيون الفلسطينيون والقوات الأردنية في مواجهة القوات الإسرائيلية، وكبّدوها خسائر فادحة، نصراً معنوياً ومادياً للمقاومة الفلسطينية. فاندفع عشرات الآلاف للتطوع للقتال، وقد تطور العمل الفدائي الفلسطيني من ١٢ عملية شهرياً سنة ١٩٦٧، إلى ٥٢ عملية شهرياً سنة ١٩٦٨، إلى ١٩٩ عملية شهرياً سنة ١٩٦٩، إلى ٢٧٩ عملية شهرياً في الأشهر الأولى من سنة ١٩٧٠[2].

• ياسر عرفات بعد معركة الكرامة

لكن الصدامات العنيفة التي حدثت بين الجيش الأردني والمقاومة الفلسطينية في أيلول/ سبتمبر ١٩٧٠ وفي تموز/ يوليو ١٩٧١ أدت إلى إخراج العمل

• الملك حسين على ظهر دبابة إسرائيلية مدمرة بعد معركة الكرامة

الفدائي الفلسطيني من الأردن، وحرمان المقاومة من أهم ساحاتها. غير أن المقاومة الفلسطينية استطاعت أن ترسخ قاعدة نفوذها في لبنان، لكنها اضطرت لخوض صراع عنيف مع الجيش اللبناني لتحقيق ذلك، وانتزعت اتفاق القاهرة في تشرين الثاني/ نوفمبر ١٩٦٩، الذي يخوّلها حقّ العمل المسلح عبر لبنان. ثمّ ما لبثت أن وجدت نفسها تدخل في مستنقع الحرب الأهلية اللبنانية، حيث استهدف التحالف الكتائبي الماروني، الذي أشعل فتيل الحرب في ١٩٧٥/٤/١٣، التواجد الفلسطيني أساساً. وقد استنزف هذا كثيراً من طاقات المقاومة الفلسطينية ودماء أبنائها، ومصادر دعمها، وأضعف قدرتها على التركيز ضدّ العدو الصهيوني حتى نهاية المرحلة التي نحن بصددها. وتعدت هذه المعاناة إلى معارك وحروب مع أطراف حليفة سابقة مثل حركة "أمل" الشيعية، التي قامت بحصار مرير للمخيمات الفلسطينية لأكثر من سنتين (١٩٨٥-١٩٨٧). وفوق ذلك فإن مصر وسورية أغلقتا حدودهما في وجه المقاومة الفلسطينية، وهذا جعل العمل الفدائي الفلسطيني من الخارج باتجاه فلسطين أشبه بالمستحيل.

• حادث باص عين الرمانة الذي فجر الحرب الأهلية اللبنانية سنة ١٩٧٥

ومن جهة أخرى، فإن الكيان الصهيوني استخدم أساليب الانتقام الشرسة من المناطق التي تؤوي العمل الفدائي، سواء في الأردن أم في لبنان، وبالغ في الانتقام من المدنيين الأبرياء، وفي تدمير البنية التحتية من مصانع وجسور ومحطات كهرباء ومحاصيل زراعية وغيرها. وفي لبنان قام الصهاينة بحملات مكثفة على منطقة العرقوب خلال الفترة ١٩٧٠-١٩٧٢، واغتالوا ثلاثة من قادة م.ت.ف في ١٩٧٣/٤/١٠، هم

• مكان اغتيال كمال ناصر ١٩٧٣

محمد يوسف النجار وكمال عدوان وكمال ناصر، وقاموا بحملة اجتياح واسعة للجنوب اللبناني في آذار/ مارس ١٩٧٨، نجحوا على إثرها في إنشاء حزام أمني لهم داخل الحدود اللبنانية بقيادة سعد حداد، الذي قاد جيش لبنان الجنوبي العميل للصهاينة.

وفي معركة الشقيف في ١٩٨٠/٨/١٩ حققت المقاومة الفلسطينية نجاحاً كبيراً ضدّ الهجوم الصهيوني. عندما تمكنت من صدّ هجوم إسرائيلي يبلغ ١٥ ضعف عددها، وقد تكبد العدو خسائر كبيرة أجبرته على الانسحاب٣. وفي الفترة ١٩٨١/٧/٢٤-١٠ قامت الطائرات والمدافع الإسرائيلية بقصف وحشي متواصل للمدن والقرى وقواعد الفدائيين في منطقة النبطية، شملت ٤٦ مدينة وقرية مما أدى لاستشهاد ١٥٠ وجرح ٦٠٠ آخرين. وقد ردت المقاومة الفلسطينية بقصف مدفعي وصاروخي على نحو ٣٠ قاعدة عسكرية ومستعمرة وبلدة إسرائيلية شمال فلسطين المحتلة.

• الحزام الأمني في جنوب لبنان (الذي تشكل بقيادة سعد حداد أسفل يمين الخريطة)

وكان اجتياح الجيش الصهيوني للبنان في صيف ١٩٨٢ هو الأضخم والأعنف، وقد تمكن من اجتياح الجنوب بسهولة وسرعة نسبية، غير أنه توقف عند أسوار بيروت حوالي ثمانين يوماً، حيث واجهته المقاومة الفلسطينية وحلفاؤها بمقاومة عنيفة، وتضحيات كبيرة، في الوقت الذي كان العالم العربي والإسلامي والدولي يقف موقف المتفرج. بدأ الاجتياح الإسرائيلي للبنان في ١٩٨٢/٦/٤ واشترك فيه ١٢٥-١٥٠ ألف جندي (من أصل

• الاجتياح الإسرائيلي للبنان ١٩٨٢

• طائرة إسرائيلية تقصف بيروت سنة ١٩٨٢

١٧٠ ألفاً هم قوام الجيش الإسرائيلي العامل) تساندهم ١٦٠٠ دبابة. وفي يوم ٩ حزيران/ يونيو كانت قد وصلت إلى مشارف بيروت، حيث استمرت معركة بيروت ٦٥ يوماً (٩/٦-١٩٨٢/٨/١٢). وقد اضطرت القوات الإسرائيلية للموافقة على وقف إطلاق النار في ١٩٨٢/٨/١٢، بعد أن فشلت في احتلال بيروت الغربية. غير أن القوات الإسرائيلية حققت أهدافها بشكل عام. إذ اقتضت الترتيبات خروج المقاومة الفلسطينية وقيادة م.ت.ف من لبنان، مما أدى إلى خروج حوالي ١١ ألف فلسطيني مقاتل، حيث توجهوا إلى معسكرات في سورية والعراق وتونس واليمن (الشمالي والجنوبي) والجزائر والسودان.

• خروج المقاومة الفلسطينية من لبنان

ولم تحترم القوات الإسرائيلية تعهداتها، فقد اقتحمت بيروت الغربية بعد أسبوعين من خروج المقاومة الفلسطينية، وأشرفت بنفسها على تنفيذ القوات الانعزالية المسيحية المتعصبة لمذبحة صبرا وشاتيلا في ١٦-١٩٨٢/٩/١٨ والتي أدت إلى استشهاد نحو ٣٥٠٠ فلسطيني ولبناني من المدنيين الأطفال والنساء والشيوخ.

أدّت حرب ١٩٨٢ إلى استشهاد وجرح نحو ٥٥ ألف فلسطيني ولبناني، وبالرغم من أن المقاتل الفلسطيني أثبت شجاعته وكفاءته، وبالرغم من أن الصهاينة فشلوا في سحق الفدائيين وقيادتهم، إلا أنهم نجحوا في تدمير معظم البنية التحتية للعمل الفدائي

• مذبحة صبرا وشاتيلا ١٩٨٢

منفذو عملية سافوي سنة ١٩٧٥

الفلسطيني، بحيث لم تعد تشكل خطراً جاداً على الكيان الصهيوني، ووجدت م.ت.ف نفسها بعيدة عن فلسطين، محرومة من العمل العسكري في دول الطوق[٤].

ونتيجة لما سبق، فإن معدل العمليات الفدائية من الخارج قد انخفض في السبعينيات، وتراجع إلى حدود متواضعة جداً في الثمانينيات. غير أنه تمّ تنفيذ عدد من العمليات النوعية التي تجدر الإشارة إليها، مثل عملية سافوي التي نفذتها حركة فتح في تل أبيب في ١٩٧٥/٣/٦، وأدت إلى مقتل نحو ١٠٠ إسرائيلي، وعملية كمال عدوان التي نفذتها فتح أيضاً في ١٩٧٨/٣/١١، التي أدت إلى مقتل ٣٧ وجرح ٨٢ إسرائيلياً. وبرزت الجبهة الشعبية لتحرير فلسطين في مجال اختطاف الطائرات خصوصاً سنة ١٩٧٠، وفي الهجوم على مطار اللد في ١٩٧٢/٥/٣٠، مما أدى إلى مقتل ٣١ وجرح ٨٠ آخرين. ونفذت الجبهة الشعبية - القيادة العامة عملية الخالصة في ١٩٧٤/٤/١١ مما أدى إلى مقتل ١٨ إسرائيلياً وجرح ١٥ آخرين[٥]، كما نفذت الجبهة نفسها عملية الطائرة الشراعية في تشرين الثاني/ نوفمبر ١٩٨٧. ونفذت الجبهة الديموقراطية عمليات مهمة مثل عملية

• عملية اختطاف الطائرات وتدميرها التي قامت بها الجبهة الشعبية سنة ١٩٧٠

• منفذو عملية الخالصة سنة ١٩٧٤

ترشيحا في ١٩٧٤/٥/١٥ التي أدت إلى مقتل ٢٧ إسرائيلياً وجرح الكثير، وعمليات بيسان وطبريا وعين زيف والقدس.

وهكذا، فمنذ سنة ١٩٨٢ أدى الإنهاك العسكري لمنظمة التحرير الفلسطينية إلى استضعاف سياسي، وكسب أنصار تيار "الواقعية" فيها دفعات جديدة باتجاه تبنّي الحلول السلمية. والحقيقة أن م.ت.ف بدأت تُغيّر من خطابها السياسي منذ فترة مبكرة، فدعت في أواخر الستينيات إلى إقامة الدولة العلمانية الديموقراطية التي تضم الفلسطينيين واليهود، متنازلة عن ضرورة عودة المهاجرين اليهود إلى بلادهم. ثم تبنّت في المجلس الوطني الثاني عشر في ١-١٩٧٤/٦/٨ برنامج النقاط العشر ، الذي يفسح المجال للعمل السياسي كأحد وسائل تحرير فلسطين، بعد أن كان الكفاح المسلح هو الطريق الوحيد لتحريرها، كما يفسح المجال للحلول المرحلية ولإقامة الدولة الفلسطينية على أي جزء من فلسطين يتم تحريره (أو استرجاعه بطرق أخرى). وكانت موافقة م.ت.ف على مشروع التسوية العربي (مشروع فاس) سنة ١٩٨٢ تنازلاً كبيراً، إذ تضمن اعترافاً ضمنياً بالكيان الصهيوني وما اغتصبه من معظم أراضي فلسطين سنة ١٩٤٨، عندما وافقت على حقّ جميع دول المنطقة في العيش بسلام (بما فيها الكيان الصهيوني)، كما وافقت على الدخول في مفاوضات لتحقيق التسوية[٦]. وواجهت م.ت.ف سنوات عجافاً خلال الفترة ١٩٨٣-١٩٨٧ انعكست على شكل تراجعٍ في الأداء النضالي المسلح، وفي التأثير والفاعلية السياسية حتى في الوسط العربي نفسه.

ثالثاً: البلاد العربية وقضية فلسطين:

أما من ناحية البلاد العربية، فإن ترسيخ الهوية الوطنية الفلسطينية وتمثيل م.ت.ف الشرعي الوحيد للفلسطينيين قد صبّ، عملياً، في إزاحة أثقال المسؤولية تجاه القضية عن أكتافها، وتحميلها للفلسطينيين وحدهم. وخفتت أصوات "قومية المعركة" لتنحصر في الإطار الفلسطيني الضيِّق، الذي كان عليه أن يواجه أعتى قوى العالم. وأخذت مع الزمن، خصوصاً بعد ١٩٧٣، مسؤولية البلدان العربية تنحصر في الدعم السياسي والاقتصادي، بل إن الدعم الاقتصادي نفسه أخذ يضعف منذ الثمانينيات، بعد أن سعت كل دولة إلى تقديم أولوياتها المحلية، وبعد أن انشغلت الدول النفطية بمشاكلها الناتجة عن انخفاض أسعار النفط. ولم تسلم م.ت.ف من مشاكل مع عدد من الأنظمة

العربية، جعلتها أعجز عن القيام بمهامها، فمشاكلها مع الساحة الأوسع والأهم الأردن غطت حقبة السبعينيات، ومشاكلها مع لبنان لم تهدأ طوال المرحلة، ومشاكلها مع سورية استعرت سنة ١٩٧٦، ثم عادت للتصاعد منذ سنة ١٩٨٣ وما تلاه، عندما طُرد ياسر عرفات من دمشق، وتمت محاولة القضاء على تواجد أنصاره في شمال لبنان، وخصوصاً مخيمي نهر البارد والبداوي في العام نفسه. هذا بالإضافة إلى حالة العداء مع أكبر قوة عربية مصر (خصوصاً في الفترة ١٩٧٧-١٩٨٣) بعد دخولها في مشروع التسوية السلمية، وتوقيعها اتفاق كامب ديفيد Camp David Accord. بينما انشغل العراق بحربه مع إيران في الفترة ١٩٨٠-١٩٨٨ ليفقد كثيراً من فاعليته على الساحة... .

• عبور الجيش المصري قناة السويس في حرب أكتوبر ١٩٧٣

لقد كان الموقف العربي في بداية هذه المرحلة متصلباً، من خلال لاءات مؤتمر الخرطوم سنة ١٩٦٧، ومن خلال دخول مصر وسورية في حرب استنزاف مع "إسرائيل". وفي ٦ تشرين الأول/ أكتوبر ١٩٧٣ اندلعت الحرب العربية الإسرائيلية (حرب أكتوبر/ رمضان) شاركت فيها سورية ومصر ضدّ الصهاينة، وحقق الطرفان العربيان في البداية بعض النجاحات. وتمكن المصريون من الزحف نحو الجناح الشرقي لقناة السويس والتوغل داخل سيناء، كما تمكن السوريون من التوغل داخل الجولان. لكن ما لبث الصهاينة، مستفيدين من جسر جوي من الدعم

• رفع العلم المصري في حرب أكتوبر ١٩٧٣

• أريل شارون متوجهاً نحو ثغرة الدفرسوار في حرب أكتوبر ١٩٧٣

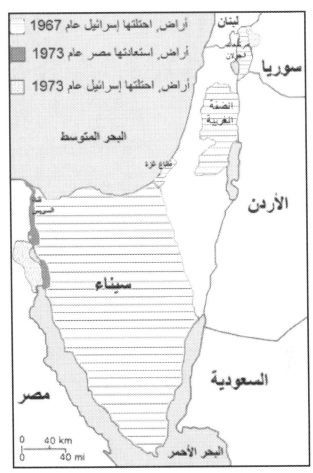

• نتائج حرب أكتوبر ١٩٧٣

الأمريكي، أن أخذوا زمام المبادرة، فأحدثوا اختراقاً في الجهة الغربية لقناة السويس (ثغرة الدفرسوار)، كما استعادوا ما فقدوه في الجولان، واحتلوا ٣٩ قرية سورية جديدة (ما عرف بجيب سعسع). غير أنه ذُكر أن موافقة مصر على قرار مجلس الأمن بوقف الحرب في ٢٢ تشرين الأول/ أكتوبر قد فاجأ السوريين، مما اضطرهم لإيقاف الحرب. وبعد ذلك استؤنفت حرب استنزاف استمرت نحو ٨٠ يوماً (١٣/٣-١٩٧٤/٥/٣١)، حيث توقفت حين تمّ التوقيع على اتفاقية فصل القوات[٧].

وعقدت مصر اتفاقية فكّ الاشتباك مع الكيان الإسرائيلي في ١٩٧٤/١/١٨ نصّت على انسحاب القوات الإسرائيلية من غربي القناة إلى مسافة تبعد ٢٠-٣٠ كم من شرقي قناة السويس، واحتفاظ مصر بقوات محدودة في الأراضي التي استرجعتها شرقي القناة (بعمق ٨-١٢ كم). وفي ١٩٧٤/٢/٢١ كانت القوات الإسرائيلية قد انسحبت من غربي القناة "ثغرة الدفرسوار". وعُقدت اتفاقية فصل القوات بين سورية والكيان الإسرائيلي في ١٩٧٤/٥/٣١، وبناء عليها، انسحبت القوات الإسرائيلية من جيب سعسع (٥٥١ كم٢)، الذي احتلته في حرب ١٩٧٣، ومن مدينة القنيطرة وبعض ما حولها، والتي احتلتها سنة ١٩٦٧ (١١٢ كم٢)[٨].

واعتُبر التحسن النسبي في الأداء العربي، وخسائر الصهاينة الجسيمة في حرب تشرين الأول/ أكتوبر كسراً لأسطورة الجيش الصهيوني الذي لا يُقهر، واستعادة للمعنويات والثقة التي أهينت في حرب ١٩٦٧. وتمّ تصوير حرب تشرين الأول/ أكتوبر عربياً باعتبارها نصراً مؤزراً، وظهرت قيادتا سورية ومصر بمظهر الأبطال. غير أن الرئيس المصري السادات استخدم هذه الحرب لتحريك الوضع باتجاه التسوية،

واستفاد منها بحيث لا يوضع بعد ذلك موضع الاتهام أو التقصير، حيث إنه "بطل أكتوبر"، وحيث إن مصر "أدّت ما عليها" تجاه فلسطين. فقام السادات بزيارة الكيان الصهيوني في تشرين الثاني/ نوفمبر ١٩٧٧، ووقع اتفاقية كامب ديفيد في أيلول/ سبتمبر ١٩٧٨، التي تُدخل مصر في سلام مع الكيان الصهيوني، وتُوقف حالة الصراع بينهما، بينما تسترجع مصر شبه جزيرة سيناء. وبذلك خسرت القضية الفلسطينية أهم طرف فاعل في الصراع ضدّ الصهاينة، مما أضعف مستقبلاً من إمكانات أية مواجهات عسكرية شاملة ضدّ "إسرائيل".

• زيارة السادات للكيان الصهيوني ١٩٧٧

وربما كان من المفيد أن نشير إلى أنه إثر حادثة إحراق المسجد الأقصى تمّ إنشاء منظمة المؤتمر الإسلامي سنة ١٩٦٩، والذي شكل بادرة أمل لتوحيد جهود المسلمين لدعم قضية فلسطين. وقد قامت هذه المنظمة بعقد الكثير من الاجتماعات، وأصدرت عشرات القرارات بدعم قضية فلسطين سياسياً ومالياً وعسكرياً وإعلان الجهاد... . غير أن قراراتها بقيت حبراً على ورق، لأنها افتقرت إلى أية آلية حقيقية ملزمة لتنفيذ القرارات. ويبدو أن العديد من بلدان العالم الإسلامي قد استخدمت منبر هذه المنظمة "لتفريغ" مشاعر شعوبها المتشوقة للوحدة وتحرير المقدسات، بدلاً من السير في أية برامج عملية ذات فاعلية على أرض الواقع. بل إن بعض البلدان الإسلامية بقي على علاقته بالكيان الصهيوني مثل تركيا، فضلاً عن أن بلدان العالم الإسلامي أجمع حمّلت الطرف الفلسطيني المسؤولية الأساسية باعتباره "الممثل الشرعي والوحيد"، واكتفى أغلبها بالتمنيات... (هذا إن لم يضع العقبات!!). مما أدى لحصر دائرة الصراع في إطار قُطْري فلسطيني، وعزل البعدين العربي والإسلامي عملياً عن هذه الدائرة. وقد أثرت النزاعات بين المسلمين أنفسهم سلباً على دور العالم الإسلامي، كالحرب العراقية الإيرانية في الفترة ١٩٨٠-١٩٨٨ التي استنزفت طاقات البلدين وثرواتهما.

• توقيع اتفاقية كامب ديفيد ١٩٧٨

رابعاً: بروز التيار الإسلامي الفلسطيني:

ومن الجدير بالذكر أن الظاهرة الإسلامية وسط الفلسطينيين أخذت تستعيد حيويتها في هذه المرحلة، وتزايد الاتجاه نحو الإسلام، بعد أن رأت الجماهير فشل الأيديولوجيات القومية والعلمانية واليسارية في حلّ القضية. وكانت مشاركة الإخوان المسلمين في العمل الفدائي الفلسطيني في الفترة ١٩٦٨-١٩٧٠ عبر ما عرف بـ"معسكرات الشيوخ" في الأردن بالتنسيق مع حركة فتح، أحد مظاهر الحيوية المبكرة، حيث عملوا تحت غطاء حركة فتح مع احتفاظهم باستقلالية إدارية داخلية. وقد تمّ تدريب حوالي ٣٠٠ رجل توزعوا على سبع قواعد فدائية. ورغم محدودية إمكاناتهم ومشاركتهم فقد قدموا نماذج متميزة في عمليات قوية كالحزام الأخضر في ١٩٦٩/٨/٣١، ودير ياسين في ١٩٦٩/٩/١٤، واستشهد منهم ١٣ رجلاً[٩].

• الشيخ أحمد ياسين

وفي سنة ١٩٨٠ كُشف تنظيم "أسرة الجهاد" في الأرض المحتلة ١٩٤٨، واعتُقِل نحو ستين من أعضائه، بعد أن قام بعدد من العمليات.

وظهرت بوادر تأسيس الجهاز العسكري للإخوان عندما أرسلت القيادة المركزية بعض كوادرها سنة ١٩٨٠ للتدريب العسكري في الخارج. وقام الشيخ أحمد ياسين، بتأسيس الجهاز العسكري في القطاع، وقاده في مراحله الأولى عبد الرحمن تمراز ثم صلاح شحادة. بيد أن انكشاف أمر التنظيم العسكري أدى إلى ضربه سنة ١٩٨٤، وقُبض على الشيخ أحمد ياسين وعدد من رفاقه. وقد أعيد ترميم الجهاز وإعادة بنائه من جديد سنة ١٩٨٦ تحت اسم "المجاهدون الفلسطينيون"، وبدأت تشكيلاتُ الجهازِ العملَ قبل انتفاضة ١٩٨٧. وتأسس الجهاز الأمني للإخوان في قطاع غزة (مجد) سنة ١٩٨١، كجزء من العمل العسكري وأعيد

بناؤه وتوسيعه سنة ١٩٨٥. وفي صيف سنة ١٩٨٥ اتخذت قيادة الإخوان المسلمين قراراً باستغلال أية أحداث للاشتراك في المواجهة ضدّ الاحتلال، أي قبل سنتين من بدء الانتفاضة.

وقد تشكلت حركة الجهاد الإسلامي في فلسطين سنة ١٩٨٠، بقيادة الدكتور فتحي الشقاقي، وكان أعضاؤها المؤسسون أفراداً سابقين في الإخوان المسلمين، ونشطت في القيام بعدد من العمليات. وقام تنظيم سرايا الجهاد (الذي اندمج مع الجهاد الإسلامي) بتنفيذ عملية باب المغاربة في ١٩٨٦/١٠/١٦، والتي أوقعت حوالي ثمانين إصابة في الجنود الإسرائيليين.

● د. فتحي الشقاقي

وبشكل عام ظلَّ العمل الإسلامي الجهادي محدوداً متواضعاً طيلة هذه الفترة قياساً بالمنظمات الفلسطينية الأخرى وخصوصاً فتح، ولكنه كان في الوقت نفسه إرهاصاً لمرحلة قادمة يلعب فيها دوراً أساسياً. وكان المكسب الأبرز للتيار الإسلامي هو اتساع شعبيته وتناميها خصوصاً منذ منتصف السبعينيات سواء داخل فلسطين المحتلة أو في الأردن والكويت ولبنان وغيرها. وأخذ الإسلاميون يفوزون في الانتخابات الطلابية منذ أواخر السبعينيات كما في جامعة النجاح في نابلس، وجامعة غزة الإسلامية وغيرهما، وفي جامعات الأردن، كما أخذوا في الانتشار والسيطرة على النقابات المهنية. وبرز التيار الإسلامي الفلسطيني بشكل قوي في جامعة الكويت، حيث أسس خالد مشعل وعدد من رفاقه "قائمة الحق الإسلامية" سنة ١٩٧٧، ثم أسسوا (بعد تخرّجه) "الرابطة الإسلامية لطلبة فلسطين" سنة ١٩٨٠. ونجح الإسلاميون الفلسطينيون في ميادين العمل الخيري والاجتماعي والتعليمي مما مكنهم من تأسيس قاعدة واسعة صلبة، بحيث أصبح التيار الإسلامي (الإخوان المسلمون تحديداً) هو المنافس الأول للتيار العلماني الذي تمثله فتح والذي يسيطر على م.ت.ف[١٠].

هوامش الفصل الرابع

[1] حول القضية الفلسطينية في الأمم المتحدة، انظر مثلاً: **الموسوعة الفلسطينية**، ج ١، ص ٣٦٠-٣٦٢، و٥٥٢-٥٦٣، وج ٢، ص ٢٦٠.

[2] صلاح خلف، **مرجع سابق**، ص ٩٦-٩٨.

[3] **الموسوعة الفلسطينية**، ج ٢، ص ٦٣٨-٦٤١.

[4] حسب المصادر الإسرائيلية فإن خسائر م.ت.ف حتى منتصف تموز/ يوليو ١٩٨٢ كانت ألف شهيد وستة آلاف أسير، وخسرت سورية ٣٧٠ شهيداً وألف جريح و٢٥٠ أسيراً، كما خسرت سورية ٣٥٠-٤٠٠ دبابة، و٨٦ طائرة مقاتلة، وخمس طائرات هليوكبتر، و١٩ منصة إطلاق صواريخ، وخسر الكيان الإسرائيلي ٣٥-٤٠ دبابة، وطائرة حربية واحدة، وطائرتي هليوكبتر، و٣٠٠ قتيل، و١٦٠٠ جريح. انظر:

Chaim Herzog, The Arab-Israeli Wars: War & Peace in the Middle East (New York & London: Random House, 1982), p. 353.

[5] حول هذه العمليات، انظر: **الموسوعة الفلسطينية**، ج ٢، ص ٣١٣-٣١٤، و٥٦٧، وج ٣، ص ٦٦١-٦٦٢، وج ٤، ص ٤٢.

[6] حول مشاريع التسوية، انظر مثلاً: منير الهور وطارق العيسى، **مشاريع التسوية للقضية الفلسطينية ١٩٤٧-١٩٨٥**، ط ٢ (عمّان: دار الجليل للنشر، ١٩٨٦).

[7] حول الحرب على الجبهة السورية، انظر: هيثم الكيلاني، **الاستراتيجيات العسكرية للحروب العربية الإسرائيلية** (بيروت: مركز دراسات الوحدة العربية، ١٩٩١)، ص ٣٦٨-٣٧٢؛ **والموسوعة الفلسطينية**، ج ٢، ص ١٨٨-١٩١؛ ومحمد بن عبد الغني النواوي، **رؤية إسلامية في الصراع العربي الإسرائيلي** (د.م: د.ن، ١٩٨٣)، ج ١، ص ٤٥٢؛ وانظر:

Chaim Herzog, op. cit., pp. 285-307.

[8] هيثم الكيلاني، **مرجع سابق**، ص ٤٤٨-٤٥٢.

[9] انظر: محسن صالح، **الطريق إلى القدس**، ص ١٩٦-١٩٨.

[10] حول التيار الإسلامي في هذه الفترة، انظر: **المرجع نفسه**، ص ١٦٤-١٧٠.

الفصل الخامس

قضيــة فلســطين
١٩٨٧-٢٠٠٠

قضية فلسطين ١٩٨٧-٢٠٠٠

مقدمة:

بقدر ما تجلت قدرات الشعب الفلسطيني، في هذه المرحلة، على التضحية والعطاء، بقدر ما كانت الحصيلة السياسية مخيبة للآمال. وبقدر ما تلألأت أنوار الانتفاضة المباركة معبرة عن أصالة شعب مقهور، يواجه أطفاله ونساؤه دبابات الصهاينة بالحجارة، والأرواح المتطلعة إلى الحرية والشهادة، بقدر ما زكمت الأنوف اتفاقيات أوسلو Oslo وممارسات السلطة الفلسطينية ضدّ أبناء شعبها ومجاهديها. وباختصار فإن أبرز معالم هذه المرحلة:

- اندلاع الانتفاضة المباركة (١٩٨٧-١٩٩٣)، وبروز التيار الإسلامي المجاهد.
- اتفاقيات أوسلو بين م.ت.ف والصهاينة سنة ١٩٩٣، والتنازلات المريعة عن حقوق شعب فلسطين.
- ضعف وتفكك وصراع داخلي عربي - عربي إثر استيلاء العراق على الكويت، وما تبع ذلك من حرب ومعاناة وعداوات.
- توقيع الأردن اتفاقية تسوية مع الكيان الصهيوني.
- انهيار الاتحاد السوفييتي وتفككه، وانهيار منظومة الدول الاشتراكية في شرقي أوروبا، والهجرة اليهودية الهائلة منها إلى الكيان الصهيوني، واستفراد أمريكا بالسيطرة العالمية.

أولاً: الانتفاضة المباركة:

حدثت شرارة الانتفاضة المباركة في يوم ١٩٨٧/١٢/٩، إثر استشهاد أربعة عمال فلسطينيين في حادث دهس متعمد في اليوم الذي سبقه. وقد قررت الحركة الإسلامية منذ تلك الليلة المشاركة في الانتفاضة وتوجيهها، فبدأت بترتيبها المظاهرات العارمة بعد صلاة فجر ٩ كانون الأول/ ديسمبر من مسجد مخيم جباليا، وسقط الشهيد حاتم أبو سيس، ثم سقط الشهيد رائد شحادة في مظاهرة أخرى قرب مستشفى الشفاء. وتوالى سقوط الشهداء، واتسعت المظاهرات لتعم أرجاء الضفة والقطاع، وليشارك فيها كافة أبناء الشعب. وتميزت هذه الانتفاضة بأربعة مظاهر:

• مشاهد من الانتفاضة المباركة سنة ١٩٨٧

الأول: أن أهل "الداخل" المحتل (الضفة والقطاع) أخذوا زمام المبادرة النضالية الجهادية، بعد أن كانت بيد العمل من "الخارج".

الثاني: أن التيار الإسلامي شارك بقوة وعنف وفاعلية، وبرز على ساحة المواجهة بحجم منظم مؤثر.

الثالث: أنها شملت كافة قطاعات الشعب الفلسطيني واتجاهاته وفئاته العُمْرية.

الرابع: أنها اتسمت بالجرأة والتضحية، والمشاركة الواسعة للأطفال والفتيان والنساء، وبالمظاهر النبيلة من إيثار وتعاون وشهامة، وبالقضاء على مظاهر العمالة والفساد.

وتميزت المرحلة الأولى من الانتفاضة بالمواجهات الشعبية الواسعة والإضرابات، والمظاهرات، ومقاطعة الإدارة المدنية الصهيونية، وتنظيف المجتمع من العملاء ومروجي الفساد والمخدرات. وبعد نحو أربع سنوات أخذت تبرز المرحلة الثانية، التي شهدت تنامي العمليات المسلحة ضدّ الصهاينة، مع تراجع الأنشطة الجماهيرية الواسعة. وقد عدَّت حركة فتح وحلفاؤها في م.ت.ف اتفاقية أوسلو (أيلول/ سبتمبر ١٩٩٣) نهاية للانتفاضة، فأوقفت فاعلياتها، أما الجهات الأخرى وخصوصاً حماس والجهاد الإسلامي فقد استمرتا في فعالياتهما، بل وصعدتا من عملياتهما الجهادية. غير أن تشكيل السلطة الفلسطينية في الأرض المحتلة (أيار/ مايو ١٩٩٤) أفقد الانتفاضة كثيراً من وهجها، كما أفقدها المشاركة الشعبية الجماهيرية اليومية، فاقتصر الأمر بشكل أكبر على أعضاء الحركات والتنظيمات.

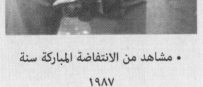

وعلى أي حال، فإن السنوات الست للانتفاضة (كانون الأول/ ديسمبر ١٩٨٧ - كانون الأول/ ديسمبر ١٩٩٣) حسب إحصائية أعدتها م.ت.ف قد شهدت استشهاد ١٥٤٠ فلسطينياً، وبلغ عدد الجرحى ١٣٠ ألفاً، كما اعتقل حوالي ١١٦ ألفاً لمدد مختلفة[١].

ثانياً: نشأة حركة حماس:

وقد تلازم إنشاء حركة المقاومة الإسلامية "حماس" مع بداية الانتفاضة، وأصدرت بيانها الأول في ١٩٨٧/١٢/١٤، واعتبرت من أكثر الأطراف فاعلية، إن لم تكن أبرزها. وقد عرَّفت حماس نفسها بأنها جناح للإخوان المسلمين وامتداد لهم، وذكرت في ميثاقها أنها "تعتبر الإسلام منهجها، منه تستمد أفكارها ومفاهيمها وتصوراتها، وإليه تحتكم، ومنه تسترشد خطاها". وهدفت إلى تحرير فلسطين، وإقامة دولة الإسلام على أرضها، ودعت إلى تربية متكاملة للأجيال لتحقيق الغايات المرجوة.

وقد استطاعت حماس أن تحقق شعبية واسعة، فكان مؤيدوها، ولا يزالون، يحققون من ثلث إلى نصف الأصوات عادة في الانتخابات الطلابية والنقابات المهنية، كما في جامعات النجاح وغزة والخليل وبيرزيت والقدس، ونقابات المهندسين والأطباء والصيادلة والمحامين والمعلمين، وغرف التجارة. وفي مقابلة صحفية للدكتور هشام شرابي المعروف بميوله العلمانية قال إن حماس هي الشكل الجديد للمقاومة، وأنها "نجحت حتى الآن فيما عجزت عنه م.ت.ف وفصائلها خلال أكثر من ربع قرن في استنباط أشكال جديدة لتنظيم الشعب الفلسطيني، وتمكينه من الصراع العسكري الفعال باستقلال عن كل عون خارجي"[٢].

وترى حماس أنه في مثل هذه الظروف من العلو الصهيوني، والتآمر الدولي والضعف السياسي الفلسطيني، والتمزق والتشرذم العربي والإسلامي، فإن عملها لا يستهدف تحرير فلسطين عاجلاً ومباشرة، وإنما يتعامل معها كمعركة تتداولها الأجيال، وفي هذه الأجواء فإنها تسعى إلى تجاوز المرحلة بالمحافظة على الحق وإبقاء جذوة الجهاد. وقد أمكن لها مواجهة التحديات من خلال نوعية الرجال الذين قدمتهم والمستعدين للتضحية والاستشهاد، حتى إن المحللين الإسرائيليين يعترفون أن "حماس قد صكت نماذج جديدة للإنسان الفلسطيني وهم الاستشهاديون الجدد"، وأشار أحد خبراء الصهاينة إلى ما تتمتع به حماس من ديناميكية ومبادرة. كما اعترف الجنرال أوري ساغي Uri Sagi

رئيس شعبة الاستخبارات العسكرية السابق بأن لدى حماس أساليب عمل متطورة، ومستوى عالٍ من السرية، وأنها تنفذ عمليات بارزة قاسية. وقد استطاعت حماس أن تتمتع بحيوية مكنتها من تبديل عدد من الأجيال القيادية في وقت قصير. فكلما كشفت أو استشهدت أو سجنت قيادتها، ظهر من يحل مكانها ويواصل العمل.

كان الجهاز العسكري لحماس "المجاهدون الفلسطينيون" خلال الانتفاضة المباركة بقيادة الشيخ صلاح شحادة، قد تمكن من خطف وقتل الرقيب الصهيوني آفي ساسبورتس Avi Sasportas في ١٩٨٩/٢/٣، والجندي إيلان سعدون Ilan Sa'adon في ١٩٨٩/٥/٣، لكن سرعان ما ضُرب هذا الجناح العسكري في أيار/ مايو ١٩٨٩ إثر الحملة الشرسة التي قادتها سلطات الاحتلال. ثم شكلت حماس جناحها العسكري الحالي "كتائب عز الدين القسام" في أيار/ مايو ١٩٩٠ الذي حلّ محل "المجاهدون الفلسطينيون".

• آفي ساسبورتس وإيلان سعدون

وفي ١٩٩٢/١٢/١٣ قامت حماس باختطاف الجندي نسيم توليدانو Nissim Toledano والمطالبة في مقابل الإفراج عنه بالإفراج عن الشيخ أحمد ياسين، وعلى إثر رفض رئيس وزراء العدو إسحق رابين Yitzhak Rabin التجاوب مع مطالبها قامت الحركة بتصفية الجندي، وهو ما دفع رابين للإعلان في الكنيست عن الحرب الشاملة على حركة حماس؛ فتم اعتقال ١٣٠٠ من أنصار حماس، كما أقدمت السلطات الإسرائيلية على أكبر عملية تهجير وإبعاد بعد حرب ١٩٦٧، عندما قامت بإبعاد ٤١٥ غالبيتهم الساحقة (نحو ٣٨٠) من القيادات الإسلامية المدنية

• مبعدو مرج الزهور

• عبد العزيز الرنتيسي وعزيز الدويك في مرج الزهور

المحسوبة على حماس. غير أن رفض المبعدين للإبعاد وصمودهم في "مرج الزهور" على الحدود مع لبنان، أكسبهم المعركة الإعلامية الدولية ضدّ الاحتلال، ووسع دائرة الاهتمام بحركة حماس، وزاد من شعبيتها، مما اضطر السلطات الإسرائيلية إلى الموافقة على العودة التدريجية للمبعدين، والتي اكتملت بعد عام من الإبعاد[٣].

وحسب دراسة لغسان دوعر، فقد نفذت حماس سنة ١٩٩٣ ما مجموعه ١٣٨ عملية خسر الكيان الإسرائيلي حسبما أعلن بنفسه ٧٩ قتيلاً و٢٢٠ جريحاً[٤].

• مذبحة الحرم الإبراهيمي (التي نفذها باروخ جولدشتاين على يسار الصورة)

وبالرغم من أن دخول م.ت.ف في تسوية مع الكيان الصهيوني، وتوليها الحكم الذاتي في المناطق السكانية في الضفة والقطاع (منذ سنة ١٩٩٤) جعل العمل الجهادي أمراً يكاد يكون مستحيلاً، إلا أن الفترة ١٩٩٤-١٩٩٨ شهدت تطوراً نوعياً في العمليات وخصوصاً الاستشهادية منها.

• المهندس يحيى عياش

ومن ذلك ردُّها على مذبحة الحرم الإبراهيمي في ١٩٩٤/٢/٢٥ بخمس عمليات عنيفة، أدت إلى قتل ما مجموعه ٣٩ إسرائيلياً وجرح ١٥٨ آخرين. وردها على استشهاد يحيى عياش، الذي اغتيل في ١٩٩٦/١/٥ (والذي كان مهندساً لعمليات أدت لقتل سبعين إسرائيلياً وجرح ٣٤٠ آخرين)، بعدة عمليات في الفترة ٢/٢٥-١٩٩٦/٣/٣ مما أسفر عن قتل ٤٥ إسرائيلياً وجرح ١١٣ آخرين حسب المصادر الإسرائيلية. وقد هزت الكيان الصهيوني، واستدعت عقد مؤتمر دولي بمشاركة الدول الكبرى لما أسموه "محاربة

الإرهاب". وشعرت أن مشروعها السلمي أصبح في "مهب الريح" على حدّ تعبير القيادي الفلسطيني صائب عريقات. وقام الصهاينة والسلطة الفلسطينية، بالتعاون المباشر مع أمريكا وباستخدام كافة التقنيات الأمنية، بحملة شعواء استهدفت اجتثاث كل ما له صلة بالتيار الإسلامي الحركي المقاوم في فلسطين. ومرّت حماس والجهاد الإسلامي، بمرحلة من أقسى المراحل، وعانت من ضربات قاسية. وتمكنت السلطة من تفكيك معظم، إن لم يكن كافة، خلايا المقاومة. ولم يتم تنفيذ سوى عمليات محدودة جداً للمقاومة حتى سنة ٢٠٠٠، بينما استشهد عدد من رموز العمل العسكري المقاوم أمثال محي الدين الشريف وعماد عوض الله وعادل عوض الله.

• محي الدين الشريف وعماد وعادل عوض الله

وعانت حماس من الضغوط والمحاربة في الخارج، فكان اعتقال موسى أبو مرزوق في أمريكا (تموز/ يوليو ١٩٩٥ - أيار/ مايو ١٩٩٧) ومحاولة اغتيال خالد مشعل في ١٩٩٧/٩/٢٥، وإغلاق مكاتب الحركة في الأردن في آخر آب/ أغسطس ١٩٩٩، وإبعاد أربعة من قادتها من الأردن (بعد سجنهم أكثر من شهرين ونصف) إلى قطر في تشرين الثاني/ نوفمبر ١٩٩٩.

• موسى أبو مرزوق

وبالرغم من التنسيق الصهيوني، السلطوي الفلسطيني، الدولي لاجتثاث هذه الحركة إلا أن أنصارها ظلوا يفوزون في الانتخابات الطلابية والنقابية، وظلّت حماس تتمتع بثقل شعبي كبير في الداخل والخارج[٥].

ومن جهة أخرى، فإن حركة الجهاد الإسلامي قامت بعدد من العمليات النوعية

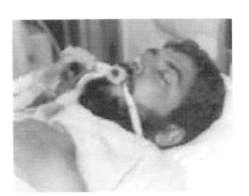

• محاولة اغتيال خالد مشعل

والاستشهادية مثل عمليات نتساريم Netzarim في تشرين الثاني/ نوفمبر ١٩٩٤، وبيت ليد في كانون الثاني/ يناير ١٩٩٥، وتل أبيب في آذار/ مارس ١٩٩٦. وهي تتعرض لنفس ما تتعرض له حماس من ضغوط ومطاردة. وقد استشهد قائدها فتحي الشقاقي في عملية نفذها الموساد الإسرائيلي في ١٩٩٥/١٠/٢٦. وتشير الانتخابات الطلابية إلى تمتع هذه الحركة بنحو ٣-٥% من أصوات الناخبين.

ثالثاً: م.ت.ف: من الكفاح المسلّح إلى التسوية السلمية:

عانت م.ت.ف من استضعاف سياسي إثر المحاولات المتوالية لاجتثاثها عسكرياً، ووصلت حالة تهميشها مدى كبيراً في مؤتمر القمة العربي في عمّان في تشرين الأول/ أكتوبر ١٩٨٧. وعندما اندلعت الانتفاضة المباركة عدّتها م.ت.ف رافعة سياسية لها، فحاولت استثمارها بشكل مبكر. فقامت بتشكيل القيادة الوطنية الموحدة للانتفاضة (بعد شهر من اندلاعها)، وشاركت الفصائل الفلسطينية وخصوصاً فتح بفعالية في الانتفاضة. وردَّ الكيان الصهيوني باغتياله لأبي جهاد رحمه الله (الرجل الثاني في م.ت.ف وفي فتح) في تونس في ١٩٨٨/٤/١٦، وذلك ضمن حملته الشرسة لقمع الانتفاضة. وقد استفادت م.ت.ف من قيام الأردن بفك روابطه الإدارية والقانونية مع الضفة الغربية في ١٩٨٨/٧/٣١، لتؤكد تمثيلها الرسمي الوحيد لأهل الضفة الغربية، ولتخوض ما أسمته "هجوم السلام الفلسطيني".

وفي المجلس الوطني الفلسطيني التاسع عشر (١٢-١٥/١١/١٩٨٨) الذي يتبع م.ت.ف تمّ وضع برنامج فلسطيني قائم على الاعتراف بقرار الأمم المتحدة رقم ١٨١ لسنة ١٩٤٧ القاضي بتقسيم فلسطين لدولتين عربية ويهودية. واعترفت م.ت.ف لأول مرة بقرار ٢٤٢ الصادر عن مجلس الأمن في تشرين الثاني/ نوفمبر ١٩٦٧. ودعت إلى تسوية سياسية من خلال مؤتمر دولي. وحتى "يتجرع" الفلسطينيون كل هذه "المرارات" فقد أعلن المجلس "استقلال فلسطين". ولقد لقي هذا الإعلان ترحيباً دولياً واسعاً، حيث اعترفت بهذه الدولة حوالي ١٢٠ دولة خلال بضعة أشهر. وبالرغم من أن الولايات المتحدة ودول أوروبا الغربية لم تعترف بها، وبالرغم من

أنها عملياً كانت "أملاً" لم يقم بعد على أرض الواقع، إلا أن ذلك أعاد تحريك القضية دولياً، وأعاد لمنظمة التحرير الفلسطينية حضورها السياسي، بعد أن رضيت لنفسها "بتقزيم" مطالبها و"قصقصة" برامجها النضالية.

• المجلس الوطني الفلسطيني الـ ١٩ في الجزائر ١٩٨٨

وفي أواخر الثمانينيات وأوائل التسعينيات حدثت تغيرات على المستوى العربي والدولي أضعفت كثيراً الموقف الفلسطيني والعربي. فقد حدث مزيد من الضعف والتفكك في الساحة العربية، خصوصاً إثر الاجتياح العراقي للكويت في ١٩٩٠/٨/٢ وما نتج عنه من عداء بين البلاد العربية، واستنزاف الموارد والثروات العربية، وتدمير البنية العسكرية للعراق، وتهجير وهجرة مئات الآلاف من الفلسطينيين من الكويت في أثناء الاجتياح العراقي، وبعد انسحابه منها، وما تلاه من حجب الدعم عن م.ت.ف... وبشكل عام فإن هذا الاجتياح وما استتبعه من "حرب الخليج" ونتائجها، كان له آثار كارثية على قضية فلسطين.

أما في الإطار الدولي، فقد شهدت هذه الفترة انهيار الاتحاد السوفييتي وتفككه، وكذلك كتلة الدول الاشتراكية، وتحولها من حالة المنافسة والعداء مع أمريكا وحلفائها إلى حالة من التوافق و"الاسترضاء"، في ضوء التحول نحو الرأسمالية والديموقراطية

الغربية، والحاجة إلى المساعدات الاقتصادية من الغرب. وقد أسهم ذلك في اختلال التوازن السياسي الدولي، الذي كان يستفيد منه الجانب الفلسطيني والعربي إلى حدّ ما، عندما كانت هناك حالة من التنافر والاستقطاب تسمح بمجال للمناورة.

• بيل كلينتون

وهكذا برزت الولايات المتحدة كقوة وحيدة أولى في العالم، خصوصاً بعد حرب الخليج في أوائل سنة ١٩٩١. وزاد الوضع سوءاً تزايد النفوذ اليهودي الصهيوني فيها، حتى إنه عيّن في إدارة الرئيس الأمريكي بيل كلينتون Bill Clinton وزراء يهود في مناصب حساسة، مثل وزيرة الخارجية مادلين أولبرايت Madeleine Albright، ووزير المالية روبرت روبين Robert Rubin، ووزير الدفاع وليم كوهين William Cohen، ووزير الزراعة دان جيلكمان Dan Glickman. هذا بالإضافة إلى وجود سبعة يهود من أصل أحد عشر في مجلس الأمن القومي، ورئاسة اليهودي آلان جرينسبان Alan Greenspan لمجلس الاحتياط الفيدرالي الأمريكي (البنك المركزي)، واليهودي جورج تينيت George Tenet لوكالة المخابرات المركزية CIA وغيرها.

• دان جيلكمان

• روبرت روبين

• آلان جرينسبان

• وليم كوهين

وقد استثمرت الولايات المتحدة ذلك في فرض هيمنتها وإدارتها وتصوراتها لنظام عالمي جديد، كما سعت لإغلاق الملف الفلسطيني بما يخدم مصالح حليفها الاستراتيجي "إسرائيل". بينما قطف الكيان الإسرائيلي ثماراً غالية نتيجة انهيار الاتحاد السوفييتي والدول الاشتراكية، فأعادت هذه الدول علاقاتها

• جورج تينيت

• مهاجرون يهود

الدبلوماسية معها، كما فتحت أبواب الهجرة اليهودية إلى فلسطين المحتلة، خصوصاً من الاتحاد السوفييتي، وقد احتفل الكيان الصهيوني في ٢٠٠٠/٥/٧ بقدوم المهاجر رقم مليون منذ بداية موجة الهجرة من الاتحاد السوفييتي في أيلول/ سبتمبر ١٩٨٩، وقام رئيس الوزراء باستقباله بنفسه[٦]. وشملت موجة الهجرة هذه نحو ٩٢ ألف عالم متخصص في شتى المجالات[٧]، بينهم عدة آلاف متخصصون في الصناعات النووية، فضلاً عن الكثير من الكفاءات العسكرية العالية، مما زاد من خطورة الكيان الإسرائيلي ومشروعه في المنطقة.

• حيدر عبد الشافي

وفي هذه الأجواء المثالية لأمريكا و"إسرائيل"، نجحت الولايات المتحدة في جرّ البلاد العربية إلى مؤتمر السلام العربي الإسرائيلي في مدريد في تشرين الأول/ أكتوبر ١٩٩١، تلته مفاوضات عربية إسرائيلية مباشرة. ولم تنفع حوالي سنتين من المفاوضات بين الجانب الفلسطيني والجانب الإسرائيلي في كسر التصلب الصهيوني. وقد جاءت المفاجأة عندما أُعلن عن اتفاق أوسلو بين الطرفين، حيث كُشف النقاب عن مفاوضات سرية كانت تجري بين الطرفين منذ ١٩٩٣/١/٢٠ من وراء ظهر الوفد الفلسطيني الرسمي المفاوض (برئاسة حيدر عبد الشافي)، ومن دون علم معظم قادة م.ت.ف. وقد وقع الاتفاق بالأحرف الأولى في ١٩٩٣/٨/١٩ في أوسلو بالنرويج، وتمّ التوقيع عليه رسمياً في ١٩٩٣/٩/١٣ في واشنطن برعاية الرئيس الأمريكي بيل كلينتون، وحضور ياسر عرفات ورئيس الوزراء الإسرائيلي إسحق رابين، ووقعه عن الجانب الفلسطيني محمود عباس، وعن الجانب الإسرائيلي وزير الخارجية شمعون بيريز Shimon Peres، كما وقعه وزيرا خارجية أمريكا وروسيا كشاهدين.

• توقيع اتفاقية أوسلو ١٩٩٣

وقد اتسم اتفاق أوسلو⁸، الذي قامت على أساسه السلطة الفلسطينية، بالمرحلية. إذ تضمن حكماً ذاتياً في قطاع غزة وأريحا أولاً على أن يغطي مناطق فلسطينية أوسع في مراحل تالية خصوصاً تلك المأهولة بالسكان، وتشمل صلاحيات السلطة التعليم والصحة والشؤون الاجتماعية والضرائب المباشرة والسياحة. بينما تجري المفاوضات حول القضايا الحساسة والوضع النهائي بعد سنتين من بدء الحكم الذاتي. على أن السلوك الصهيوني اتسم بالمماطلة والتسويف والتعجيز، بحيث مرَّ إعطاء الصلاحيات للفلسطينيين بكثير من التعقيدات التي عادة ما كان جوهرها مطالبة "السلطة" بالنجاح في "الاختبار" الإسرائيلي في ضرب حماس وحركات المقاومة، وتقديم السلطة لمزيد من التنازلات.

وتمّ عقد عدة اتفاقيات تفصيلية تالية، فكان اتفاق القاهرة في ١٩٩٤/٥/٤، واتفاق طابا في ١٩٩٥/٩/٢٨، مروراً باتفاقية واي ريفر بلانتيشن Wye River Plantation Agreement في ١٩٩٨/١٠/٢٣، ومذكرة شرم الشيخ في ١٩٩٩/٩/٤. ووزعت مناطق الحكم الذاتي إلى مناطق (أ) و(ب). وحتى سنة ٢٠٠٠ لم تكن السلطة تسيطر سوى على ١٨% من أراضي الضفة تحت بند (أ) حيث سيطرتها الأمنية والإدارية، ونحو ٢٠-٢٥% من أراضي الضفة تحت بند (ب) حيث تسيطر إدارياً بينما يكون الإشراف الأمني مشتركاً مع الصهاينة.

وبشكل عام، فإن أبرز الانتقادات والملاحظات على اتفاق أوسلو يمكن تلخيصها فيما يلي:

١. قضية فلسطين قضية كل المسلمين وليست قضية الفلسطينيين وحدهم، وهي معركة تتوارثها الأجيال، ولا يجوز لجيل أن يرضخ أو يتنازل فيغمط حقّ الأجيال التالية. وقد أجمع علماء المسلمين الثقات على عدم جواز هذه التسوية بالشكل الذي تمت فيه، ودعوا إلى وجوب الجهاد لتحرير الأرض المباركة.

٢. تفردت قيادة م.ت.ف بالموافقة على الاتفاق والاتفاقات التي تلته، ولم ترجع حتى إلى الشعب الفلسطيني نفسه، الذي توجد فيه تيارات واسعة معترضة على هذه التسويات من الإسلاميين واليساريين والقوميين، وحتى في حركة فتح نفسها.

٣. اعترفت قيادة م.ت.ف "بحق إسرائيل في الوجود"، وبشرعية احتلالها لـ ٧٧% من أرض فلسطين المحتلة سنة ١٩٤٨، والتي لا تجري عليها أية مفاوضات.

٤. لم يتم التعرض لأخطر القضايا حيث تمّ تأجيلها إلى مرحلة المفاوضات النهائية، ولأن م.ت.ف تعهدت بعدم اللجوء إلى القوة إطلاقاً، فقد أصبح الأمر مرتبطاً بمدى "الكرم الصهيوني" الذي يملك عناصر القوة وأوراق اللعبة، وهذه القضايا:

أ. مستقبل مدينة القدس.

ب. مستقبل اللاجئين الفلسطينيين.

ج. مستقبل المستعمرات الصهيونية في الضفة الغربية وقطاع غزة.

د. مساحة الدولة الفلسطينية الموعودة، وسيادتها على أرضها.

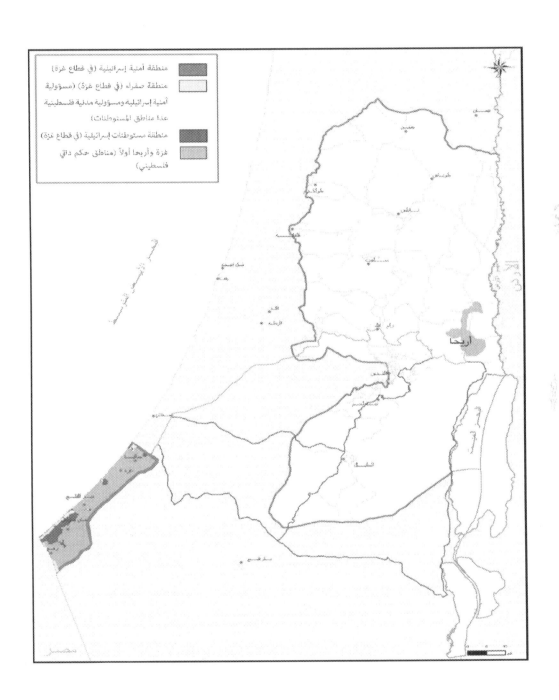

• اتفاق غزة وأريحا أولاً

٥. لا تتضمن مسؤوليات السلطة الفلسطينية الأمن الخارجي والحدود، ولا يستطيع أحد دخول مناطق السلطة دون إذن إسرائيلي. ولا يجوز للسلطة تشكيل جيش، والأسلحة تدخل بإذن إسرائيلي.

٦. للكيان الصهيوني حقّ النقض "الفيتو" على أية تشريعات تصدرها السلطة خلال المرحلة الانتقالية.

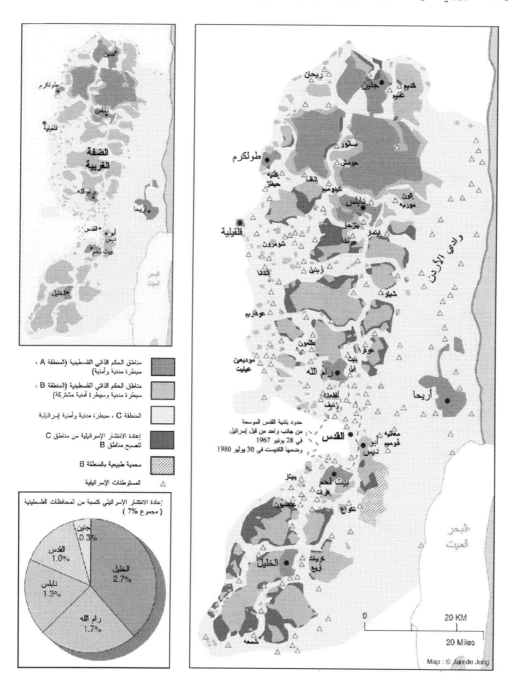

مترجم عن الأصل، مؤسسة سلام الشرق الأوسط FMEP.

• مناطق الحكم الذاتي الفلسطيني (مذكرة شرم الشيخ ١٩٩٩)

٧. لا يوجد في الاتفاقيات إشارة إلى حقّ الفلسطينيين في تقرير المصير، أو إقامة دولتهم المستقلة، ولا تشير الاتفاقيات إلى الضفة والقطاع كأرضٍ محتلة، مما يعزز الاعتقاد بأنها أراضٍ متنازع عليها.

٨. في الوقت الذي تعهدت فيه م.ت.ف (السلطة الفلسطينية) بعدم اللجوء إطلاقاً للمقاومة المسلحة ضدّ الكيان الصهيوني، وبحل كافة مشاكلها بالطرق السلمية، فإنها في الوقت نفسه أصبحت مضطرة، في ضوء تعهداتها السلمية، لقمع وسحق أية مقاومة مسلحة ضدّ الكيان الصهيوني، ومحاربة أبناء شعبها الذين يقومون بذلك. ووجدت نفسها، عملياً، أداة لحماية "الأمن الإسرائيلي" في مناطقها، وقامت بحملات اعتقال واسعة وشرسة إثباتاً "لحسن نواياها"، وحرصاً على السلام مع "إسرائيل".

لقد كان الكاتب الفلسطيني المعروف إدوارد سعيد دقيقاً إلى حدّ كبير عندما قال إن عرفات "ورَّط شعبه بمصيدة لا مخرج منها"[٩]، بينما قال المفكر الفلسطيني هشام شرابي إن القيادة الفلسطينية "لا تعرف كيف يؤخذ القرار، وكيف يتم تقرير المصير"[١٠].

رابعاً: السلطة الفلسطينية:

بدأ دخول الشرطة الفلسطينية قطاع غزة في ١٩٩٤/٥/١٨، وأدى أعضاء الحكم الذاتي اليمين الدستورية أمام ياسر عرفات في أريحا يوم ١٩٩٤/٧/٥. وقد صدقت الكثير من التخوفات حول التسوية وأداء السلطة المحتمل. فلأن اتفاقات الحكم الذاتي مؤقتة، ولأن تسليم الأرض للسلطة يتم "بالقطارة" جرعة... جرعة، ولأن تحقيق أي تقدم بات مرهوناً برضى الطرف الإسرائيلي، فقد وجدت السلطة الفلسطينية نفسها "تحت رحمة" الطرف الآخر، وأصبحت مضطرة للاستجابة لضغوطه، في سبيل الحصول على أية حقوق مهما كانت ضئيلة. وقد سعى الصهاينة إلى المماطلة والتسويف لتحقيق تنازلات جديدة، كما ربطوا بين أي تقدم في التسوية وبين سحق السلطة الفلسطينية للمعارضة المسلحة. ونجح الكيان الصهيوني في وضع حماس والجهاد الإسلامي والمعارضة الفلسطينية كعائقٍ في الطريق، على السلطة أن تدكّه وتقمعه حتى تصل إلى ما تحسبه أهدافاً وطنية فلسطينية.

وبالفعل، فبعد سنوات من اتفاقات أوسلو، استمرت المماطلات الإسرائيلية، ولم تُحسم القضايا الجوهرية، التي كان يجب أن تحسم حسب الاتفاق سنة ١٩٩٨. وصارت مراكز سيطرة السلطة الفلسطينية الفعلية هي في المناطق المأهولة بالسكان، والتي كان الصهاينة يرغبون منذ زمن طويل بإيكال جميع "المهام القذرة" فيها، من ملاحقات أمنية، وضرائب، وأعمال بلدية...، إلى من ينوب عنهم بذلك، حتى يصبح استعمارهم استعماراً "نظيفاً".

وتضخم الجانب الأمني لدى السلطة الفلسطينية ليقوم بدوره المطلوب، فبلغ عدد الشرطة الفلسطينية نحو ٤٠ ألفاً، ليشكل أعلى نسبة شرطة في العالم مقارنة بعدد السكان. وشكلت السلطة ثمانية أجهزة أمنية مختلفة، تعاملت دون هوادة مع المعارضة الفلسطينية، ونسقت بشكل مباشر مكشوف مع الأجهزة الأمنية الإسرائيلية والأمريكية. وتضخمت ميزانية الأمن ومكتب الرئيس عرفات لتصبح في سنة ٢٠٠٠ حوالي ٧٠% من مجموع ميزانية السلطة[١١].

وقد كان ذلك على حساب الحالة الاقتصادية، وعلى حساب مؤسسات التعليم والحريات السياسية والمؤسسات الاجتماعية. ففي نيسان/ أبريل ٢٠٠٠ وصفت شخصيات فلسطينية بارزة ومنظمات حقوق إنسان اتفاق أوسلو بأنه بمثابة كارثة اقتصادية وسياسية للفلسطينيين، ودعت عرفات في وثيقة نشرت في واشنطن إلى الاستقالة. وقالت الوثيقة إن نصيب الفرد الفلسطيني من الدخل انخفض بنسبة ٣٠%، وأن معدل البطالة تضاعف ثلاث مرات في الضفة والقطاع منذ ١٩٩٣[١٢].

وعانت السلطة من الفساد الإداري والمحسوبية التي تفشت بسرعة في أجهزتها. حتى إن أحد كبار قادة فتح نفسها "محمد جهاد" لم يتورع عن القول إن عرفات قد أحاط نفسه بثلة من اللصوص والمبتزين[١٣]. ونقل عن شخصية أخرى قولها "العربدات تمارس بشكل يومي في الشارع...، والحديث عن الانحلال والرشوة والمحسوبية يزكم الأنوف"[١٤]. وفي أيار/ مايو ١٩٩٧ صدر تقرير لجنة المراقبة في المجلس التشريعي الفلسطيني التابع لسلطة الحكم الذاتي مؤكداً أن الفساد المالي في أجهزة السلطة والسرقات قد طالت ٣٢٦ مليون دولار أمريكي، وهو مبلغ هائل، وهو ما أمكن كشفه، بالنسبة إلى ميزانية السلطة التي كانت بحدود مليار و٥٠٠ مليون دولار. وقد صوّت المجلس التشريعي بحجب الثقة عن حكومة عرفات (٥٦ صوتاً مقابل صوت واحد)

بسبب ذلك. وفي تشرين الثاني/ نوفمبر ١٩٩٩ وقّع عشرون مفكراً وشخصية فلسطينية بارزة تحت حكم السلطة وثيقة "العشرين" التي اتهمت السلطة بالفساد والمحسوبية والشللية وقمع الحريات... وغير ذلك. وقد وصف هشام شرابي الوضع قائلاً: "إن السلطة الفلسطينية بتركيبها الحالي لا تمثل الشعب الفلسطيني...، إنها عاجزة عن إحداث أي تغيير في الوضع الذي يعيشه الشعب الفلسطيني، وهي نفسها أحد أسباب تفاقم وضعه المأساوي"[١٥].

ومن جهة أخرى، فقد عانت المعارضة من قمع السلطة الأمني، ومن الحملات المستمرة لاجتثاثها. وللقارئ أن يتصور أن السلطة شنّت في السنة الأولى من عمرها ١٢ حملة اعتقال. وفي قطاع غزة الذي لا تتجاوز مساحته ٣٦٣ كم^2 كان يتبع السلطة ٢٤ مركز توقيف واعتقال. وفي شهر واحد مثلاً (٤/١٩-١٩٩٥/٥/٩) داهمت السلطة ٥٧ مسجداً ١٣٨ مرة، في إطار قمعها للاتجاه الإسلامي[١٦]. وتوالت الحملات الأمنية بعد كل عملية جهادية، وكان أشدها حملة آذار/ مارس ١٩٩٦ إثر العمليات الاستشهادية التي نفذتها حماس انتقاماً لاستشهاد يحيى عياش. ولم تنجح محاولات الحوار بين السلطة وحماس، وحدث أكثر من مرة أن تعتقل السلطة محاوريها وتعذّب عدداً منهم أمثال حسن يوسف وجمال سليم وغيرهم. وقد نجح التنسيق الأمني الصهيوني - الفلسطيني - الأمريكي في إحباط الكثير من العمليات الجهادية، وفي القبض على كثير من المجاهدين. وفي كانون الثاني/ يناير ١٩٩٧ أعلنت منظمات حقوق الإنسان أن هناك ١٦٠٠ معتقل فلسطيني في سجون السلطة الفلسطينية بينهم ٧٠٠ دون تهم أو محاكمة[١٧].

خامساً: الكيان الإسرائيلي:

خلال ٥٢ عاماً من إنشائه (١٩٤٨-٢٠٠٠) تمكن الكيان الصهيوني من استقدام نحو مليونين و٩٠٠ ألف مهاجر يهودي، وتزايد عدد اليهود في فلسطين المحتلة من ٦٥٠ ألفاً سنة ١٩٤٨ إلى أربعة ملايين و٩٤٧ ألفاً في نهاية سنة ٢٠٠٠، أي حوالي ٣٨% من يهود العالم[١٨].

واستطاع الكيان الصهيوني أن يتجاوز عزلته الدولية، فمع انحلال الاتحاد السوفييتي والأنظمة الشيوعية "هرولت" روسيا ودول أوروبا الشرقية باتجاه

فتـح سـفاراتها وتعزيـز علاقاتها السياسية والاقتصادية مـع الدولـة الصهيونيـة. ومع الضعـف العربي والإسـلامي إثـر احتـلال الكويـت وحـرب الخليـج (١٩٩٠-١٩٩١)، وتوقيـع م.ت.ف لاتفاقيـات أوسـلو، قامـت الأردن بعقـد اتفـاق تسـوية سـلمية مـع الكيـان الصهيـوني، وتبعتهـا عـدد مـن الـدول العربية بتبـادل فتـح مكاتـب تمثيـل تجـاري ورعاية مصالح (قطـر، عُمان، تونـس...)، وقامـت أكثـر من خمسـين دولـة أخـرى في العالم بفتـح علاقات دبلوماسـية واقتصادية مـع الكيـان الصهيوني.

ومع تراجع مشروع التحرير والحروب العربية، ومع تولي السلطة الوطنية الفلسطينية في الضفة والقطاع مهام قمع المعارضة المسلحة للكيان الصهيوني، استمتع الكيان بحالة من الاستقرار النسبي، مكّنته من مضاعفة نموه الاقتصادي. فقد تمكن من مضاعفة الناتج المحلي الإجمالي من ١٥ مليار و٣٠٠ مليون دولار أمريكي سنة ١٩٨٣ إلى ١٠٥ مليارات و٤٠٠ مليون دولار سنة ٢٠٠٠ أي بنحو سبعة أضعاف (٦٨٩%)، ولم يعد تحت رحمة المساعدات الأمريكية والهبات الخارجية التي كانت تشكل سنة ١٩٨٣ نحواً من ٢٥% من دخله القومي، فأصبحت لا تشكل أكثر من ٣%، وإن ظلت مبالغ المساعدات والهبات نفسها دون تغيير (حوالي أربعة مليارات دولار سنوياً). وارتفع معدل الدخل السنوي للفرد في الكيان الصهيوني إلى ١٨٣٠٠ دولار أمريكي سنة ٢٠٠٠ ليشكل أحد أعلى الدخول في العالم.

هوامش الفصل الخامس

[1] جريدة **صوت الشعب**، عمّان، ١٩٩٣/١٢/٨.

[2] جريدة **الحياة**، لندن، ١٩٩٥/٣/٥.

[3] انظر أعداد مجلة **فلسطين المسلمة**، لندن، التي غطت عملية الإبعاد وأخبار المبعدين بالتفصيل طوال سنة ١٩٩٣.

[4] انظر: غسان دوعر، **موعد مع الشاباك: دراسة في النشاط العسكري لحركة حماس وكتائب عز الدين القسام خلال عام ١٩٩٣** (لندن: فلسطين المسلمة، ١٩٩٥).

[5] حول حماس، انظر: محسن صالح، **الطريق إلى القدس**، ص ١٨٣-٢٠٥؛ وخالد الحروب، **حماس** (بيروت: مؤسسة الدراسات االفلسطينية، ١٩٩٧).

[6] جريدة **الخليج**، الشارقة (الإمارات)، ٢٠٠٠/٥/٨.

[7] الخليج، ٢٠٠٠/١/٢٥، وحسب المصدر نفسه يوجد في الكيان الصهيوني عشرة آلاف عالم نووي.

[8] حول اتفاق أوسلو وما تلاه، انظر: عماد يوسف وآخرون، **الانعكاسات السياسية لاتفاق الحكم الذاتي الفلسطيني** (عمّان: مركز دراسات الشرق الأوسط، ١٩٩٥)؛ ومنير شفيق، **أوسلو** "١" و"٢": المسار والمآل (لندن: فلسطين المسلمة، ١٩٩٧)؛ ومحسن صالح، **الطريق إلى القدس**، ص ١٧٤-١٨٢.

[9] **الحياة**، ١٩٩٥/٨/١٢.

[10] **الحياة**، ١٩٩٥/٣/٥.

[11] حسبما تناقلته الأخبار في ٢٠٠٠/٣/١، انظر: المركز الفلسطيني للإعلام، ٢٠٠٠/٣/٢، في:

http://www.palestine-info.info/ar/

[12] **الخليج**، ٢٠٠٠/٤/١٦.

[13] جريدة **السياسة**، الكويت، ١٩٩٥/٤/٢٧.

[14] جريدة **الشرق الأوسط**، لندن، ١٩٩٥/٣/٢٢.

[15] تصريح هشام شرابي في: **الحياة**، ١٩٩٥/٣/٥.

[16] داود سليمان، **السلطة الوطنية الفلسطينية في عام ١٩٩٤-١٩٩٥** (عمّان: مركز دراسات الشرق الأوسط، ١٩٩٥)، ص ١٣٥.

[17] Palestine Facts 1997, Palestinian Academic Society for the Study of International Affairs (PASSIA),

http://www.passia.org/palestine_facts/chronology/1997.htm

[18] حول الهجرة اليهودية وأعداد اليهود، انظر:

,Central Bureau of Statistics (CBS), Statistical Abstract of Israel 2010, no. 61, table 4.2

http://www1.cbs.gov.il/shnaton61/st04_02.pdf

وانظر: عمران أبو صبيح، **الهجرة اليهودية حقائق وأرقام: ١٨٨٢-١٩٩٠** (عمّان: دار الجليل للنشر، ١٩٩١).

الفصل السادس

قضيـــة فلســـطين
٢٠٠٠-٢٠١١

قضية فلسطين ٢٠٠٠-٢٠١١

مقدمة:

طبع العقد الأول من القرن الحادي والعشرين قضية فلسطين بطابع مختلف، إذ برزت العديد من العوامل والمتغيرات التي أثَّرت في مسارها، ولكن دون أن يؤدي ذلك إلى نتائج حاسمة؛ وكان من أبرز الأحداث والمتغيرات:

- اندلاع انتفاضة الأقصى (٢٠٠٠-٢٠٠٥) التي هزت أركان الأمن والاقتصاد الإسرائيلي، وأبرزت بقوة تمسك الشعب الفلسطيني بحقوقه وأرضه ومقدساته.

- صعود حماس كلاعب رئيسي في الساحة الفلسطينية، بعد أن لعبت دوراً أساسياً في انتفاضة الأقصى، وفازت في الانتخابات التشريعية، وشكلت الحكومة الفلسطينية العاشرة، وقامت بالسيطرة على قطاع غزة، وصدَّت بنجاح العدوان الإسرائيلي على القطاع، واحتفظت بشعبية كبيرة في داخل فلسطين وخارجها.

- حالة الانقسام الفلسطيني، والصراع بين حركتي فتح وحماس، والانقسام الجغرافي في إدارة السلطة بين رام الله وغزة، وتعطُّل م.ت.ف ومؤسساتها.

- اتجاه المجتمع الإسرائيلي نحو مزيد من التطرف الديني واليميني، مع ضعف وتفكك الاتجاهات اليسارية.

- وصول مسار التسوية إلى طريق مسدود، بعد الإصرار الإسرائيلي على الاستمرار في الاستيطان في الضفة الغربية، بالرغم من قيام السلطة الفلسطينية بكافة التزاماتها المترتبة عليها في خريطة الطريق.

- إشغال الولايات المتحدة للعالم بما يسمى "الحرب على الإرهاب"، واحتلالها لأفغانستان والعراق، مع فشلها في فرض رؤيتها حول الشرق الأوسط، أو في حلّ القضية الفلسطينية.

- التغيرات والثورات التي شهدها العالم العربي منذ سنة ٢٠١١، ونجاح الثورة في مصر وتونس...؛ والاتجاه نحو قيام أنظمة تعبر عن إرادة شعوبها، وانفتاح المجال أمام تشكُّل فضاءات استراتيجية جديدة محيطة بالكيان الإسرائيلي أو قريبة منه،

أكثر تأييداً لتيارات المقاومة. واختلال المنظومة التقليدية لما يعرف بمحور دول "الاعتدال" التي كانت تتخذ سياسات متساوقة مع السياسة الأمريكية في المنطقة.

- صعود تركيا كلاعب مهم في السياسة الإقليمية، مع ميل تركي متزايد لدعم القضية الفلسطينية، والابتعاد عن "إسرائيل".

أولاً: العدوان والمقاومة:

١. انتفاضة الأقصى:

اندلعت انتفاضة الأقصى في ٢٠٠٠/٩/٢٩، إثر زيارة أريل شارون Ariel Sharon زعيم حزب الليكود Likud الاستفزازية إلى حرم المسجد الأقصى في ٢٠٠٠/٩/٢٨. وكان واضحاً أن ثمة مباركة وتأييداً من رئيس الحكومة الصهيونية إيهود باراك Ehud Barak للزيارة حيث زوده بـ ٦٠٠ جندي لمرافقته، واستنفر ثلاثة آلاف جندي وشرطي في القدس وأحيائها. وصمم المسلمون على الدفاع عن الأقصى، حيث سقط في المواجهات الأولى خمسة شهداء، وجرح أكثر من مئة. وكانت عناصر اشتعال الوضع جاهزة، فقد وصلت مفاوضات التسوية السلمية إلى طريق مسدود، وتأكدت الأطماع الصهيونية في القدس والمسجد الأقصى، واستمر الصهاينة في مصادرة الأراضي وتوسيع المستعمرات.

• شارون يعتدي على حرمة المسجد الأقصى سنة ٢٠٠٠

وبدا لباراك أن "الحل الوحيد الذي لاح في الأفق كان دفع الوضع إلى الانفجار"، كما قال بنفسه في اجتماع سري في ٢٠٠٠/١٠/٢٥[1]. ولعله أراد إظهار مزيد من التصلب، وتحقيق مزيد من الشعبية وسط المجتمع الصهيوني، واستثمار ذلك في وقف عملية التسوية أو إدخالها في أزمات متتالية، ليتسنى تحقيق مزيد من الضغط على السلطة الفلسطينية، التي أثبتت السنوات الماضية قابليتها للتنازل والتراجع، وتخفيض سقف مطالبها.

وأفرزت الانتفاضة عدداً من الحقائق والمؤشرات أهمها:

الأولى: أن الأمة الإسلامية ما تزال حية، بالرغم من الجراح التي أثخنتها، وأن روح المقاومة والصمود والاستعداد للبذل والتضحية لم تخمد. فقد خرجت المظاهرات بعشرات الآلاف بل بمئات الآلاف في بلدان العالم الإسلامي، من الرباط في أقصى المغرب وحتى جاكرتا في أقصى المشرق الإسلامي، كلها تهتف للأقصى والقدس وفلسطين، وتطالب بالجهاد، وتقدم ما لديها من تبرعات ودعم. فكانت لحظات رائعة من أخوة الإسلام ووحدة الأمة. وظهرت تجليات الإمكانات الكبرى لهذه الأمة لتحقيق النصر لو سلكت طريق الجهاد.

الثانية: أن قضية فلسطين قضية تجمع المسلمين وتوحدهم، بل وتكون سبباً في تجاوز خلافاتهم والتركيز على العدو الصهيوني المشترك. وأن هذه القضية غدت القضية المركزية للعالم الإسلامي، فلا قضية تجمعهم كهذه القضية، ولا عدو يجتمعون ضده كهذا العدو.

الثالثة: وجهت الانتفاضة ضربة قاسية لمشروع التسوية السلمية والتطبيع مع العدو، وبرز الخيار الجهادي كخيار أمثل.

الرابعة: أن هذه الانتفاضة انعكست على طريقة تفكير الناس وأسلوب حياتهم اليومي، فاشتد العداء للمشروع الصهيوني، واشتد العداء ضدّ أمريكا، وتكرست الروح الجهادية وروح التكافل، وتجاوبت الجماهير مع دعوات مقاطعة البضائع الأمريكية والإسرائيلية، حتى غيّر الملايين من أسلوب طعامهم وشرابهم اليومي، ومن لباسهم ووسائل تنقلهم واتصالاتهم وترفيههم، فكانت مدرسة تربوية اجتماعية شعبية، ربما احتاجت حركات الإصلاح سنوات للوصول إلى مثل نتائجها. بل واضطرت الشركات الأجنبية الأمريكية لإنزال إعلانات عدم العلاقة بالكيان الصهيوني، بل والتبرع لضحايا الانتفاضة، كما حدث مع مطاعم مكدونالدز التي تبرعت بريال سعودي لكل وجبة طعام، لعلاج جرحى الانتفاضة².

الخامسة: برزت أهمية الإعلام ودوره في التعبئة، إذ تمكن المسلمون من كسر الطوق الإعلامي الغربي المتصهين، من خلال الفضائيات العربية، وخدمات الإنترنت والبريد الإلكتروني، وخصوصاً في المراحل الأولى من الانتفاضة.

ومن جهة أخرى، فقد تميزت هذه الانتفاضة بالمشاركة الشعبية الواسعة في كل أرجاء فلسطين المحتلة، وبمشاركة كافة التيارات الفلسطينية. كما تميزت في الوقت نفسه، بشدة القمع الصهيوني الذي تمادى في قتل الأطفال والأبرياء واستخدام الأسلحة المحرمة دولياً، وانكشفت سوءات أدعياء السلام "الصهاينة" الذين تباروا في سحق الانتفاضة المباركة.

وقد شهدت سنة ٢٠٠٥ خُفوت موجة انتفاضة الأقصى، وكان ذلك نتيجة الأوضاع التي تلَت وفاة ياسر عرفات، وانتخاب محمود عباس رئيساً للسلطة، وبسبب انشغال الفلسطينيين في الضفة والقطاع في الانتخابات البلدية وفي التحضير للانتخابات التشريعية، فضلاً عن إعلان الفصائل الفلسطينية في ٢٠٠٥/١/٢٢ التهدئة من جانب واحد، ثمّ إعلان وقف إطلاق النار بين السلطة و"إسرائيل" في ٨ شباط/ فبراير.

وخلال الفترة من ٢٠٠٠/٩/٢٨ حتى ٢٠٠٥/١٢/٣١ بلغ عدد الشهداء ٤٢٤٢ شهيداً، بينهم ٧٩٣ طفلاً، و٢٧٠ شهيدة. وقامت السلطات بعمليات اغتيال وتصفية جسدية ميدانية لـ ٣٧٦ مواطناً، واستشهد بسبب الإعاقة على الحواجز الإسرائيلية ١٤٠ مريضاً ما بين طفل وسيدة وشيخ مسن من مرضى القلب والكلى والسرطان. وبلغ عدد الجرحى ٤٦٠٦٨ جريحاً[٣]. وبالرغم من إعلان التهدئة الفلسطينية وخُفوت الانتفاضة، إلا أن أعداد السجناء زادت، فبعد أن كانت هناك نحو ٧٨٠٠ في مطلع ٢٠٠٥ ارتفع عددهم إلى نحو ٩٢٠٠ سجيناً في نهاية السنة نفسها. وتمّ اعتقال ٣٤٩٥ فلسطيني خلال سنة ٢٠٠٥ ظلّ منهم ١٦٠٠ محجوزين خلف القضبان[٤].

• ياسر عرفات يسافر للعلاج في فرنسا سنة ٢٠٠٤

وفي انتفاضة الأقصى وُضع ياسر عرفات تحت حصار قاسٍ في مقره في رام الله لنحو سنتين ونصف، وتوفي في ظروف مريبة في ٢٠٠٤/١١/١١. كما استشهد عدد من قادة حماس الكبار أمثال جمال سليم وجمال منصور في ٢٠٠١/٧/٣١، وصلاح شحادة في ٢٠٠٢/٧/٢٢، وإسماعيل أبو شنب في ٢٠٠٣/٨/٢١. وتلقت حماس إحدى أقسى الضربات باستشهاد زعيمها الروحي ومؤسسها الشيخ أحمد ياسين في ٢٠٠٤/٣/٢٢،

ثم تبعه استشهاد عبد العزيز الرنتيسي في ٢٠٠٤/٤/١٧. وبلغ عدد شهداء كتائب القسام ٦٠٤ شهداء خلال انتفاضة الأقصى (٢٠٠٠/٩/٢٨ – نهاية ٢٠٠٥). كما استشهد أبو علي مصطفى الأمين العام للجبهة الشعبية لتحرير فلسطين في عملية اغتيال صهيونية في ٢٠٠١/٨/٢٧.

• جمال سليم

• جمال منصور

• أبو علي مصطفى

• إسماعيل أبو شنب

• صلاح شحادة

• عبد العزيز الرنتيسي

• الشيخ أحمد ياسين إلى اليسار وبجانبه صورة لمكان استشهاده، ويظهر فيه آثار دمه وبقايا كرسيه المتحرك

وبلغ عدد المنازل التي دمرت بشكل كلي وجزئي ٧١٤٧٠ منزلاً، وعدد مؤسسات التربية والتعليم التي تعرضت للقصف ٣١٦ مدرسة ومديرية ومكاتب تربية وتعليم وجامعة، كما تمّ تحويل ٤٣ مدرسة إلى ثكنات عسكرية. وقام الإسرائيليون باقتلاع وتدمير مليون و٣٥٥ ألف شجرة. وبلغت نسبة العاطلين عن العمل ٢٨,٤% سنة ٢٠٠٥، أما نسبة الفقر في الأراضي الفلسطينية، جراء الإغلاق والحصار الإسرائيلي حتى نهاية سنة ٢٠٠٤، فبلغت ٤٢% بواقع ٦٣,٢% في قطاع غزة، و٣١,٢% في الضفة الغربية. وتشير التقديرات إلى أن الاقتصاد الفلسطيني (الناشئ المنهك) قد خسر منذ اندلاع الانتفاضة وحتى ٢٠٠٥/٩/٢٩ نحو ١٥ ملياراً و٦٠٠ مليون دولار.[٥]

• تدمير المنازل

• تدمير المؤسسات التعليمية

• اقتلاع الأشجار

وقد شاركت الفصائل الفلسطينية كافة في العمليات العسكرية. وحسب التقديرات الإسرائيلية فقد نفذّت المقاومة الفلسطينية ٢٢٤٠٦ عمليات في الفترة من ٢٠٠٠/٩/٢٩ وحتى ٢٠٠٥/٧/٢٤.[٦] وتميزت حركة حماس بدورها البارز وبعملياتها الاستشهادية التي أحدثت دوياً هائلاً، وزعزعت الأمن في الكيان الإسرائيلي حيث نفذ معظمها في فلسطين المحتلة سنة ١٩٤٨. وحتى ٢٠٠٥/١٢/١ حدثت ١٣٥ عملية استشهادية، نفذت حماس منها ٦١ عملية، بالإضافة إلى عمليات كثيرة نفذتها كتائب شهداء الأقصى والجهاد الإسلامي...[٧]

وركزت كتائب شهداء الأقصى على عمليات إطلاق الرصاص ضدّ المستوطنين وقوات الاحتلال في الضفة والقطاع. وكان لحركة الجهاد الإسلامي دورها المتميز من خلال مجموعة من العمليات القوية المؤثرة، كما نفذت الجبهتان الشعبية والديموقراطية

• رحبعام زئيفي

عدداً من العمليات. ومن العمليات التي تستحق الإشارة عملية اغتيال وزير السياحة الإسرائيلي رحبعام زئيفي في ٢٠٠١/١٠/١٧، وهو جنرال سابق في الجيش، ومن أشد الصهاينة تطرفاً. وقد نفذت الجبهة الشعبية هذه العملية انتقاماً لاغتيال أمينها العام أبو علي مصطفى.

لكن العمليات الاستشهادية على قلتها النسبية كانت الأكثر أثراً. وينبغي الإشارة إلى أن كثيراً من الإصابات في صفوف "المدنيين" الإسرائيليين هي في الحقيقة إصابات في جنود احتياط، إذ إن كل اليهود تقريباً في فلسطين المحتلة فوق سن الـ ١٨ يخضعون للتدريب العسكري الإجباري، سواء كانوا من الرجال أم النساء. أما الأغلبية الكبرى للشهداء الفلسطينيين فهي من المدنيين. ويشير تقرير جهاز الأمن العام الإسرائيلي (الشاباك) (المخابرات الإسرائيلية) إلى مقتل ١٥١٣ إسرائيلياً وجرح ٣٣٨٠ آخرين منذ بدء الانتفاضة وحتى تموز/ يوليو ٢٠٠٥[٨].

وقد عانى الكيان الصهيوني من تدهور وضعه الاقتصادي، والذي كان يشهد ازدهاراً كبيراً قبل بدء الانتفاضة. فقد تعطّلت السياحة تقريباً في السنتين الأولين للانتفاضة، وهي التي تمثل ثاني أكثر مصدر للدخل. وارتفع عدد الإسرائيليين تحت خط الفقر إلى نحو ٢٢% في آخر سنة ٢٠٠٤، حسب تقرير نشرته مؤسسة التأمين الوطني الحكومية، ذكر إن عددهم بلغ مليوناً و٥٣٤ ألفاً[٩].

وحسب تقرير رسمي صادر عن دائرة الإحصاء المركزية الإسرائيلية فإن سنة ٢٠٠٢ كانت الأسوأ من الناحية الاقتصادية في تاريخ الكيان الصهيوني منذ خمسين عاماً (سنة ١٩٥٣). وذكر التقرير أن الناتج المحلي الإجمالي تراجع بنسبة ١% سنة ٢٠٠٢، استمراراً لانخفاض بنسبة ٠,٩% سنة ٢٠٠١ مقارنة بارتفاع ٧,٤% سنة ٢٠٠٠[١٠]. وانخفض المعدل السنوي لمعدل ناتج الفرد بنحو ثلاثة آلاف دولار (من ١٨٦٠٠ دولار سنة ٢٠٠٠ إلى ١٥٦٠٠ دولار سنة ٢٠٠٢). وحسب تقرير القسم الاقتصادي في اتحاد المستقلين "لاهاف" Lahav فقد أغلق في سنة ٢٠٠٢ نحو ٥٠ ألف متجر، كما يتوقع إغلاق عشرات الآلاف من المشاريع التجارية والمتوسطة سنة ٢٠٠٣[١١]. وحسب بعض التقديرات فإن مجموع الخسائر الاقتصادية الإسرائيلية خلال السنتين الأولين للانتفاضة بلغت نحو ثمانية مليارات دولار أي نحو ١١ مليون دولار يومياً.

وهكذا فإن الفرق الجوهري الذي أحدثته الانتفاضة هو أن الشعب الفلسطيني لم يعد الجهة الوحيدة التي تدفع ثمن الاحتلال والغطرسة الصهيونية من شهداء وجرحى ودمار، وإنما أصبح الكيان الإسرائيلي يدفع غالياً ثمن احتلاله وظلمه.

لقد أحدثت هذه الانتفاضة هزة عميقة في الكيان الصهيوني، وأصابته في صميم القاعدتين اللتين بنى عليهما وجوده المادي، وهما الأمن والازدهار الاقتصادي. وأخذ عشرات الآلاف من اليهود يحزمون حقائبهم ويغادرون الكيان الصهيوني إلى أوروبا وأمريكا وأستراليا، وأظهرت استطلاعات الرأي العام أن أكثر من ٢٥% من اليهود في فلسطين يفكرون جدياً في المغادرة وترك البلاد. وأظهر استطلاع أجرته جريدة الجيروزاليم بوست الإسرائيلية The Jerusalem Post يوم ٢٠٠٢/١١/٢٩ أن ٦٩% من الإسرائيليين يعيشون حالة الخوف من التعرض لإصابات أو الموت بسبب العمليات الاستشهادية[١٢]. وفي المقابل، فإنه على الرغم من قسوة المعاناة الفلسطينية فقد أظهر استطلاع للرأي نشر في ٢٠٠٢/١٢/١٨ أن ٨٠% من الفلسطينيين يؤيدون استمرار الانتفاضة، وأن ٦٣% يؤيدون العمليات الاستشهادية[١٣].

٢. العدوان والمقاومة ٢٠٠٦-٢٠١١:

تابعت "إسرائيل" عدوانها في الفترة ٢٠٠٦-٢٠١١، كما تابعت الفصائل الفلسطينية مقاومتها، وإن بوتيرة وأشكال مختلفة. وكان من أبرز ملامح هذه الفترة:

- ضرب المقاومة الفلسطينية وتفكيك معظم خلاياها في الضفة الغربية، بسبب التعاون الشامل والمنهجي بين السلطة الفلسطينية في رام الله وبين الاحتلال الإسرائيلي.

- تطور المقاومة الفلسطينية في قطاع غزة، برعاية الحكومة التي تقودها حماس، وتمكنها من تجنيد الآلاف من عناصر المقاومة، ومن تهريب الأسلحة، ومن تطوير إمكاناتها الصاروخية وإن بشكل محدود مقارنة بإمكانات العدو، وبحالة الحصار الخانق التي تعيشها.

- الاعتماد بشكل كبير على إطلاق الصواريخ في عمليات المقاومة، خصوصاً من قطاع غزة، وخُفوت ظاهرة العمليات الاستشهادية التي طبعت انتفاضة الأقصى. إذ تمّ إطلاق نحو ٥٧٦٥ صاروخاً و٣٧٥٨ قذيفة من القطاع خلال الفترة ٢٠٠٦-٢٠١٠ بما في ذلك حوالي ٥٤٠ صاروخاً وقذيفة أطلقت خلال العدوان على غزة سنة ٢٠٠٩[١٤]، بينما لم تنفذ، بحسب اعتراف الشاباك، سوى

• إطلاق الصواريخ

ثمانية عمليات استشهادية أدت إلى مقتل ١٩ إسرائيلياً[١٥]. وبالرغم من كثرة الصواريخ إلا أن تأثيرها كان محدوداً، لأنها كانت في معظم الأحيان عديمة الدقة وقصيرة المدى وذات حشوة متفجرة خفيفة. وبحسب الإحصاءات الإسرائيلية فقد قتل ١٧ إسرائيلياً وجرح ١١٥٠ آخرين خلال الفترة ٢٠٠٦-٢٠٠٩ نتيجة إطلاق هذه الصواريخ والقذائف بما في ذلك خمسة قتلى في أثناء العدوان على غزة سنة ٢٠٠٩. ومع ذلك فقد كان تأثيرها المعنوي كبيراً، لأنها وضعت نحو مليون إسرائيلي، في المنطقة القريبة من قطاع غزة، في دائرة الخوف والاستهداف[١٦].

- العدوان الإسرائيلي على لبنان في صيف ٢٠٠٦، وعلى قطاع غزة أواخر ٢٠٠٨ وأوائل ٢٠٠٩.

وفي الفترة ٢٠٠٦-٢٠١٠ استشهد من الفلسطينيين ٣٢٩٣، وجرح ١٢٠٥٤ آخرين، وكان من بين الجرحى سنة ٢٠١٠ عدد من المتضامنين الدوليين. أما الإسرائيليون فقد قُتل منهم في الفترة نفسها ١٠٥، وجرح ١٥٧٣ آخرين[١٧]. ومن خلال مقارنة بسيطة، يتضح حجم المعاناة والمجازر التي يتعرض لها الفلسطينيون بسبب الآلة العسكرية الإسرائيلية المتفوقة والمتغطرسة، في الوقت الذي يقاوم فيه الفلسطينيون بإمكاناتهم البسيطة. كما يعكس ذلك حالة الانقسام الفلسطيني التي جعلت طرفاً فلسطينياً يقوم بتعطيل وضرب العمل المقاوم في الضفة الغربية في معظم الفترة؛ بينما لم يكن هناك احتكاك مباشر مع قوات الاحتلال والمستوطنين في قطاع غزة، بسبب انسحاب الإسرائيليين منه.

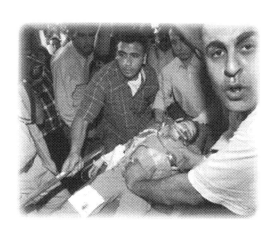

تركزت الحملات العسكرية الإسرائيلية في هذه الفترة على قطاع غزة، بهدف إسقاط حكومة حماس، وضرب المقاومة، وإسكات صواريخها. وكان من أبرز الحملات عملية "أمطار الصيف" التي استمرت في الفترة ٢٦/٦-٣١/١٠/٢٠٠٦، والتي جاءت بعد

• عملية أمطار الصيف

قيام حماس، بالتعاون مع لجان المقاومة الشعبية وجيش الإسلام، بعملية "الوهم المتبدد" التي أدت إلى أسر الجندي الإسرائيلي جلعاد شاليط Gilad Shalit. وقد أدت عملية "أمطار الصيف" إلى استشهاد ٤٠٠ فلسطيني وجرح ١٨٥٢ آخرين. كما نفذت "إسرائيل" حملة "غيوم الخريف" في تشرين الثاني/ نوفمبر ٢٠٠٦، التي أدت إلى استشهاد ١٠٥ فلسطينيين وجرح ٣٥٣ آخرين؛ وحملة "الشتاء الساخن" في ٢٠٠٨/٣/٣-٢/٢٧، والتي أدت لاستشهاد ١٠٧ فلسطينيين. وبالتأكيد فإن مثل هذه الحملات كانت تُواجه بمقاومة بطولية، وإن كانت غير متكافئة، من المقاومة الفلسطينية[١٨].

• عملية الشتاء الساخن

أما أشدُّ الحملات الإسرائيلية شراسة واتساعاً، فكانت العدوان الإسرائيلي الشامل على قطاع غزة في الفترة ٢٠٠٨/١٢/٢٧- ٢٠٠٩/١/١٨، والتي عُرفت باسم "الرصاص المصبوب"، وسمتها المقاومة "معركة الفرقان". وقد واجهت آلة الحرب الإسرائيلية المدمرة صموداً بطولياً ومقاومة عنيفة من قبل حماس وباقي قوى المقاومة، ففشلت القوات الإسرائيلية في النهاية في احتلال القطاع، وفي كسر قوى المقاومة، وفي إسقاط الحكومة التي تقودها حماس، فاضطرت إلى الانسحاب غير المشروط من قطاع غزة. وقد أعطى ذلك دفعاً معنوياً كبيراً لقوى المقاومة، ومساندة فلسطينية وعربية وإسلامية ودولية واسعة لها. وقد استشهد في العدوان الإسرائيلي ١٣٣٤ فلسطينياً، بينهم ٤١٧ طفلاً و١٠٨ نساء، وجرح ٥٤٥٠ آخرين، كما تمّ تدمير

• العدوان الإسرائيلي على قطاع غزة ٢٠٠٨-٢٠٠٩

٥٣٥٠ منزلاً وتضرر أكثر من ١٦ ألف منزل آخر بشكل جزئي. أما "إسرائيل" فلم تعترف إلا بمقتل ١٣ إسرائيلياً، ونحو ١٨٥ جريحاً؛ بينما قدَّرت قوى المقاومة أنها قتلت نحو ٨٠ إسرائيلياً خلال هذا العدوان[١٩].

• من ضحايا العدوان الإسرائيلي على قطاع غزة ٢٠٠٨-٢٠٠٩

وكانت أوضاع الأسرى والمعتقلين في سجون الاحتلال أحد أكبر مظاهر المعاناة الفلسطينية. ولم تتوقف حملات الاعتقال حتى بعد وقف انتفاضة الأقصى؛ وتزايد عدد المعتقلين ليصل في نهاية سنة ٢٠٠٧ ما مجموعه ١١٥٥٠ معتقلاً، منهم ١٠٤٨٥ من الضفة الغربية، و٨٦٠ من قطاع غزة، و١٤٠ من فلسطين المحتلة سنة ١٩٤٨، وعشرات المعتقلين العرب. وفي تلك السنة وصل عدد النواب والوزراء الأسرى ٥٢، منهم ٤٧ نائباً عن المجلس التشريعي، ينتمي ٤٢ منهم إلى قائمة التغيير والإصلاح (حماس)، وأربعة من حركة فتح، وثلاثة اعتقلوا قبل الانتخابات التشريعية، بالإضافة إلى أحمد سعدات الأمين العام للجبهة الشعبية[٢٠].

• إصرار على الانتصار بالرغم من الاعتقال

وفي مطلع سنة ٢٠١١ كان ما يزال في سجون الاحتلال نحو سبعة آلاف أسير، مع الإشارة إلى أن حملات الاعتقال هي حملات مستمرة، غير أنه يجري إطلاق سراح المسجونين في أحيان عديدة بعد

• أحمد سعدات

• أسرى فلسطينيون في سجون الاحتلال

بضعة أشهر، ولكنهم سرعان ما يستبدلون بآخرين؛ فقد شهدت سنة ٢٠٠٧ اعتقال نحو ٧٥٠٠ فلسطيني، مقارنة بنحو ٥٨٠٠ سنة ٢٠٠٨، ونحو ٥١٠٠ سنة ٢٠٠٩، ونحو ٤٢٠٠ سنة ٢٠١٠. ولعل الإحصائيات تدل على تراجع حدة المقاومة، بسبب تزايد فعالية التعاون الأمني بين حكومة سلام فياض في رام الله وبين الاحتلال الإسرائيلي.

وخلال هذه الفترة، شنت القوات الإسرائيلية عدواناً شاملاً على لبنان، استهدف بالذات جنوب لبنان والضاحية الجنوبية لبيروت، استمر ٣٣ يوماً في الفترة ١٢/٧-١٤/٨/٢٠٠٦؛ وقد ووجهت بمقاومة بطولية من قبل حزب الله وباقي قوى المقاومة، مما أدى لاندحار القوات الإسرائيلية، وفشلها في تحقيق أهدافها. وقد أدت الحرب إلى استشهاد ١٤٠٠ لبناني وجرح ٣٧٠٠ آخرين، وتمّ تهجير نحو ٩٧٣ ألفاً بشكل مؤقت، وحدث دمار كبير في البنى التحتية، فلحقت أضرار بنحو سبعة آلاف منزل، و١٤٥ جسراً. وقُدِّرت الخسائر الإسرائيلية بنحو ٤٠٠ قتيل، و١١٨٧ جريحاً، وتضرر نحو ١١ ألف منزل نتيجة سقوط ٣٢٠٤ صواريخ كاتيوشا، كما أعلن حزب الله أنه تمكن من تدمير ١٢٠ دبابة ميركافا، وثلاثين مدرعة وبارجتين بحريتين وخمس مروحيات[21].

• العدوان الإسرائيلي على لبنان ٢٠٠٦

وبالرغم من انتهاء انتفاضة الأقصى، والأوضاع الاستثنائية التي تشهدها الضفة الغربية، وحصار غزة، فإن المقاومات البطولية التي شهدتها تلك الفترة، وتطويرها لإمكاناتها التسليحية وخصوصاً في مجال الصواريخ، يؤكد أن روح الجهاد ما تزال

قوية في هذه الأمة، وأن قوى المقاومة، وخصوصاً الإسلامية، قادرة على تقديم "إنسان" جديد يتسم بصموده وجرأته وتضحيته، وقدرته على الإبداع، وإنزال الخسائر في العدو.

ثانياً: الوضع الداخلي الفلسطيني:

كان من أبرز سمات الوضع الداخلي التي ميَّزت العقد الأول من القرن الحادي والعشرين: صعود حركة حماس، ونجاحها في الانتخابات التشريعية، وسيطرتها على قطاع غزة، ووفاة أبي عمار وحلول أبي مازن مكانه، وارتباك مسيرة حركة فتح، وحالة الانقسام الفلسطيني، وتعطُّل عمل م.ت.ف ومؤسساتها، وتراجع اليسار الفلسطيني. وإذا كان المزاج العام الفلسطيني قد انشغل في السنوات الخمس الأولى من العقد بالمقاومة وتفعيل انتفاضة الأقصى ودعمها، فقد انشغل في السنوات التالية بترتيبات البيت الداخلي الفلسطيني والمصالحة الوطنية، وفكّ الحصار.

١. مسار السلطة الفلسطينية:

أعادت انتفاضة الأقصى للعمل المقاوم وهجه وألَقَه. وبينما كانت القبضة الأمنية للسلطة الفلسطينية تضعف، كانت تزداد مساحة العمل المقاوم، وتنضم إليه كافة فئات الشعب الفلسطيني وفصائله بما فيها حركة فتح. وقد استفادت حركة حماس وقوى المقاومة من تلك الظروف في إعادة ترتيب بنيتها الداخلية.

ولذلك، ترافقت انتفاضة الأقصى مع صعود شعبية حركة حماس. وهو صعود ترافق مع قوة الدور المقاوم لحماس وتميّزه، ومع تراجع شعبية فتح وقيادة السلطة نتيجة سوء الإدارة والفساد الذي طبع عمل السلطة في الفترة السابقة. ومع تعرض مناطق السلطة للاحتلال الإسرائيلي، وتدمير مراكزها ومقار شرطتها، وحصار أبي عمار، منذ آذار/ مارس ٢٠٠٢ وحتى قبيل وفاته في ٢٠٠٤/١١/١١، فقد اتجهت السلطة للاستجابة للضغوط الإسرائيلية الأمريكية، من خلال الموافقة على مشروع "خريطة الطريق"، الذي طرحه جورج بوش الابن George W. Bush، والقيام بـ"إصلاح السلطة" وفق التصور الأمريكي، والذي يتضمن استحداث منصب رئيس الوزراء، وإعطائه عدداً من الصلاحيات لتقليص

صلاحيات الرئيس عرفات، ودمج الأجهزة الأمنية التسعة في ثلاثة أجهزة؛ فضلاً عن عدد من الإصلاحات الإدارية والمالية.

• محمود عباس

وقد تولى محمود عباس رئاسة الوزراء في الفترة ٤/٢٩-٢٠٠٣/٩/٦، ونجح في عقد تهدئة في الفترة ٦/٢٩-٢٠٠٣/٨/٢١، حيث انهارت إثر اغتيال القوات الإسرائيلية للقيادي في حماس إسماعيل أبو شنب في ٢٠٠٣/٨/٢١. وقد واجه عباس عدداً من الصعوبات في تعامله مع الرئيس عرفات ومع الفصائل ومع الإسرائيليين مما أدى إلى استقالته. وقد تولى مكانه أحمد قريع (أبو علاء)، الذي شكّل الوزارات الفلسطينية السابعة والثامنة والتاسعة، والتي غطت الفترة ٢٠٠٣/١٠/٥-٢٠٠٦/٣/٢٧، وتولى وزارة المالية فيها سلام فياض.

• أحمد قريع

عانت الانتفاضة سنة ٢٠٠٤ من الإنهاك بسبب وحشية الاحتلال الإسرائيلي وبسبب شحّ الإمكانيات، وضعف الدعم العربي والإسلامي والدولي. وفي صيف ٢٠٠٤ حرك القيادي في فتح محمد دحلان المئات من أنصاره في مظاهرات واحتجاجات استهدفت الرئيس عرفات بحجة المطالبة بالإصلاح، ولقيت الاحتجاجات دعماً من عدد من قيادات فتح خصوصاً في قطاع غزة، كما لقيت دعماً واضحاً من الأمريكيين والاتحاد الأوروبي. وقد أثير على هذه المظاهرات علامات استفهام كثيرة متعلقة بتوقيتها وأهدافها الحقيقية وطبيعة مثيريها والشخص المستهدف؛ كما أثيرت علامات استفهام عن عدم اعتراض أو سكوت محمود عباس عليها. وبعد ذلك بنحو شهر، أصيب عرفات بمرض غامض، استدعى إرساله للعلاج في باريس، غير أنه توفي هناك في ٢٠٠٤/١١/١١، وسط العديد

• محمد دحلان

• روحي فتوح

• إعلان فوز محمود عباس في
الانتخابات الرئاسية

• مصطفى البرغوثي

من التساؤلات حول السبب الحقيقي لوفاته. وتمّ نقل جثمانه إلى القاهرة ثم رام الله حيث دفن هناك.

لقد هيمن عرفات على الساحة السياسية الفلسطينية طوال ٣٥ عاماً، وتولى رئاسة فتح، ورئاسة م.ت.ف، ورئاسة السلطة الفلسطينية، ورئاسة دولة فلسطين، فضلاً عن منصب القائد الأعلى للقوات الفلسطينية. وكان عرفات مركباً من السياسي البراجماتي، ومن المُجسِّد لآمال شعب فلسطين، وإن لم يُسلّم العديد من الفلسطينيين والفصائل الفلسطينية بقيادته[٢٢]. غير أنه لقي مزيداً من الشعبية والتقدير في أثناء صموده في الحصار قبل وفاته رحمه الله.

تولى رئيس المجلس التشريعي روحي فتوح رئاسة السلطة مؤقتاً، بحسب النظام الأساسي، مكان ياسر عرفات. وفي ٢٠٠٥/١/٩ جرت انتخابات الرئاسة الفلسطينية، التي قاطعتها حركتا حماس والجهاد الإسلامي. وقد شارك في الانتخابات ٦٥% ممن يحق لهم التصويت، وفاز محمود عباس، مرشح فتح، بنسبة ٦٢% من عدد المقترعين؛ بينما حصل المرشح اليساري مصطفى البرغوثي على نحو ٢٠% من الأصوات. وقد تولى عباس أيضاً رئاسة فتح، كما تولى رئاسة م.ت.ف.

وفي أجواء من التهدئة التي نجح عباس في تثبيتها بالتوافق مع الفصائل الفلسطينية، وفي أجواء اتفاق القاهرة الذي وقعه الفلسطينيون في ٢٠٠٥/٣/١٧ طُويت عملياً صفحة الانتفاضة، وانشغل الفلسطينيون بترتيب البيت الفلسطيني، خصوصاً في تنفيذ استحقاقات الانتخابات البلدية والتشريعية للسلطة الفلسطينية.

وكان الانسحاب الإسرائيلي من قطاع غزة الذي تمّ في أيلول/ سبتمبر ٢٠٠٥، انتصاراً كبيراً لقوى المقاومة، ونكسة لمسار التسوية السلمية؛ حيث لم يكن خافياً الثمن السياسي والبشري الذي يدفعه الإسرائيليون نتيجة العمل المقاوم، كما أن الانسحاب جاء أحادي الجانب ودون تفاوض أو تنسيق مع السلطة، وكأن عملية السلام الفلسطيني - الإسرائيلي قد انتهت، ولا وجود لها[٢٣].

جرت الانتخابات البلدية على أربع مراحل، وقد ظهرت فيها شعبية حماس على نحو واضح أقلق قيادة فتح والسلطة الفلسطينية. ولكن لم يكن من السهل تحديد النتائج بدقة، خصوصاً وأن كثيراً من مرشحي حماس خاضوا الانتخابات كمستقلين لأسباب أمنية أو اجتماعية. وبشكل عام فقد تقدمت حماس على فتح في عدد الأصوات، وفي البلديات الكبيرة؛ بينما تقدمت فتح على حماس في عدد المقاعد، وفي البلديات الصغيرة. وكان من اللافت للنظر فوز حماس بنحو ٧٤% من أصوات مدينة نابلس، وعدم إجراء قيادة السلطة الانتخابات في بلديتي الخليل وغزة وهما من المعاقل القوية لحماس. وقد حصلت فتح، وفق بعض التقديرات، على ١١٦٤ مقعداً مقابل ٨٦٢ مقعداً لحماس، بينما حصلت التنظيمات الأخرى والمستقلون على ٧٠١ مقعداً. وحصلت حماس على نصف الأصوات في المرحلتين الأولى والرابعة و٣٣,٧% في المرحلة الثانية، و٢٦% في المرحلة الثالثة؛ بينما حصلت فتح على ٣٢% في المرحلة الأولى، و٤٠% في الثانية، و٥٣,٧% في الثالثة، و٣٠% في الرابعة[٢٤].

وفي أجواء من عدم اليقين والخلافات الداخلية في فتح، قام عباس بتأجيل الانتخابات التشريعية من تموز/ يوليو ٢٠٠٥ إلى ٢٠٠٦/١/٢٥، ولم تتأكد الانتخابات إلا بعد أن تجاوزت فتح خلافاتها، ووحدت القائمة الرسمية التي أعلنتها مع قائمة "المستقبل" التي أعلنها محمد دحلان، بالتوافق مع مروان البرغوثي، وجبريل الرجوب، وعدد كبير من قيادات فتح الشابة. كما لم تكن الانتخابات لتتم لولا حالة الاطمئنان الناتجة عن استطلاعات الرأي التي لم تكن تعطي حماس سوى نحو ٢٥% من الأصوات أو المقاعد؛ مقابل نحو ٣٨-٤٠% لفتح. وقد كان عباس بحاجة ماسة لتأكيد شرعية رئاسته لكل الشعب الفلسطيني، من خلال إدخال حماس كمعارضة "تحت السيطرة" في إطار "الشرعية الفلسطينية"؛ بحيث يمكنه المضي في مسار التسوية بشكل أكثر قوة وأكثر تمثيلاً. وهذا ما جعل الطرف الأمريكي يدعم العملية الانتخابية، كما حظيت بعدم ممانعة إسرائيلية، وإن كان الإسرائيليون قد أبدوا تخوفاتهم.

• فوز حماس في الانتخابات التشريعية

وقد تحققت المفاجأة للجميع (بما في ذلك عدد كبير من قواعد حماس وقياداتها) بفوز حماس بـ ٧٤ مقعداً من أصل مقاعد المجلس التشريعي الـ ١٣٢، كما فاز أربعة مرشحين مستقلين على قوائم حماس؛ بينما فازت فتح بـ ٤٥ مقعداً، وحصلت الجبهة الشعبية على ثلاث مقاعد، وائتلاف الجبهة الديموقراطية وحزب الشعب وفدا على مقعدين، وقائمة فلسطين المستقلة برئاسة مصطفى البرغوثي على مقعدين، وقائمة الطريق الثالث برئاسة سلام فياض على مقعدين.

سعت حماس إلى تشكيل حكومة وحدة وطنية، لكنها لم تنجح في ذلك، فاضطرت لتشكيل الحكومة بنفسها. وفي أجواء من الصدمة والارتباك والإحباط التي عاشتها قيادة فتح والسلطة، التي وجدت إلى جانبها شريكاً مفروضاً من الشعب، ولكنه غير مرحب به، قامت بعدد من الإجراءات استهدفت محاصرة حماس وإضعاف حكومتها وإفشالها؛ على الرغم من إعلانها عن قبول نتائج الانتخابات واحترامها للديموقراطية الفلسطينية. وكان من أبرز هذه الإجراءات:

- عقد جلسة للمجلس التشريعي السابق، الذي كانت تتمتع فيه فتح بالأكثرية، بعد ظهور نتائج الانتخابات بنحو أسبوعين، وأخذ عدد من القرارات والتعديلات الدستورية (بخلاف الأعراف القانونية والبرلمانية) استهدفت تعزيز سلطات الرئيس، وإضعاف الحكومة والمجلس المنتخب فأعطت للرئيس سلطة مطلقة في تشكيل المحكمة الدستورية، وأعطته السلطة على ديوان الموظفين. وصادق المجلس المنتهية ولايته على مرسوم رئاسي يقضي بتعيين أمين عام للمجلس التشريعي ليحل محل أمين سر المجلس الذي يجب أن يكون نائباً من المجلس. وهو ما سمته حماس "انقلاباً أبيض، وفساداً دستورياً".

- أصدر الرئيس عباس مرسوماً يضع كل الأجهزة الإعلامية التابعة للسلطة تحت إشرافه المباشر.
- أصدر عباس مرسوماً بتأسيس هيئة خاصة لإدارة المعابر الحدودية برئاسة صائب عريقات.
- أصدر عباس مرسوماً بتعيين رشيد أبو شباك، مديراً للأمن الداخلي، ومشرفاً على الأمن الوقائي والدفاع المدني والشرطة، وهي الأجهزة التي كانت تتبع وزارة الداخلية.

• رشيد أبو شباك

- كما عُيِّن عباس سليمان حِلِّس مديراً للأمن الوطني.
- قام الرئيس عباس بتحويل مسؤولية متابعة السفارات الفلسطينية في الخارج من وزارة خارجية السلطة إلى م.ت.ف.
- ثم إن الرئيس عباس قام باستبعاد جميع وزراء الحكومة، بما في ذلك وزير الخارجية، من جولاته الخارجية ومقابلاته، ومباحثاته مع المسؤولين العرب والأجانب.

كان هذا تدشيناً من قيادة فتح لمعركة نزع صلاحيات حكومة حماس، ومعركة إفشالها حتى قبل أن تبدأ عملها. وكانت سيطرة حركة فتح التامة على كافة الأجهزة الأمنية، وعلى الجهاز الإداري البيروقراطي للسلطة ووزاراتها ومؤسساتها، عائقاً حقيقياً كبيراً أمام حكومة حماس (بالرغم من الكفاءات المتميزة لوزرائها) التي كان عليها التعامل مع الكثير من القيادات الأمنية والإدارية التي كانت تتعمد التعويق والتعطيل والإفشال.

ومن جهة أخرى، واجهت حكومة حماس صعوبات بالغة في إدارة الوضع تحت الاحتلال، وفي التعامل مع القوى العربية والدولية الفاعلة. فقد بدأ حصار سياسي واقتصادي إسرائيلي ودولي خانق، فتم وقف المساعدات التي تأتي للسلطة والتي تشكل أكثر من نصف ميزانيتها، كما رفضت "إسرائيل" تسليم عائدات الضرائب التي تجنيها لصالح السلطة، والتي تشكل نحو ثلث ميزانيتها، وتمّ وقف التحويلات البنكية لحسابات السلطة. وتمّ فرض ما يسمى شروط الرباعية الدولية (الولايات المتحدة، والاتحاد الأوروبي، وروسيا، والأمم المتحدة) على التعامل مع حماس وحكومتها،

حيث اشترطت اعتراف حماس بـ"إسرائيل"، ونبذ حماس "للإرهاب" ووقفها للمقاومة المسلحة، وموافقتها على كافة الاتفاقيات التي وقعتها م.ت.ف؛ وهي شروط تعجيزية تعني أن تفقد حماس هويتها، وأن تخرج من جلدها.

• سعيد صيام

وجدت حكومة حماس نفسها أمام خزينة خاوية، وتعاني فوق ذلك من ديون تبلغ ملياراً و٧٧٢ مليون دولار[٢٥]. بينما أخذت قوى المعارضة (وخصوصاً فتح) تؤجج المظاهرات والاعتصامات والإضرابات المطالبة بالرواتب. ولم تتعاون الأجهزة الأمنية مع وزير الداخلية سعيد صيام بالشكل المناسب، حيث نُزعت منه سلطاته المفترضة عليها، في الوقت الذي تزايد فيه الفلتان الأمني خصوصاً في قطاع غزة. وقد اضطر ذلك وزير الداخلية لتشكيل "القوة التنفيذية" من عناصر موالية من حماس وقوى المقاومة ذات العلاقات الجيدة معها[٢٦]. وقد أدخل ذلك السلطة في نزاعٍ جديد حول الصلاحيات، كما قام الرئيس عباس بتشكيل قوة أمنية باسم "الحرس الرئاسي" بعد تشكيل القوة التنفيذية بأيام[٢٧]؛ بينما أقدمت أمريكا على تخصيص مبلغ ٨٦,٤ مليون دولار لدعم قوات الحرس الرئاسي[٢٨].

• القوة التنفيذية

• الحرس الرئاسي

• عبد الكريم القوقا

وعلى خلفية صراع الصلاحيات، والتظاهرات والتظاهرات المضادة، والحملات الإعلامية، بدا أن هناك عملاً حثيثاً لدفع حركة فتح وأجنحتها المسلحة إلى ساحة الصراع ضدّ حماس والحكومة. وتحوّل التحريض السياسي بالتدريج إلى حوادث إطلاق نار واشتباكات مسلحة. وكان اغتيال عبد الكريم القوقا، الأمين العام للجان المقاومة الشعبية، المقربة من حماس، في ٢٠٠٦/٣/٣١، علامة فارقة في التحول إلى لغة السلاح، حيث اتهمت اللجان محمد دحلان بالضلوع في الاغتيال. وتبع ذلك اغتيال محمد التتر في ٢٠٠٦/٥/١٦، أحد قيادات حماس العسكرية، وحسين العوجة في ٢٠٠٦/٧/٦ وهو من القيادات السياسية لحماس. وتتابعت الاشتباكات لتحصد في الفترة ١/١-٢٠٠٦/١١/٣٠ ما مجموعه ٤١ فلسطينياً قُتلوا على خلفيات سياسية، منهم أربعون في قطاع غزة وحده. أما الفلتان الأمني بشكل عام، فقد حصد ٢٦٠ قتيلاً و١٢٣٩ جريحاً في سنة ٢٠٠٦[٢٩].

فَتَحَ توافق الفصائل الفلسطينية بما فيها فتح وحماس على "وثيقة الوفاق الوطني" أو ما عرف بوثيقة الأسرى، في حزيران/ يونيو ٢٠٠٦، الباب أمام تشكيل حكومة وحدة وطنية. واستعدت حماس للتقليل من نصيبها المفترض في الحكومة، والتخلي عن منصب رئيس الوزراء، وعدم ترشيح قيادات من الصف الأول للحكومة. ولكن اتضح فيما بعد أن الأمر مرتبط بشروط الرباعية، وبالضغوط الإسرائيلية والأمريكية والأوروبية، وليس فقط بحصص وصلاحيات كل طرف في داخل الحكومة. وقد أسهم في زيادة التوتر وتعقيد الأوضاع إعلان الرئيس عباس عدة مرات (في ٢٠٠٦/٥/٢١، و٢٠٠٦/٩/٢٧، و٢٠٠٦/١٢/١٦، و٢٠٠٧/١/١٩)، عن إجراء انتخابات رئاسية وتشريعية مبكرة، حيث رأت حماس أن عباس لا يملك الصلاحيات الدستورية لحل المجلس التشريعي، وأن دعوته تُمثل التفافاً على العملية الديموقراطية.

ومن جهة أخرى، فقد ازداد تعقيد وضع السلطة، تنفيذ عملية "الوهم المتبدد" التي أدت إلى أسر جلعاد شاليط. وقد تبع ذلك قيام "إسرائيل" بحملة اعتقالات فورية واسعة شملت ٦٤ من وزراء حماس وقادتها ونوابها في المجلس التشريعي. ثم توسعت حملة

• جلعاد شاليط

• عملية الوهم المتبدد، وتظهر دبابة الميركافا المدمّرة

الاعتقالات والحملات العسكرية، مما أدى إلى تعطيل عمل المجلس التشريعي، وعمل حكومة حماس في الضفة الغربية. واعتباراً من ٢٠٠٦/٦/٢٦، وعلى مدى خمسة أشهر تقريباً نفذت "إسرائيل" عمليتي "أمطار الصيف" و"غيوم الخريف" في قطاع غزة مما أدى لاستشهاد نحو ٥٠٥ فلسطينيين، وجرح ٢٢٠٥ آخرين. ومع نهاية سنة ٢٠٠٦ كانت "إسرائيل" قد اعتقلت ٥٦٧١ فلسطينياً، وكان ما يزال هناك في السجن ثلاثين عضواً من حماس في المجلس التشريعي، وأربعة من وزراء حكومة إسماعيل هنية[٣٠].

تصاعدت حدة الاحتقان والاشتباكات بين فتح وحماس ومؤيديهما في أوائل سنة ٢٠٠٧، فقامت السعودية بالدعوة إلى حوار بين الطرفين، انتهى إلى ما يعرف باتفاق مكة، في ٢٠٠٧/٢/٧ والذي تلقاه الفلسطينيون بسعادة وسرور كبيرين. وقد أسس الاتفاق لتشكيل حكومة وحدة وطنية برئاسة إسماعيل هنية؛ والتي تمّ تشكيلها فعلاً (٩ من حماس، و٦ من فتح، و٤ من باقي الفصائل، و٥ من المستقلين)، وحازت ثقة المجلس التشريعي في ٢٠٠٧/٣/١٧. غير أن الرئيس عباس عيّن محمد دحلان في ٢٠٠٧/٣/٢

• تشكيل حكومة وحدة وطنية برئاسة إسماعيل هنية

مستشاراً له لشؤون الأمن القومي كما عينه أميناً لسر مجلس الأمن القومي، وهو ما أعطى دحلان نفوذاً واسعاً على الأجهزة الأمنية، بخلاف القانون الأساسي الفلسطيني. وقد أثار هذا التعيين أول مشكلة في إطار عمل الحكومة لأنه سعى لحجب صلاحياتها عن الأجهزة الأمنية، وإبقائها بيد الرئاسة.

عادت الأزمة الداخلية الفلسطينية للتصاعد، بعد أن فشل وزير الداخلية المستقل الجديد هاني القواسمي، في ممارسة صلاحياته أو إحداث أي من الإصلاحات الأمنية، فقدم استقالته مُسبباً إياها بأن رشيد أبو شباك (المقرب من دحلان) يهيمن على الأجهزة الأمنية التابعة للداخلية، ويمنع وزير الداخلية من الاتصال بقادة هذه الأجهزة، وأن الرئاسة الفلسطينية سلبت وزير الداخلية صلاحياته المالية والإدارية[٣١].

• هاني القواسمي

٢. سيطرة حماس على قطاع غزة:

أشار مسار الأحداث إلى أن فتح وحماس تتجهان نحو الصدام، فقد تبين وجود خطط وضغوط أمريكية - إسرائيلية تستهدف إسقاط حكومة الوحدة الوطنية، كما تبين وجود طرف فلسطيني محسوب على فتح مستعد للتجاوب مع المخططات الأمريكية. فقد تتالى ظهور أخبار تؤكِّد استمرار خطط كيث دايتون Keith Dayton التي استهدفت تسليح قوات حرس الرئاسة الفلسطينية وتدريبها، بهدف إعدادهم لمواجهات محتملة مع حماس في قطاع غزة[٣٢]. وكان يجري الحديث عن تجهيز ١٥ ألف فرد من رجال الأمن يتبعون عباس ويدينون بالولاء لمحمد دحلان، بحيث يتمكنون من "ردع حماس"[٣٣].

• كيث دايتون

وأشارت التقارير إلى أن دايتون أكدّ في جلسة استماع في لجنة الشرق الأوسط بالكونجرس الأمريكي في أواخر أيار/ مايو ٢٠٠٧ بأن "الأوضاع ستنفجر قريباً وبلا رحمة في قطاع غزة"[٣٤].

ولم تبد الرئاسة الفلسطينية والتيار الأمني المتنفذ في فتح تعاوناً حقيقياً في مجال ضبط الأجهزة الأمنية وتنظيمها. وقام التيار المتنفذ في فتح بمجموعة من الإجراءات

الميدانية تتوافق بشكل كبير مع ما تسرَّب من خطط أمريكية. ومن ذلك توسيع حرس الرئاسة، وعمل الحواجز الأمنية، وكثرة عمليات الخطف والاغتيال المنسوبة للعناصر الموالية للرئيس عباس ودحلان، خصوصاً في منتصف أيار/ مايو ٢٠٠٧؛ حيث تحدثت مصادر من حماس عن اغتيال ٢٢ من عناصرها في أسبوع واحد على يد الأجهزة الأمنية[٣٥].

خاضت حماس ما أسمته معركة الحسم مع "التيار الانقلابي العميل في فتح"، وفي الفترة ١١- ٢٠٠٧/٦/١٤ تمكنت من السيطرة على قطاع غزة. وتشير إحصاءات المركز الفلسطيني لحقوق الإنسان، إلى أنه قد سقط جراء أحداث الحسم العسكري ١٦١ قتيلاً خلال الفترة ٢٠٠٧/٦/١٦-٧، ومن بين هؤلاء ٤٣ مدنياً، و٩١ شخصاً من عناصر حركة فتح والأجهزة الأمنية التابعة لها، و٢٧ شخصاً من حركة حماس وكتائب القسام والقوة التنفيذية[٣٦].

• ووجهت حماس بحالة فلتان أمني بعد فوزها في الانتخابات

وقد دافعت حماس عما قامت به بأنه كان اضطراراً وليس اختيارياً، وأنها لم تستهدف إلاّ فئة معينة محسوبة على فتح؛ وأنها لم تقصد في البداية السيطرة على القطاع، ولكن الأمور "تدحرجت" إلى أن وصلت إلى ذلك الحدّ؛ وأنها لم تكن تخطط للسيطرة على المربع الأمني ومقر الرئاسة، ولكن قيام الأجهزة الأمنية بإخلائها، وتعرضها للنهب والسرقة من قبل الناس، اضطرها للقيام بهذه الخطوة. وجاء في التوضيحات أن السيطرة على مواقع الأجهزة الأمنية جاءت من أجل قطع الطريق على ما وصفتها بـ"الفئة المتصهينة التي تتستر ببعض الأجهزة"[٣٧].

لم تخلُ عملية الحسم أو ما عرف بالانقلاب من ممارسات سلبية أساءت إلى صورة حماس؛ فقد نقلت وسائل الإعلام والشبكات الإخبارية عملية إعدام سميح المدهون بصورة فجّة ومسيئة. كما نقلت صور إجبار ضباط الأمن الفلسطيني على الخروج بصدور عارية، وغير ذلك من النماذج التي قامت الوسائل الإعلامية المحسوبة على حماس بنشرها، وهو ما خدم خصومها بشكل كبير، وقدّم لهم أدوات استخدموها بشكل فاعل للتحريض ضدّ حماس. وقد اعترف العديد من قيادات حماس بوجود هذه الممارسات الخاطئة، وأعلنوا رفضهم لها، غير أنهم قدموها في سياق التحريض الهائل المتبادل بين فتح وحماس.

رفضت حماس أن تسمي ما قامت به انقلاباً؛ لأن الذي اتخذ القرار هو رئيس الوزراء، وهو نفسه يتولى منصب وزير الداخلية في حكومة الوحدة الوطنية، وهو مدعوم من مجلس تشريعي منتخب يمثل غالبية الأعضاء. كما أن حماس ظلت على اعترافها بالرئيس عباس وشرعيته، ودعته إلى التفاهم والحوار دون شروط مسبقة. وبغضّ النظر عن تعريف ما قامت به حماس إن كان "حسماً" أو "انقلاباً"، فإن نتائجه كانت كبيرة على الساحة الفلسطينية، وكان من أبرزها:

- لأول مرة يحدث إلى جانب الشرخ السياسي انقسام جغرافي، فيجد أبناء قطاع غزة أنفسهم تحت سيطرة حماس وحكومتها المُقالة؛ بينما تجد الضفة الغربية نفسها تحت سيطرة فتح والرئاسة الفلسطينية وحكومة الطوارئ.
- تظهر الأحداث مدى قوة تأثير العوامل الخارجية في العمل الوطني الفلسطيني.
- أضرت الأحداث بشكل كبير بصورة المشروع الوطني الفلسطيني، وبصورة برنامجها المقاوم، وأحدثت حالة من الاستياء والنفور والإحباط في أوساط الجماهير العربية والإسلامية، وفي الأوساط العالمية الداعمة للحقّ الفلسطيني.

- تعاملت الرئاسة الفلسطينية مع سيطرة حماس على القطاع كفرصة لإسقاط حكومة الوحدة الوطنية وإنشاء حكومة طوارئ موالية (حتى وإن كان ذلك مخالفاً للقانون الأساسي) في الضفة الغربية. واستفادت من تغييب دور المجلس التشريعي، الذي تسيطر عليه حماس، في إصدار مراسيم رئاسية تأخذ قوة القانون. وقد مضت المراسيم والإجراءات الرئاسية وحكومة الطوارئ بعيداً في التضييق على حماس والاعتداء على عناصرها في الضفة الغربية وإغلاق مؤسساتها، ومحاولة تفكيك بنيتها التنظيمية والعسكرية. في الوقت الذي طورت الرئاسة والحكومة في الضفة من تنسيقها الأمني مع الاحتلال الإسرائيلي. وقد أفادت مصادر حماس في الضفة أن حماس تعرضت لـ ١٠٠٧ اعتداءات في الفترة ٢٠٠٧/٨/٣١-٦/١١ من عناصر الأجهزة الأمنية ومن عناصر فتح، وقد شملت ٦٣٩ عملية اعتقال واختطاف، و٣٦ عملية إطلاق نار، و١٧٥ اعتداء على مؤسسات وجمعيات، بما في ذلك دور قرآن، وجمعيات خيرية، ومؤسسات إعلامية ومكاتب صحفية، ومدارس ورياض أطفال، كما حدث ١٥٦ اعتداء على ممتلكات خاصة بأبناء حماس ومناصريها[٣٨].

وفي المقابل، أحكمت حماس وحكومتها المقالة السيطرة على قطاع غزة، وتعاملت بشدة مع أنصار فتح، الذين كانت ترى في ممارسات عدد منهم تهديداً للأمن والاستقرار في القطاع. غير أنه لم تتوفر إحصائيات محددة عن حجم التجاوزات القانونية في القطاع. وإن كان كلٌّ من السلطتين في الضفة والقطاع قد تعرضتا لنقد مؤسسات حقوق الإنسان.

- وجدت الرئاسة الفلسطينية نفسها طليقة في غياب الشراكة مع حماس، وفي غياب المجلس التشريعي، فمضت بشكل حثيث في مشروع التسوية وفي المفاوضات مع الجانب الإسرائيلي، وبوجود الرعاية والدعم الأمريكي والغربي والعربي.
- عانى قطاع غزة من حصار خانق ومتواصل، ومن اعتداءات إسرائيلية متواصلة، وأسهم للأسف بعض عناصر السلطة في التحريض على حماس، بهدف إسقاط حكومتها وإفشال تجربتها.
- أدت عملية الحسم إلى خُفوت ظاهرة الفلتان الأمني في قطاع غزة، وإلى تراجع حدة الصدامات الفصائلية والعائلية. وهو ما يشير إلى أن حماس نجحت نسبياً في إضعاف هذه الظاهرة والسيطرة عليها؛ كما أن ذلك يرجح مقولة حماس حول المسؤولية الكبيرة لتيار أمني محدد، محسوب على فتح، عن ظاهرة الفلتان الأمني.

وحسب إحصائيات مركز الميزان لحقوق الإنسان، فإن عدد قتلى ظاهرة الفلتان الأمني في الأشهر الستة الأولى من سنة ٢٠٠٧ قد بلغ ٤٢٢ قتيلاً و١٩٤٦ جريحاً، أما الشهور الستة الأخيرة من سنة ٢٠٠٧، والتي تلت سيطرة حماس على القطاع، فإن عدد ضحايا الفلتان الأمني بلغ نحو ٦٠ قتيلاً و٤٢٥ جريحاً[٣٩]. وعلى الرغم من الحالة الصعبة التي يعيشها القطاع، فإن الأشهر الثلاثة الأولى من سنة ٢٠٠٨ لم تشهد سقوط قتلى في صراعات بين فتح وحماس، وبدا أن الوضع تحت السيطرة.

- كان من الواضح أن قرار الحسم قد اتخذته حماس بشكل ميداني في قطاع غزة، ولم يكن قراراً مركزياً.

- كان من الواضح أن معظم العناصر في الأجهزة الأمنية لم تكن ترى أن المعركة مع حماس هي معركتها، وإنما معركة تيار معين في الأجهزة وفي فتح. ولو أن هذه الأجهزة التي تتكون من نحو ٥٥ ألف عنصر في قطاع غزة عدَّت المعركة معركتها، لربما كان من الصعب جداً على حماس حسم المعركة لصالحها. ويؤكد تقرير أعده المكتب العسكري لحركة فتح في غزة، حول أسباب الانهيار السريع للأجهزة الأمنية، وجود قناعة لدى عدد كبير من منتسبي الأجهزة بأنهم كانوا يدافعون عن مشروع تيار واحد متنفذ في السلطة وحركة فتح.

٣. حكومة سلام فياض:

بعد سيطرة حماس على قطاع غزة في ٢٠٠٧/٦/١٤؛ سعى الرئيس الفلسطيني محمود عباس إلى إخراج حماس من الشرعية الفلسطينية وإلى تجاوز المجلس التشريعي الذي تمتلك غالبية أعضائه، فلجأ إلى غطاء م.ت.ف ليستند بإجراءاته الرئاسية إليها؛ على الرغم من أن المنظمة هي مرجعية للسلطة في الشؤون الكبرى، وليست أداة تنفيذية أو تشريعية ضمن إطار السلطة. عقدت اللجنة التنفيذية لمنظمة التحرير اجتماعاً طارئاً في ٢٠٠٧/٦/١٤ وأقرت عدة توصيات، وضعتها تحت تصرّف الرئيس عباس:

- إقالة حكومة إسماعيل هنية.

- إعلان حالة الطوارئ.

- تشكيل حكومة إنفاذ حالة الطوارئ.

- إجراء انتخابات مبكرة[٤٠].

• فياض يُشكِّل حكومة طوارئ

وكلّف عباسُ سلام فياض بتشكيل حكومة إنفاذ حالة الطوارئ (حكومة طوارئ)، وتمكّن فياض من تشكيلها في ٢٠٠٧/٦/١٧، ثم تحولت بعد نحو شهر إلى حكومة تسيير أعمال؛ بالرغم من أن النظام الأساسي الفلسطيني (الدستور) يتيح للرئاسة إعلان حالة الطوارئ فقط، دون أن يتيح لها تشكيل حكومة طوارئ، كما أن النظام الأساسي يحول الحكومة القائمة في ذلك الوقت (حكومة إسماعيل هنية) إلى حكومة تسيير أعمال. وحتى لو سلمنا جدلاً بشرعية حكومة فياض، فإن الدستور الفلسطيني يلزمها بنيل ثقة المجلس التشريعي وهو ما لم تحصل عليه مطلقاً. ومن الناحية العملية فقد رضي فياض أن يكون المحدد الفاعل والأساس في بقائه، من الناحية الفلسطينية، هو تعطيل المجلس التشريعي وحرمانه من أداء مهامه. وكان من المثير للاستغراب أن تقوم هذه الحكومة التي يفترض أن تمثل إرادة الشعب، بمحاربة الجهة التي تعبر عن إرادة غالبيته والمخولة بتمثيله!.

قام الرئيس عباس وحكومة فياض بإعادة صياغة القوانين الاقتصادية والاجتماعية والأمنية، مستفيدين من تغييب السلطة التشريعية المعارضة لإجراءاتهم. وخلال الفترة من حزيران/ يونيو ٢٠٠٧ وحتى حزيران/ يونيو ٢٠٠٨، أصدر الرئيس عباس وحكومة رام الله ٤٠٦ مراسيم غطت تقريباً كل جوانب الحياة والنظام السياسي والقانوني[٤١]. وقد فتح هذا المجال لاتهام الرئاسة وحكومة تسيير الأعمال برئاسة فياض بأنهم في الوقت الذي يتهمون فيه حماس بالانقلاب في غزة والخروج على الشرعية، فإنهم أنفسهم ينقلبون على الشرعية التشريعية، ويقومون بمحاربة ممثليها واجتثاثهم.

وقد أقدمت حكومة فياض على حلّ جميع لجان الزكاة في الضفة الغربية، بحجة أنها مصدر مالي لحركة حماس[٤٢]. وأصدرت حماس في ٢٠٠٨/١١/١٢ إحصائية بـ ٦١٦ معتقلاً سياسياً من أبنائها لدى السلطة، وقالت إن حالات الاعتقال السياسي لأفرادها في الضفة بلغت ٢٩٢١ حالة اعتقال، في الفترة من ٢٠٠٧/٦/١٠ وحتى ٢٠٠٨/١١/١١[٤٣].

فياض لم يكن محلّ اعتراض حماس وعدد من فصائل المعارضة الفلسطينية فقط، وإنما كان محلّ اعتراض الكثير من كوادر فتح وقياداتها، والتي كانت تحتج عليه بقوة لكنها تضطر للسكوت على مضض بسبب إصرار عباس (والإسرائيليين والأمريكان عليه). وخلال دورة المجلس الثوري الـ ٢٥ لحركة فتح (٢٠٠٨/٥/٢٦) تعرض فياض لهجوم عنيف، وشبهه البعض ببول برايمر Paul Bremer أول حاكم أمريكي للعراق، واعتبر آخرون حكومته حكومة أمريكية مفروضة على الفلسطينيين. وعندما شكل فياض حكومته في ٢٠٠٩/٥/١٩، واجه معارضة من كتلة فتح البرلمانية، التي ضغط عليها عباس للسكوت.

أحال فياض المئات من الكوادر الوطنية (بما فيها الكثير من العناصر الفتحاوية) في الأجهزة الأمنية إلى التقاعد، وفتح المجال أمام الخبراء الأمريكيين وخصوصاً كيث دايتون ومن بعده مايكل مولر Michael Muller، لإعداد الأجهزة الأمنية بما يتوافق واستحقاقات التسوية وملاحقة قوى المقاومة. وفي عهد فياض وصل التعاون الأمني مع "إسرائيل" إلى قمته، من تبادل معلومات، وكشف شبكات المقاومة والقبض على رجالها، وقمع المظاهرات، ومنع الاحتكاك بالإسرائيليين، وإعادة إسرائيليين دخلوا إلى مناطق السلطة.

• مايكل مولر

وسعت السلطة تحت قيادة فياض إلى تجنيد عناصر شرطة على أساس الولاء، وليس بالضرورة على الروح الوطنية. وكانت النتيجة عدة كتائب جرى إعدادها بإشراف دايتون، وكان يتم الحديث عنها بحسب جريدة هآرتس Haaretz (نيسان/ أبريل ٢٠٠٨) على أنهم "أبناء دايتون". وبحسب المصادر الإسرائيلية فقد وصل التنسيق مع السلطة الفلسطينية إلى مستويات غير مسبوقة، إلى درجة جعلت الشاباك يعلن في سنة ٢٠١٠ لأول مرة منذ أكثر من عشرين عاماً عن خلو قائمته من المطلوبين الفلسطينيين. وقد كشفت الحكومة

• تجنيد كتائب جديدة من الشرطة الفلسطينية

الإسرائيلية في تقريرها المقدم إلى "لجنة ارتباط الدول المانحة" في بروكسل، والذي نُشر في ٢٠١١/٣/١٤ أنه في سنة ٢٠١٠ قامت أجهزة الاحتلال بـ ٢٩٦٨ عملية مشتركة مع قوات الأمن الفلسطينية في الضفة الغربية، كما عقدت ٦٨٦ اجتماعاً مشتركاً معها.

أما الجانب الاقتصادي الذي يفخر فياض بأدائه فقد جرى تضخيمه بأكثر مما يستحق. وهو اقتصاد يبقى أسير الاحتلال، وأسير الحصار، وأسير المساعدات الأجنبية. فقد ارتفع الناتج المحلي الإجمالي تحت حكومة فياض من نحو ٤,٦ مليارات إلى ٥,٧ مليارات دولار تقريباً في الفترة ٢٠٠٧-٢٠١٠، مقارنة بارتفاع الناتج المحلي الإسرائيلي للفترة نفسها من ١٦٨ مليارا إلى ٢١٧ مليار دولار للفترة نفسها. وبعبارة أخرى، فإن نصيب الفرد الفلسطيني من الناتج المحلي الإجمالي ارتفع من ١٢٩٨ دولاراً إلى ١٥٠٢ دولاراً في الفترة ٢٠٠٧-٢٠١٠ أي زاد خلال حكم فياض بمبلغ ٢٠٤ دولارات في ثلاث سنوات بمعدل ٦٨ دولاراً سنوياً؛ بينما زاد دخل الفرد الإسرائيلي السنوي للفترة نفسها من ٢٣٣٠٠ دولار إلى ٢٨٥٠٠ دولار أي بمعدل زيادة مقداره ١٧٣٣ دولار سنوياً. وتهيمن "إسرائيل" على التجارة الخارجية للسلطة في الضفة الغربية، إذ إن نحو ٦٩% من واردات السلطة في رام الله تأتي من "إسرائيل"، كما أن أكثر من ٨٠% من صادراتها تذهب إلى "إسرائيل". أما البطالة فوصلت نسبتها في أواخر سنة ٢٠٠٩ إلى نحو ٢٥% في الضفة الغربية، بينمابلغت نسبة الفقر ٢٤%.

إن مشكلة اقتصاد السلطة الفلسطينية أنه تمّ تصميمه بحيث يكون تحت رحمة الاحتلال الإسرائيلي، وتحت رحمة استحقاقات عملية التسوية، ليصبح الضغط الاقتصادي نوعاً من الابتزاز السياسي. إن نحو ٥٠-٥٥% من ميزانية السلطة تأتي من مساعدات الدول المانحة، وحوالي ثلث الميزانية يأتي من مستحقات الضرائب الفلسطينية التي تقوم "إسرائيل" بتحصيلها. وعند ذلك تأتي "إسرائيل" والجهات الأجنبية لتفرض على الفلسطينيين طبيعة النظام وطبيعة الشخص الذي يستلم هذه الأموال، وطريقة التعامل معها. وهنا فإن الأمر ليس مرتبطاً بالكفاءة والشفافية فقط، وإنما بالأداء السياسي والأمني.

حكومة فياض التي كانت تقول إنها تنفق أكثر من مئة مليون دولار شهرياً على قطاع غزة، كانت تقدم صورة منقوصة عن الحقيقة. فالصحيح أن مبلغاً ضخماً كان يذهب للموظفين الذين لا يذهبون للعمل، فمنذ الانقسام الفلسطيني والسلطة في رام الله تدفع

الرواتب لمن يجلس في بيته، وتوقف الرواتب عمن يذهب إلى العمل إلا ضمن استثناءات محددة كالصحة والتعليم. فكانت حكومة فياض تنفق على نحو ٦٠ ألف موظف (من أصل ٧٨ ألفاً) شرط أن يبقوا في بيوتهم، وهؤلاء كانوا يحصلون على ٨٦٪ من الرواتب التي تحولها السلطة في رام الله إلى القطاع. وبمعنى آخر، فإن الأموال المرسلة إلى غزة استخدمها فياض (ومن خلفه قيادة السلطة) في التوظيف السياسي؛ وأوجدت وضعاً شاذاً كانت نتيجته مكافأة المتغيب المستنكف عن العمل، ومعاقبة أولئك الذين التزموا بأعمالهم وخدمة شعبهم.

سعى فياض عندما شكل حكومته الجديدة في ٢٠٠٩/٥/١٩، إلى "إقامة مؤسسات الدولة المستقلة" خلال عامين[٤٤]. وتضمنت الخطة إقامة مشاريع سيادية، مثل مطار وسكة حديد وإنشاء بنية تحتية أساسية، وتأمين موارد الطاقة والمياه، وتحسين الإسكان والتعليم والزراعة، وتشجيع الاستثمار، وتحسين أداء الأجهزة الأمنية، فضلاً عن بناء المستشفيات والعيادات الصحية وغيرها[٤٥]. وأراد فياض من خلال تطبيق خطته أن يكون عملياً، بالاستفادة قدر الإمكان من الظروف المتاحة، وبالسعي لصناعة الحقائق على الأرض، التي تدعم بناء الدولة الفلسطينية، أو على الأقل تدعم صمود الشعب الفلسطيني في أرضه. غير أنه كان يُواجه بطرف إسرائيلي معوِّق ومراوغ، ويمكن أن يدمر الإنجازات من خلال إجراءاته القاسية المعتادة، ويجعل ما يقوم به فياض ضئيلاً مقارنة بما يقوم به الإسرائيلي بشكل حثيث، من مشاريع تهويد واسعة في القدس وباقي الضفة الغربية، بينما "يستمتع" بقيام السلطة بالتزاماتها في قمع تيارات المقاومة، ودون أن تملك هذه السلطة أية أوراق ضغط حقيقية على الجانب الإسرائيلي.

وخلال أربع سنوات من عمر حكومة سلام فياض، كان كشفُ إنجازاتها في أداء الاستحقاقات الإسرائيلية، أكبر من كشف إنجازاتها في أداء الاستحقاقات الوطنية. وقد وفرت سياسات فياض هدوءاً أمنياً، غير أنه كان هدوءاً مربوطاً بضرب مشروع المقاومة، وبضرب أحد أهم عناصر قوة المجتمع الفلسطيني في وجه الاحتلال، وبالتالي كان هدوءاً يغري الاحتلال بمزيد من الاستمرار في احتلاله.

كما وفرت سياسات فياض تحسناً اقتصادياً نسبياً، غير أنه كان في جوهره مرتبطاً بتبرعات الدول المانحة ودعمها، دون أن يحقق عملية تنمية حقيقية، بينما ظلّ الاحتلال يمسك بخناق مصادر الإنتاج وعمليات الاستيراد والتصدير وتحويل الأموال، وتابع استخدامها كأدوات ابتزاز سياسي واقتصادي لتحقيق مكاسب جديدة.

٤. الحكومة المقالة في غزة:

ظلّت حكومة هنية تعدُّ نفسها حكومة تسيير الأعمال الشرعية بعد إقالة محمود عباس لها بحسب الدستور الفلسطيني. وعلى الرغم من انسحاب وزراء فتح وباقي الفصائل والمستقلين منها، وبقاء وزراء حماس فقط، إلا أنها استمرت في تسيير الأعمال من خلال الوزراء المتبقين الموجودين في القطاع. وفي أواخر حزيران/ يونيو ٢٠٠٨ أصدر إسماعيل هنية قراراً بتعيين محمد عسقول وزيراً للتربية، وأسامة العيسوي وزيراً للنقل والمواصلات، وطالب أبو شعر وزيراً للأوقاف، وأحمد الكرد وزيراً للشؤون الاجتماعية، وأحمد شويدح وزيراً للعدل، وثبَّت سعيد صيام وزيراً للداخلية[٤٦]، الذي استشهد اغتيالاً في العدوان الإسرائيلي على القطاع فيما بعد. وقد سعت حكومة هنية أكثر من مرة إلى توسيع تشكيلتها الوزارية، بالعرض على عدد من الفصائل الاشتراك فيها، وهو مسعى ظلّ مستمراً حتى أوائل سنة ٢٠١١ لكنها لم تنجح في ذلك.

وجدت حكومة هنية نفسها تسبح عكس التيار في بيئة عربية منقسمة على نفسها، وبيئة دولية معادية أو مخاصمة أو لا مبالية. وكان نجاح حكومة هنية يتمثل في قدرتها على البقاء في ظروف تكاد تكون مستحيلة. لكن القدرة على البقاء دفعت فاتورتها حصاراً

• محمد عسقول    • أسامة العيسوي   • طالب أبو شعر

• أحمد الكرد   • أحمد شويدح

خانقاً لأكثر من مليون ونصف المليون فلسطيني، ودماراً في البنية التحتية، وانشغالاً بتوفير الوقود ولقمة الخبز وحبة الدواء. غير أنها لم تكن تملك خيارات كثيرة، فقد كان سقوطها يعني بالنسبة لها العودة للفلتان الأمني، واجتثاث حماس وبرنامج المقاومة من القطاع، وكسر إرادة الشعب الفلسطيني في التغيير، وعودة برامج أوسلو وخريطة الطريق وأنابوليس بكل سلبياتها ومفاسدها واستحقاقاتها. ورأت أن صمودها يستحق العناء، وأنها إذا أُجبرت على خوض معركة تُخيِّرها بين "الخبز والكرامة"، فإنها ستختار الكرامة.

• من معاناة الحصار على غزة

ولقد أدى الحصار على قطاع غزة إلى آثار كارثية في الاقتصاد، خاصة مع قيام سلطات الاحتلال الإسرائيلية بإلغاء الرمز الجمركي الخاص بالقطاع في ٢٠٠٧/٦/٢١، مما يعني إنهاء التعاملات التجارية وكافة الوكالات والعلامات التجارية بمستوردي ومصدري القطاع. وقد عانى قطاع غزة من إغلاق ٩٥% من المنشآت الصناعية، أي ما يقارب ٣٧٠٠ مصنع من أصل ٣٩٠٠؛ كما تمّ تعليق تنفيذ مشاريع بناء وبنية تحتية بقيمة ٣٧٠ مليون دولار نتيجة عدم توافر مواد البناء. وتدهور القطاع الصحي بسبب النقص الحاد في الأدوية والمستلزمات والمعدات الطبية؛ وتمّ تسريح أكثر من ٧٥ ألف عامل كانوا يعملون في القطاع الخاص؛ وتوقف التصدير الزراعي؛ وتمّ تعطيل حوالي ٩٠% من قطاع النقل التجاري؛ وتأثر القطاع التعليمي بسبب النقص في الكتب والقرطاسية والمطبوعات[٤٧]. ووصلت نسبة الفقر في قطاع غزة إلى أكثر من ٨٠%، وارتفعت معدلات البطالة إلى ٦٠%[٤٨]. وكان هناك نحو ٦٠% من سكان القطاع لا تتوفر لهم الإمدادات المائية الكافية، وتقتصر المياه الصالحة للشرب في حدود ١٠% فقط من جملة الاحتياجات[٤٩]. كما أن أكثر من ٨٠% من اللاجئين في القطاع يعتمدون على مساعدات وكالة الأمم المتحدة لإغاثة وتشغيل اللاجئين الفلسطينيين في الشرق الأدنى (الأونروا).

• أحد الأنفاق على الحدود المصرية

وقد تمكنت حكومة هنية من إحكام سيطرتها على القطاع، وفشلت الاجتياحات والحصار والفلتان الأمني في إسقاطها. وحافظت على شعبية لا بأس بها بين أبناء القطاع في وجه معارضة قوية، خصوصاً من حركة فتح التي أعادت ترتيب صفوفها. ومثلت الأنفاق على الحدود المصرية، التي زادت من ٢٤ نفقاً إلى أكثر من ٥٠٠ نفق، حلاً جزئياً لتوفير بعض الاحتياجات الضرورية، حيث غطت نحو ٥٠% من "واردات" القطاع. وتابعت الحكومة توفير غطاء لحركات المقاومة، واستمر نقل و"تهريب" الأسلحة إلى القطاع وتصنيع ما يمكن تصنيعه. غير أن المربع الذي وجدت الحكومة نفسها فيه جعل فعل حماس وفعل تيار المقاومة فعلاً دفاعياً في جوهره، كما أن الأداء الحكومي ارتبط بضبط الأمن وتوفير الاحتياجات الضرورية ومكافحة الفساد، دون أن تتاح له ظروف القيام بأية عملية تنموية أو تطوير اقتصادي، فضلاً عن تأجيل العديد من الجوانب المرتبطة ببرامج الأسلمة، وتطبيق الشريعة التي يتبناها فكر حماس.

وعلى الرغم من أن سياسة الرئاسة والحكومة في رام الله مع الوظائف العمومية أدت إلى إضعاف قطاع العمل الحكومي في قطاع غزة، إلا أنه يظهر أن حكومة هنية تمكنت من التكيف مع الوضع، فاستطاعت توفير الرواتب لأكثر من ١٨ ألف موظف ممن يعملون معها[٥٠]، وغطت الحدّ الأدنى من حاجتها للوظائف، فبلغ مثلاً عدد منتسبي الأجهزة الأمنية ١٣٦٠٠ بعد أن كان ٥٦ ألفاً[٥١]. وملأت العديد من الشواغر بمن يؤيد خطها السياسي أو يتوافق مع برنامجها، أو يتقبل العمل في ظلّ الوضع القائم في القطاع، كما استعانت بكتائب القسام لضبط الأمن عند الحاجة. وهو ما فتح المجال لاتهامها واتهام حماس بتنفيع من يؤيدهما، وإعطاء العمل الحكومي في القطاع وجهاً حزبياً.

وقد نجحت حكومة حماس في تفكيك المربعات الأمنية لعدد من العائلات القوية والمتنفذة في القطاع كما حدث مع عائلة بكر في ٢٠٠٧/٦/١٣ في مخيم الشاطئ، وعائلة حلّس في ٢٠٠٨/٨/٢، في حي الشجاعية، وعائلة دغمش في ٢٠٠٨/٩/١٥ في حي الصبرة

وسط مدينة غزة[٥٢]. وتمكنت حكومة هنية في نهاية صيف ٢٠٠٨ من تجاوز إضراب واسع قام به المدرسون والأطباء في القطاع، ونفذته حركة فتح ومؤيدوها، فضلاً عمن يتبنى قضاياهم المطلبية. كما نظمت عملية أمنية في ٢٠٠٩/٨/١٥، ضد تنظيم "جند أنصار الله" في رفح جنوب قطاع غزة، والتي أسفرت عن سقوط ٢٨ قتيلاً، من بينهم زعيم التنظيم الشيخ عبد اللطيف موسى، ونحو ١٣٠ جريحاً، بُعيد إعلان زعيم التنظيم عن إقامة "إمارة إسلامية"[٥٣]. وبذلك تكون حكومة هنية قد أحكمت سيطرتها على القطاع، وهو ما أوصل الكثير من معارضيها إلى استنتاج صعوبة، إن لم يكن استحالة، إسقاطها أو تغييرها من الداخل.

صمدت حكومة هنية في مواجهة الحرب الإسرائيلية على قطاع غزة (٢٠٠٨/١٢/٢٧-٢٠٠٩/١/١٨)، وتمكنت مع تيارات المقاومة التي تقودها حماس من إفشال الهجوم الإسرائيلي، وإجبار القوات الإسرائيلية على الانسحاب الكامل من القطاع. واستطاعت استيعاب صدمة الحرب بسرعة، وتابعت إدارتها وسيطرتها على الأوضاع في القطاع، ولم تحدث الفوضى أو الفلتان الأمني الذي كان يراهن عليه البعض. وقد مثَّل صمود المقاومة وبسالتها رافعة شعبية وسياسية وإعلامية كبيرة للحكومة المُقالة ولحماس، وأوجد حالة من الإحباط لدى أعداء حماس وخصومها. وقد شكَّل ذلك دافعاً للمضي في الحوار الوطني لتحقيق المصالحة الفلسطينية.

كان الدمار الذي أصاب قطاع غزة نتيجة الحرب عليه كبيراً، حيث بلغ عدد المباني المدمرة بشكل كلي ٥٣٥٠ مبنى، بينما دُمِّر بشكل جزئي أكثر من ١٦ ألف مبنى، وقد شمل التدمير أغلب مقرات الوزارات والمؤسسات الرسمية والأمنية. غير أن حكومة هنية تابعت تقديم خدماتها مباشرة بعد الحرب في مقار بديلة. قدرت الحكومة المُقالة كلفة إعادة إعمار ما دمره الاحتلال بنحو مليارين و٢١٥ مليون دولار، وتمسكت بالإشراف على الإعمار، ورفضت أي إشراف مباشر لحكومة فياض في رام الله على الإعمار[٥٤]. لكنها لم تمانع أن تقوم الجهات المانحة بتنفيذ عملية الإعمار بنفسها أو من خلال الجهات والشركات التي تثق بها. غير أن ذلك كله لم يشفع للحكومة، على الرغم من أنها هي التي تدير كافة الأمور على الأرض. وأصرّت الجهات المانحة على التعامل مع الرئيس عباس وحكومة فياض، كما راعت الشروط والاعتبارات الإسرائيلية؛ وهو ما عنى عملياً استمرار الحصار والدمار، وعدم القدرة على إيصال المساعدات وتنفيذ المشاريع.

٥. منظمة التحرير الفلسطينية:

على الرغم من أن منظمة التحرير هي التي أنشأت السلطة الفلسطينية وأعطتها الغطاء والشرعية؛ إلا أن السلطة أخذت بالتضخم، بينما أخذت م.ت.ف بالانزواء والتراجع، لتبدو مع الزمن وكأنها أداة من أدوات السلطة. ووضعت المنظمة في "غرفة الإنعاش" بعد أن هُمِّشت وأُفرغت مؤسساتها من محتواها، لتكون "ختماً" تتمّ العودة لها عند الحاجة لتوفير غطاء أو لتمرير قرار. وعلى الرغم من انتهاء المدة القانونية المفترضة للمجلس الوطني الفلسطيني وللجنة التنفيذية والمجلس المركزي منذ سنة ١٩٩٩، فقد استمرت اللجنة التنفيذية، وكذلك المجلس المركزي بالانعقاد، حيث استفادت منهما قيادة المنظمة (وهي نفسها قيادة السلطة وفتح) في دعم شرعية موقفها القانوني والسياسي، خصوصاً في دعم حكومتها في رام الله، وفي مواجهة حماس وحكومتها في غزة. وكان سعيها للسيطرة على عدد من الملفات، في إطار صراع الصلاحيات، بعد فوز حماس في الانتخابات سنة ٢٠٠٦، وسعيها إلى إخراج حركة حماس من إطار "الشرعية الفلسطينية"، بعد سيطرة حماس على قطاع غزة سنة ٢٠٠٧، قد استوجب بالنسبة إليها ضرورة تجاهل المجلس التشريعي الفلسطيني وتجاوزه، بسبب تمتع حماس بالأغلبية المطلقة لأعضائه. وكان لا بدّ لرئاسة السلطة من مرجعية تضفي صفة الشرعية على قراراتها، فلجأت إلى م.ت.ف. وفجأة أصبحت مؤسساتها (وتحديداً اللجنة التنفيذية والمجلس المركزي)، تجتمع وتبحث وتقرر في شؤون السلطة الفلسطينية اليومية، بالرغم من مخالفة ذلك للنظام الأساسي للسلطة، إذ إن المنظمة هي حسب ما هو متفق عليه، مرجعية للسلطة في الشؤون الكبرى، وليست أداة تنفيذية أو تشريعية ضمن إطار السلطة. وكان هذا نوعاً من التفعيل الانتقائي لمؤسسات منقوصة الشرعية ومنتهية الصلاحية، وهي حسب اتفاقات سابقة بين القوى الفلسطينية تنتظر إعادة تشكيلها وانتخابها.

وكان المجلس الوطني الفلسطيني قد عقد عشرين دورة منذ تأسيس المنظمة سنة ١٩٦٤ وحتى سنة ١٩٩١، بخلاف النظام الأساسي الذي ينصّ على انعقاد دورة واحدة سنوياً. ولم تنعقد في السنوات العشرين التالية (حتى سنة ٢٠١١) سوى دورة واحدة!! أي أن المجلس فَقَد فعلياً دوره التشريعي والرقابي (خصوصاً منذ اتفاقية أوسلو سنة ١٩٩٣)، وجرى عزله وتهميشه عن صناعة القرار الوطني الفلسطيني. ثم إن تلك الدورة التي عُقدت في نيسان/ أبريل ١٩٩٦، لم تنعقد إلا تحت الضغوط

الأمريكية – الإسرائيلية لإلغاء بنود الميثاق الوطني المعادية لـ"إسرائيل" والصهيونية. وهي دورة قام ياسر عرفات بإضافة أكثر من ٤٥٠ اسماً جديداً لها، بحيث أصبح عدد الأعضاء الذين جرى اعتمادهم لحضور جلسة إلغاء الميثاق أكثر من ٨٥٠ عضواً دون علم رئيس المجلس سليم الزعنون، ودون أخذ موافقته، أو دون إحالة الأسماء الجديدة على لجان المجلس الوطني٥٥.

إن من حقّ المرء أن يتساءل عن حقيقة الطريقة التي يتم بها اختيار ممثلي الشعب الفلسطيني في المجلس؟ ولماذا ما يزال مقتصراً على جزء من الشعب الفلسطيني، بينما يتم استبعاد أو تهميش قطاع واسع من الشعب الفلسطيني، وخصوصاً من مؤيدي التيار الإسلامي كحماس والجهاد الإسلامي؟ وعن السبب في تشكيل مجلس وطني فلسطيني يزيد عدد أعضائه عن عدد أعضاء المجلس الوطني للصين، أو مجلس النواب الهندي، أو الكونجرس الأمريكي..؟!! في الوقت الذي يكون فيه في أمس الحاجة إلى الفاعلية والمرونة والقدرة على الاجتماع وسرعة اتخاذ القرار.

كان من الواضح أن تفعيل م.ت.ف تفعيلاً حقيقياً، وإعادة بناء مؤسساتها، مرتبط بملف الإصلاح الفلسطيني الشامل، وإعادة ترتيب البيت الفلسطيني، وهو أمرٌ ما كان ليتمّ دون حوار بين فتح وحماس وبقية الفصائل، ودون الوصول إلى توافق وبرنامج وطني مشترك. وقد تعثر ملف إصلاح المنظمة، على الرغم من أنه كان نقطة جوهرية في اتفاق القاهرة في آذار/ مارس ٢٠٠٥، بسبب وجود مخاوف لدى أطراف فلسطينية وعربية ودولية من إمكانية هيمنة حماس على المنظمة، بعد أن فازت في انتخابات المجلس التشريعي الفلسطيني في الضفة والقطاع أوائل سنة ٢٠٠٦. وعلى الرغم من تضمين وثيقة الوفاق الوطني سنة ٢٠٠٦، واتفاق مكة سنة ٢٠٠٧، مواد متعلقة بتفعيل المنظمة وإصلاحها، إلا أنه لم تؤخذ أية خطوات جادة في هذا الإطار. وبالتأكيد، فإن صراع فتح وحماس على الشرعية سنة ٢٠٠٧ كان سبباً في تعطّل عملية الإصلاح، لكنه لا ينبغي وضع اللوم كله على ذلك؛ فإضعاف المنظمة وتهميشها كان ظاهرة أساسية مرتبطة بمسار التسوية واتفاق أوسلو، ومرتبطة بطريقة القيادة الفلسطينية في القيادة الفردية والبعد عن العمل المؤسسي.

وخلال سنة ٢٠٠٥ كان هناك توافق فلسطيني وشبه إجماع على أن يكون عدد أعضاء المجلس الوطني في حدود ٣٠٠ عضو بحيث يكون نصفهم من الضفة والقطاع والنصف الثاني من الشتات (الخارج). غير أن فوز حماس بأغلبية كبيرة صدم التيار

الرئيس الذي يقود م.ت.ف ويسيطر على المجلس الوطني (تيار فتح)؛ وهو ما جعل الزعنون يُقدم على تصريحات غريبة ومفاجئة، ومخالفة تماماً لما سبق أن أعلنه بنفسه. فقد ترأس في ٢٠٠٦/٢/٤ اجتماعاً بمشاركة أكثر من مئة شخصية من أعضاء المجلس الوطني وكوادر حركة فتح في الأردن، وشدد الزعنون أنه "سيدافع عن كل عضو فيه، ولن يسمح تحت أي ظرف المس بأعضائه لأي سبب كان، لا من حيث العدد، ولا من حيث التركيبة". وقال: "سنحافظ على المجلس الوطني كما هو عليه الآن، وسوف أدافع عن "الوطني" حتى آخر قطرة دم في جسدي"[٥٦]. وصرّح الزعنون في افتتاح أعمال المجلس التشريعي الفلسطيني في ٢٠٠٦/٢/١٦ أن أعضاء المجلس التشريعي الـ ١٣٢ سيتمّ إضافتهم إلى أعضاء المجلس الوطني البالغ ٧٨٣ عضواً!! وهي خطوة أقل ما يقال فيها أنها تفسد أجواء انطلاقة حقيقية نحو إصلاح م.ت.ف ومؤسساتها. وهو ما يعني أن الأعضاء المنتخبين سيضيعون في بحر الأعضاء المعينين!!.

سعى عباس إلى تقوية نفوذه في م.ت.ف، ولكن دون إحداث إصلاحات حقيقية في بنيتها ومؤسساتها. فأصدر قراراً في ٢٠٠٦/١١/٩ بتعيين أحد المقربين منه، ياسر عبد ربه، أميناً لسر اللجنة التنفيذية، وقرر في ٢٠٠٦/١٢/١٨ إغلاق مقر الدائرة السياسية للمنظمة في عمّان، وهو ما اعتبر ضربة لغريمه فاروق القدومي رئيس الدائرة السياسية، وأحد قادة فتح التاريخيين، الذي انحصر عمله بذلك في الإشراف على مقر دائرته في تونس. وأعطى المجلس المركزي واللجنة التنفيذية الرئيس عباس الغطاء الذي يحتاجه (بغض النظر عن مدى صحته القانونية والدستورية) في تشكيل حكومة إنفاذ حالة الطوارئ في رام الله، وفي تحويلها إلى حكومة تسيير أعمال، وفي نزع الشرعية عن حكومة إسماعيل هنية، وفي مجموعة كبيرة من المراسيم والإجراءات المرتبطة بمحاربة واجتثاث حماس وقوى المقاومة ومؤسساتها في الضفة الغربية، وفي الدعوة لانتخابات رئاسية وتشريعية مبكرة، وفي دعم مسار التسوية السلمية والعملية التفاوضية، وفي انتخابه رئيساً لدولة فلسطين في ٢٠٠٨/١١/٢٣، وفي تمديد فترة ولايته الرئاسية التي انتهت في ٢٠٠٩/١/٩.

ولم ينتظر عباس نتائج حوار القاهرة الذي كان يجري مع حماس، فسعى في

• عباس والزعنون خلال افتتاح الاجتماع الطارئ للمجلس الوطني ٢٠٠٩

صيف ٢٠٠٩ إلى عقد جلسة طارئة للمجلس الوطني الفلسطيني (الذي انتهى عمره الافتراضي) في
٢٠٠٩/٨/٢٥ في مقر الرئاسة برام الله لانتخاب ستة أعضاء في اللجنة
التنفيذية، يحلّون مكان ستة من أعضائها المتوفين، بعد أن واجهت
اللجنة مشكلة عدم اكتمال النصاب. وانعقد المجلس بحضور ٣٢٥
عضواً من أصل ما يزيد عن ٧٠٠ عضو، مسجلين في عضوية مجلس
١٩٩٦. وتمّ التوافق على انتخاب أربعة أعضاء بالتزكية هم صائب
عريقات عن حركة فتح، وأحمد مجدلاني عن جبهة النضال الشعبي،
وحنا عميرة عن حزب الشعب، وصالح رأفت عن فدا. أما المقعدان
الباقيان ففاز فيهما أحمد قريع من فتح، وحنان عشراوي (مُستقلة).

• صائب عريقات

وقد أثار انعقاد المجلس في رام الله حول الحرية التي يتمتع بها
تحت الاحتلال، وحول مدى قدرته على تمثيل الشعب الفلسطيني
في الداخل والخارج، فضلاً عن المشكلات المرتبطة بانتهاء صلاحياته
وصلاحيات أعضائه. وأثيرت من جهة أخرى مسألة وجود ياسر
عبد ربه في اللجنة التنفيذية ممثلاً لحزب فدا، الذي استقال منه
منذ عدة سنوات، ولم يعد ممثلاً له، بينما دخل صالح رأفت ممثلاً
جديداً له. مع العلم أن هذا الفصيل مع فصيلين آخرين تحالفا معه
(الديموقراطية وحزب الشعب) لم يستطيعوا الحصول مجتمعين على
أكثر من مقعدين في المجلس التشريعي؛ ولكن أصبح لهم أربعة مقاعد
في اللجنة التنفيذية، إذا ما احتسب عبد ربه من بينهم[٥٧].

• أحمد مجدلاني

• حنا عميرة

ومن جهة أخرى، فإن ورقة المصالحة الوطنية (الورقة
المصرية) التي تمّ الاحتفال بتوقيعها في القاهرة بين فتح
وحماس وباقي الفصائل الفلسطينية في ٢٠١١/٥/٣، تؤكد
على تفعيل م.ت.ف وتطويرها، وعلى تشكيل مجلس وطني

• صالح رأفت

جديد، يضمن تمثيلاً واسعاً في الداخل والخارج. كما جرى التوافق على أن تتم انتخابات المجلس بالتزامن مع انتخابات المجلس التشريعي في الضفة والقطاع.

٦. مسار المصالحة الوطنية:

منذ اندلاع انتفاضة الأقصى، أدخل تصاعدُ نفوذِ حماسٍ السلطةَ في أزمة سياسية جديدة، تضاف إلى أزماتها الأخرى المتعددة. ووجدت السلطة نفسها في حالة تجاذب هائل بين مطرقة الضغوط الإسرائيلية الأمريكية الأوروبية المطالِبة بوقف الانتفاضة وتقديم المزيد من التنازلات، وبين سندان المقاومة الإسلامية والوطنية المطالبة بتبني برنامج وطني على أساس تصعيد الانتفاضة لإجبار الكيان الإسرائيلي على الانسحاب.

كان من الواضح أن السلطة غير قادرة على اتخاذ قرارات حاسمة وفاعلة على الأرض، دون الرجوع للتيار المقاوم وخصوصاً حماس. وكان عرفات قد جرّب أكثر من مرّة إعلان توقف الانتفاضة، لكنها كانت تستمر وتتسع، مما أفقده وأفقد السلطة الكثير من الهيبة. واعترافاً بهذا الواقع، اتجهت الأنظار إلى الدعوة إلى حوار فلسطيني - فلسطيني كان جوهره بالنسبة للسلطة ومصر (التي دخلت بقوة على هذا الخط) إيقاف الانتفاضة أو إعلان هدنة، سعياً لاستمرار المفاوضات مع "إسرائيل". وقد استفادت مصر من حجمها العربي الكبير وعلاقاتها المتميزة مع السلطة و"إسرائيل" وأمريكا، فضلاً عن انفتاحها على المعارضة الفلسطينية، في الدعوة لهذه الحوارات، فانعقدت في القاهرة أهم هذه المفاوضات في ١٠-٢٠٠٢/١١/١٣ بين فتح وحماس، وانعقدت بمشاركة كافة الفصائل الفلسطينية في ٢٤-٢٠٠٣/١/٢٨، وفي ٤-٢٠٠٣/١٢/٧. وربما أسهمت هذه الحوارات في تقريب وجهات النظر، ولكن السلطة فشلت في الحصول على ما تريد سوى الهدنة التي أعلنتها الفصائل لمدة ثلاثة أشهر، لكنها استمرت ٥٢ يوماً فقط (٦/٢٩-٢٠٠٣/٨/٢١).

وفي أوائل سنة ٢٠٠٥ دخل الفلسطينيون في أجواء جديدة تميل للتهدئة، ولترتيب البيت الفلسطيني، فعقدت الفصائل الفلسطينية في الفترة ١٥-٢٠٠٥/٣/١٧ مباحثات مكثفة انتهت بـ"اتفاق القاهرة"، الذي أكد على الثوابت الفلسطينية، بما في ذلك إقامة دولة فلسطينية عاصمتها القدس، وعلى حقّ العودة، وأعلن عن فترة تهدئة تستمر حتى نهاية العام، شرط وقف "إسرائيل" لاعتداءاتها وإطلاق سراح الأسرى، وتمّ الاتفاق على

إجراء الانتخابات التشريعية الفلسطينية، واستمرار عملية الإصلاح في أجهزة السلطة، وعلى إعادة تنظيم م.ت.ف وفق أسس يتم التراضي عليها، وبحيث تضم كافة الفصائل الفلسطينية.

وقد جرت الانتخابات البلدية والتشريعية الفلسطينية بشكل عام في أجواء شفافة وديموقراطية، عكست إلى حدّ كبير موازين القوى على الساحة الفلسطينية. غير أن السلوك العام لقيادة المنظمة (وهي نفسها قيادة السلطة وقيادة فتح) تمثّل في أنها بالرغم من رغبتها في إشراك كافة القوى الفلسطينية في المؤسسات التشريعية والتنفيذية، إلا أنها كانت تريد أيضاً الاستمرار في الاستحواذ على القيادة وعلى عملية صناعة القرار، وفي الهيمنة على المؤسسات وخصوصاً السياسية والأمنية. كما كانت في كثير من الأحيان تريد أن تنفذ من اتفاقياتها، مع الفصائل الفلسطينية، ما تريد، وبالشكل الذي تريد. فبعد اتفاق القاهرة لم تقم بأي شيء ذي بال يتعلق بإعادة تنظيم م.ت.ف، وعندما وجدت أن اتجاه الانتخابات البلدية لا يخدمها كثيراً عطلت إجراء الانتخابات في الخليل وغزة. أما عندما فوجئت بفوز حماس في انتخابات المجلس التشريعي، فقد قامت بمجموعة من الإجراءات، التي سبقت الإشارة إليها، استهدفت مصادرة عدد من الصلاحيات المهمة والحيوية للمجلس التشريعي والحكومة الفلسطينية، وعرقلة عملها، بغرض إفشال حماس وإسقاط حكومتها، والسعي بأسرع ما يمكن لعمل انتخابات تشريعية جديدة، تحاول من خلالها فتح ضمان فوزها فيها. وباختصار فإن قيادة فتح، بعد نحو أربعين عاماً في الانفراد بالقيادة، لم تكن متعودة ولا راغبة في تداول حقيقي للسلطة، خصوصاً مع أطراف تخالفها في الأيديولوجيا وفي استراتيجيات العمل وأولوياته، كما في حالة التيار الإسلامي.

كان الوضع الداخلي الفلسطيني وما زال أمام رؤيتين مختلفتين ومسارين متعارضين في التعامل مع أولويات العمل الوطني وثوابته، وطريقة إدارة الصراع مع الاحتلال، ومساري المقاومة والتسوية، وفي التكيّف مع الشرعيات العربية والدولية. ولذلك، فمن الظلم تبسيط الاختلاف بين فتح وحماس، وبين حكومتي رام الله وغزة، في كونه مجرد صراع على السلطة. فلا يمكن تفسير صمود حماس في وجه الحصار، وفي وجه العدوان الإسرائيلي على القطاع، وإغلاق مؤسساتها، وسجن ممثليها في المجلس التشريعي، ومطاردة أنصارها في الضفة... بمجرد الرغبة بوضع أفضل في حكم السلطة.

كما لا يمكن فهم إصرار فتح على اعتراف حماس بالاتفاقات التي وقعتها م.ت.ف، وأن تتشكل حكومة يلتزم برنامجها السياسي ببرنامج المنظمة وشروط الرباعية؛ إلا دفعاً باتجاه برنامج سياسي يتضمن الاعتراف بـ"إسرائيل"، والتنازل عن معظم فلسطين التاريخية المحتلة سنة ١٩٤٨، ووقف العمل المقاوم. ولذلك عانى الحوار الفلسطيني من ثلاث أزمات أساسية:

- أزمة تحديد مسار العمل الوطني الفلسطيني، بما في ذلك ثوابته وأولوياته، وطرق إدارة الصراع، وبرنامجه السياسي. إذ إن هناك حالة شدّ بين مسار أيديولوجي إسلامي مقاوم، متطلع للتغيير وفرض معادلات جديدة لإدارة الصراع، وبين مسار وطني براجماتي، متكيّف مع الواقعية العربية والإمكانات الآنية.

- أزمة الثقة التي تعمّقت نتيجة الانقسام السياسي والفلتان الأمني، وسيطرة حماس على قطاع غزة، وقيام السلطة في الضفة الغربية بالتعاون مع الاحتلال بمطاردة حماس ومحاولة اجتثاثها، وبسبب الحملات الإعلامية والأمنية المتبادلة بين الطرفين.

- أزمة الضغوط والشروط الخارجية، إذ استخدمت شروط الرباعية والمعايير الأمريكية والإسرائيلية كسَيف مُسلّط على عملية الحوار، وإن استخدمت صياغات مختلفة ومخففة. فـ"الالتزام بالاتفاقات التي وقعتها المنظمة"، و"تشكيل حكومة تفكّ الحصار"... كانت صياغات تعبّر عن المعاني نفسها بشكل أو بآخر. كما لم تتوقف التهديدات الأمريكية بوقف مسار التسوية، وبقطع المساعدات، والعودة لحصار الضفة... إذا شاركت حماس في حكومة لا تستجيب لشروط الرباعية. ولم يكن لدى الولايات المتحدة مانع من تحقيق المصالحة الفلسطينية، طالما أنها ستكون ذات مسار واحد باتجاه فوز فتح في الانتخابات، وإعادة سيطرتها على قطاع غزة، واحتواء حماس أو تهميشها ونزع شرعيتها الشعبية. أما أي مسار آخر فسيعني بقاء الحصار والأزمة وتشديدهما.

ومع حالة صراع الصلاحيات والتعطيل والحصار التي أخذت تشهدها الساحة الفلسطينية، إثر فوز حماس وتشكيلها للحكومة العاشرة، ظهرت "وثيقة الأسرى"، التي وقعتها قيادات أسيرة في سجون الاحتلال من مختلف الفصائل بما في ذلك فتح وحماس والجهاد الإسلامي^{٥٨}.

وتؤكد الوثيقة على معاني الوحدة الوطنية، والتداول السلمي للسلطة، والتعاون والتكامل بين مؤسسة الرئاسة والحكومة والمجلس التشريعي والقضاء، وعلى تشكيل حكومة وحدة وطنية، وعلى المضي في إصلاح السلطة وم.ت.ف، وعلى الحق في المقاومة مع السعي لتشكيل جبهة مقاومة موحدة، وتشكيل مرجعية سياسية موحدة لها. وأكدت الوثيقة على حقّ الشعب الفلسطيني "في إقامة دولته المستقلة وعاصمتها القدس الشريف على جميع الأراضي المحتلة عام ١٩٦٧، وضمان حقّ العودة للاجئين، وتحرير جميع الأسرى والمعتقلين مستندين في ذلك إلى حقّ شعبنا التاريخي في أرض الآباء والأجداد، وإلى ميثاق الأمم المتحدة، والقانون الدولي، وما كفلته الشرعية الدولية". ووافقت الوثيقة في البند الثالث على تبني العمل التفاوضي والدبلوماسي إلى جانب العمل المقاوم، وقالت في البند السابع إن إدارة المفاوضات هي من صلاحيات م.ت.ف، ورئيس السلطة "على قاعدة التمسك بالأهداف الوطنية الفلسطينية، وتحقيقها، على أن يتم عرض أي اتفاق مصيري على المجلس الوطني الفلسطيني الجديد للتصديق عليه أو إجراء استفتاء عام حيثما أمكن".

تحفظ مندوب الجهاد الإسلامي على البند السابع المتعلق بالمفاوضات، بينما أصدر أسرى حماس في سجون نفحة وعسقلان والسبع والنقب وعوفر ومجدو بياناً قالوا فيه إن الوثيقة لا تعبر عن حقيقة مواقفهم، وأن لديهم رفضاً صريحاً لعدد من القضايا الواردة، كما أن لديهم تحفظات على بنود أخرى[٥٩].

وجدت الوثيقة ترحيباً من الرئيس عباس ومن اللجنة التنفيذية للمنظمة، لأن هناك نصوصاً يحتمل تفسيرها إعطاء الغطاء للعملية التفاوضية التي تقودها المنظمة ورئاسة السلطة، كما تركز على إقامة الدولة الفلسطينية على الأرض المحتلة سنة ١٩٦٧، دون أن تنفي أو تثبت إن كان ذلك أمراً نهائياً، ودون أن تنفي أو تثبت الحق في تحرير الأرض المحتلة سنة ١٩٤٨، كما أنها تُحيل إقرار نتائج العملية التفاوضية على المجلس الوطني الجديد أو الاستفتاء، مع أن موقف حماس الأساسي أن الثوابت لا يُستَفتَى ولا يُصوت عليها. ولذلك، قال عباس في مؤتمر الحوار الوطني الذي دعا إليه المجلس التشريعي، وانعقد في غزة ورام الله يومي ٢٥ و٢٠٠٦/٥/٢٦، إنه سيطرح الوثيقة على استفتاء شعبي، إذا لم يتم التوصل إلى اتفاق خلال عشرة أيام[٦٠].

• مؤتمر الحوار الوطني ٢٠٠٦

حركة حماس، من الناحية الرسمية، رأت في الوثيقة قاعدة صالحة للنقاش، لكنها رفضت اعتمادها كما هي، كما رفضت الاستفتاء عليها. وبعد حوارات مطولة صدرت الوثيقة بشكلها المعدل في ٢٠٠٦/٦/٢٨، مع الاحتفاظ بمعظم نصوصها، وإبقاء نوع من الغموض المحتمل لتأويلات مختلفة، يمكن أن تستند إليها فتح وحماس وباقي الفصائل. وظلت البنود المتعلقة بالعملية التفاوضية، مع إضافة في البند الرابع أن التحرك السياسي الفلسطيني الشامل يجب أن يتم بما يحفظ حقوق الشعب الفلسطيني وثوابته.

وبالرغم مما بدا تنازلاً من حماس فيما يتعلق بإدارة المنظمة والرئاسة الفلسطينية للعملية التفاوضية، إلا أن مشاورات تشكيل حكومة الوحدة الوطنية عانت من التعثر مع استمرار الفلتان الأمني، ومع تشديد الحصار الإسرائيلي والدولي، ومع الحملة الإسرائيلية على حماس وقوى المقاومة إثر عملية أسر جلعاد شاليط. وفي هذه الأجواء دعا ملك السعودية عبد الله بن عبد العزيز في ٢٠٠٧/١/٢٩ لحوار بين فتح وحماس في مكة المكرمة. ولقيت الدعوة ترحيباً من الطرفين، حيث انعقدت اجتماعات مكثفة في الفترة ٦-٢٠٠٧/٢/٨، انتهت إلى "اتفاق مكة" بين فتح وحماس، وهو اتفاق أكد على حرمة الدم

• اتفاق مكة

الفلسطيني، وعلى الاتفاق على تشكيل حكومة وحدة وطنية فلسطينية، وعلى المضي قُدماً في إجراءات تطوير وإصلاح م.ت.ف؛ كما أكد على مبدأ الشراكة السياسية، وقاعدة التعددية السياسية[61].

وورد في الاتفاق نصٌ تلتزم فيه الحكومة التي سيشكلها إسماعيل هنية بكتاب التكليف الموجه من رئيس السلطة فيما يتعلق بـ"حماية المصالح الوطنية العليا للشعب الفلسطيني، وصون حقوقه، والحفاظ على مكتسباته وتطويرها، والعمل على تحقيق الأهداف الوطنية، كما أقرتها قرارات المجالس الوطنية، ومواد القانون الأساسي، ووثيقة الوفاق الوطني، وقرارات القمم العربية". وأنه "على أساس ذلك تحترم الحكومة قرارات الشرعية الدولية، والاتفاقات التي وقعتها منظمة التحرير الفلسطينية"؛ وهو ما جاء فعلاً في برنامج الحكومة[62]. وقد رأى عديدون أن استخدام السلطة كلمة "تحترم" يعبر عن تنازل جديد من حماس؛ بينما رأت حماس أن هذه الكلمة، وإن كانت تعطي طمأنة للآخرين، إلا أنها لا تحمل تنازلاً، كما لا تحمل مضموناً قانونياً؛ وأنها اضطرت لذلك في سبيل حقن الدماء، وإنهاء الانقسام، ومواجهة الحصار. كما اضطرت حماس للرد على الرجل الثاني في القاعدة أيمن الظواهري الذي اتهمها بالتنازل، فأكدت على أن "فلسطين هي أرض وقف إسلامي. ولا يملك كائنٌ من كان أن يتنازل عن أي شبر منها"، وأن حماس حركة "جهادية ومقاومة، وستبقى كذلك ما دام هناك شبر واحد من فلسطين محتلاً"[63].

لم يعش اتفاق مكة سوى ثلاثة أشهر، فبالرغم من تشكيل هنية لحكومة وحدة وطنية، حازت ثقة المجلس التشريعي، إلا أن هذه الفترة حفلت بالفلتان الأمني، ومحاولات الإفشال الإسرائيلية الأمريكية، ومن تيار معروف في حركة فتح. وقد أدى ذلك إلى صراع مكشوف بين فتح وحماس، نتج عنه سيطرة حماس على قطاع غزة. وبذلك أضيف إلى النزاع السياسي، والنزاع على الصلاحيات، انفصالٌ جغرافي، وتشكيل لحكومتين في رام الله وغزة، وجدار من الدم، ومزيد من حواجز انعدام الثقة، وهو ما عقَّد إمكانات التفاهم وإمكانات التعامل بروح حضارية ومؤسسية.

رأى الرئيس عباس ومؤيدوه أن حماس قامت بـ"انقلاب دموي أسود"، وأنه لا سبيل للتفاهم معها إلا إذا عادت عن انقلابها، وأعلنت التزامها بـ"الشرعية" الفلسطينية والعربية والدولية. وأعلن في خطاب له أمام المجلس المركزي للمنظمة في ٢٠٠٧/٧/١٨ انتهاء اتفاق القاهرة المعلن في ٢٠٠٥/٣/١٧، واتهم حماس بمحاولة اغتياله، كما دعا

إلى انتخابات رئاسية وتشريعية مبكرة على أساس القائمة النسبية. وبالطبع فإن فكرة القائمة النسبية تلقى ترحيباً من الفصائل والأحزاب الصغيرة (وخصوصاً اليسارية) لأنها ستحولها من أحزاب ذات تأثير هامشي في صناعة القرار الفلسطيني، إلى أن تكون "بيضة القبّان" وذات تأثير حاسم، خصوصاً في ضوء حالة الاستقطاب الحاد بين فتح وحماس. كما زاد عباس تشدداً عندما سعى لفرض شرط على كل من يرشح نفسه للمجلس التشريعي بأن يلتزم مسبقاً بالموقف السياسي الذي تعبر عنه م.ت.ف (قبل إعادة تنظيمها وإصلاحها، وإدخال حماس والجهاد وقوى المقاومة الأخرى فيها). وهو ما يعني عملياً استبعاد حماس من العملية السياسية، والقضاء على أية فرص للتفاهم[٦٤].

أما حماس فرأت فيما قامت به فعلاً مشروعاً اضطرت إليه، وتمّ بأمر رئيس وزراء السلطة، وهو نفسه الذي كان يقوم بأعمال وزير الداخلية، مدعوماً بأغلبية المجلس التشريعي، في مواجهة عملية فلتان أمني مبرمج، تحميه القوى الأمنية في السلطة، التي ترفض الانصياع لتعليمات حكومتها؛ كما رأت أن حكومة تسيير الأعمال بقيادة هنية هي الحكومة الشرعية وفق القانون الأساسي الفلسطيني. وأن تشكيل الحكومة في رام الله كان انقلاباً على هذا القانون. ولم تمانع حماس من الحوار، ولكن دون شروط مسبقة. ورفضت حماس القفز عن شرعية المجلس التشريعي وشرعية الحكومة، والتركيز فقط على شرعية الرئاسة؛ كما رفضت استخدام مؤسسات م.ت.ف في غير صلاحياتها، بغرض تجاوز المؤسسات التشريعية للسلطة؛ ودعت إلى علاج عاجل للملف الأمني، وإعادة بناء الأجهزة الأمنية على أسس وطنية ومهنية وتنظيفها من الفاسدين والعناصر المشبوهة[٦٥].

الفصائل الفلسطينية، خصوصاً المنضوية تحت م.ت.ف، كانت أكثر وضوحاً في انتقاداتها القوية لـ"انقلاب" حماس، وأكثر تفهماً لإجراءات عباس في الضفة الغربية، وكان نقدها باهتاً لمجموعة المراسيم التي أصدرها عباس، وللإجراءات الأمنية القاسية التي اتخذها. مع ملاحظة أن هذه الفصائل، وخصوصاً اليسارية، كانت أقرب إلى الموقف السياسي لحركة حماس في نقد مسار التسوية السلمية الذي اختطه عباس.

قدمت الجبهة الديموقراطية مبادرة للمصالحة الوطنية تستند إلى أربع نقاط:

- تراجع حماس عن انقلابها.
- تشكيل حكومة انتقالية، ترأسها شخصية مستقلة، تهيئ الأجواء لانتخابات جديدة.
- تعديل نظام الانتخابات العامة باعتماد نظام التمثيل النسبي.
- تفعيل م.ت.ف وتطويرها[٦٦].

• لقاء فتح وحماس لمناقشة المبادرة اليمنية

لكن مبادرتها لم تلقَ آذاناً صاغية.

وقد توالت الجهود الفلسطينية والعربية والإسلامية للإصلاح بين فتح وحماس، وكان من أبرزها المبادرة اليمنية، التي انتهت بإعلان صنعاء في ٢٠٠٨/٣/٢٣؛ غير أن هذا الإعلان وعزام الأحمد، الذي وقع عن فتح، تعرضا لنقد عنيفٍ من مستشاري الرئيس عباس، مما أدى إلى تعطيل إمكانية البناء على الإعلان، الذي نصّ على موافقة فتح وحماس على المبادرة اليمنية كإطار لاستئناف الحوار بين الحركتين، للعودة بالأوضاع الفلسطينية إلى ما كانت عليه قبل أحداث غزة. ومال عباس لرأي مستشاريه، حيث اعتبر المبادرة اليمنية إطاراً للتنفيذ وليس إطاراً للحوار.

• عبد الله واد

كما حاول الرئيس السنغالي عبد الله واد، بوصفه رئيساً للقمة في منظمة المؤتمر الإسلامي، تحقيق المصالحة في حزيران/ يونيو ٢٠٠٨، حيث التقى وفدان من حماس وفتح في داكار تحت رعايته، ولكن دون التوصل إلى أي نتائج عملية.

وفي ٢٠٠٨/٦/٥ عاد الرئيس عباس للدعوة للحوار بلغة إيجابية تصالحية، كما دعا لقيام مصر برعاية الحوار. ورحبت مصر وحماس بذلك، وسعت مصر للتحضير للحوار بمشاركة ١٤ فصيلاً فلسطينياً، وأعدت مسودة لورقة المصالحة. غير أن أجواء الحوار تسممت بسبب استمرار حملة الاعتقالات في الضفة الغربية لأعضاء حماس، وبسبب الشكل الذي ستتم به المحادثات، والذي لا يوحي بالجدية، حيث أبلغ المصريون حماس أن عباس سيجلس على المنصة في حفل الافتتاح إلى جانب عدد من المسؤولين العرب، وأنه سيغادر القاعة بعد إلقاء المسؤولين كلماتهم. غير أن حماس طلبت أن يحضر عباس جميع جلسات الحوار باعتباره رئيس فتح، وطرفاً أساسياً في الخلاف، وليس راعياً للمؤتمر، كما كانت هناك شكوك بأن عباس

يريد المؤتمر لإعطاء نفسه شرعية التجديد كرئيس للسلطة الفلسطينية، مع اقتراب موعد انتهاء فترته الرئاسية. ولذلك رفضت حماس وثلاثة فصائل أخرى هي الجهاد الإسلامي والجبهة الشعبية - القيادة العامة، والصاعقة حضور لقاء القاهرة، مما أدى إلى إلغائه؛ وهو ما أثار غضب الحكومة المصرية.

أعطى الصمود البطولي لقطاع غزة في وجه العدوان الإسرائيلي في الفترة ٢٠٠٨/١٢/٢٧-٢٠٠٩/١٢/١٨، وتصاعد شعبية حماس، وشعور خصومها وأعدائها بصعوبة، إن لم يكن استحالة إسقاطها، دفعة كبيرة للعودة للحوار الوطني. وقد أُطلقت جلسات الحوار برعاية مصرية بلقاءات بين فتح وحماس يومي ٢٤-٢٠٠٩/٢/٢٥، تبعتها مشاركة باقي الفصائل في ٢٠٠٩/٢/٢٦، وتشكلت خمس لجان لمعالجة قضايا: م.ت.ف، والانتخابات، والأمن، والحكومة الانتقالية، والمصالحة الوطنية. وعُقدت ستّ جلسات حوار كان آخرها في ٢٨-٢٠٠٩/٦/٣٠؛ وظهر أن تقدماً كبيراً تحقق في مسارات عديدة. غير أن قضية المعتقلين السياسيين خصوصاً في الضفة الغربية، ظلت تلقي ظلالاً قاتمة على أجواء المحادثات. ومع طول أمد المفاوضات، وازدياد الحصار الخانق على قطاع غزة، وتراجع الألق الذي تمتعت به حماس بعد الحرب على غزة، وانفتاح آمال لدى رئاسة السلطة بحدوث اختراق في مسار المفاوضات بعد تولي باراك أوباما Barack Obama للرئاسة الأمريكية، لم تعد فتح في عجلة من أمرها وزادت من تصليب مواقفها. وفي الوقت الذي ركزت فيه حماس على أن يكون اتفاق المصالحة شاملاً، ويتم ضمان تنفيذه على الأرض بشكلٍ متوازٍ، فقد ركزت فتح على تشكيل حكومة توافق وطني تكون مؤهلة لفكّ الحصار (غير معترض عليها من "إسرائيل" والمجتمع الدولي)، وعلى عمل الانتخابات الرئاسية والتشريعية.

قدّمت مصر نصاً نهائياً مقترحاً لاتفاق المصالحة، مكوناً من حوالي ٤١٠٠ كلمة في ٢٢ صفحة، وطلبت من فتح وحماس توقيعها قبل ٢٠١٠/١٠/١٥. وفي أجواء فضيحة جولدستون Goldstone سارعت فتح للموافقة، أما حماس فطلبت مهلة لمراجعة النص. وقد تلخصت الورقة المصرية في:

- التأكيد على تفعيل وتطوير م.ت.ف.
- تشكيل إطار قيادي مؤقت حتى انتخاب المجلس الوطني الجديد، يأخذ قراراته بالتوافق.

- إجراء الانتخابات الرئاسية والتشريعية والمجلس الوطني بشكل متزامن في يوم واحد. وتجري انتخابات المجلس الوطني على أساس التمثيل النسبي الكامل في الداخل والخارج؛ بينما تجري انتخابات المجلس التشريعي على ٧٥٪ للقوائم، و٢٥٪ للدوائر، وتكون نسبة الحسم ٢٪.

- تكون الأجهزة الأمنية مهنية وغير فصائلية، وتتشكل لجنة أمنية عليا، يُصدر الرئيس الفلسطيني مرسوماً بها، تتكون من ضباط مهنيين بالتوافق، وتمارس عملها تحت إشراف مصري وعربي لمتابعة وتنفيذ اتفاقية الوفاق الوطني في الضفة والقطاع.
- حلّ جميع الانتهاكات التي نجمت عن الفلتان والانقسام بالطرق الشرعية والقانونية.
- إطلاق سراح جميع المعتقلين السياسيين في الضفة والقطاع.

لعبت أزمة الثقة والخبرة التاريخية السابقة دورها في إصرار حماس على تدقيق النصوص وتثبيت عبارات، ترى أنّ نزعها أو تغييرها يمكن أن يستخدم مخرجاً للتنصل أو التراجع عن الالتزامات. وقدّمت حماس عدداً من التعديلات التي أصرّت على تضمينها في النصّ، والتي تلخصت في:

- إضافة جملة "تعتبر هذه المهام أعلاه غير قابلة للتعطيل باعتبارها إجماعاً وطنياً تمّ التوافق عليه"، وذلك في الحديث عن مهام الإطار القيادي المؤقت للمنظمة.
- تعديل الفقرة الخاصة بلجنة الانتخابات لتنصّ على "تشكيل لجنة الانتخابات بالتوافق الوطني، ويصدر الرئيس مرسوماً بذلك".
- المطالبة بإضافة نصّ يوضّح بأن تشكيل اللجنة الأمنية العليا "يتمّ التوافق عليه".
- تعديل نصّ "يتمّ إعادة وهيكلة الأجهزة الأمنية الفلسطينية بمساعدة مصرية عربية..."، وذلك بإضافة كلمة "بناء" بعد كلمة "إعادة"[٦٧].

غير أن الحكومة المصرية وحركة فتح رفضتا فتح الورقة للنقاش، أو إدخال أية تعديلات عليها. وهكذا، ظلّ مشروع المصالحة يواجه حالة من التّعثُّر الذي لم تنفع معه محاولات فلسطينية من جهات مثل الجبهة الشعبية، ومن شخصيات مستقلة مثل منيب المصري وياسر الوادية... للوصول إلى حلول مناسبة، كما حصلت محاولات قطرية وسعودية وسودانية وليبية وتركية للتوسط، ولكنها لم تؤدِّ إلى نتيجة.

شهد الملف اختراقاً جديداً بعد لقاء مشعل في مكة مع رئيس المخابرات المصرية عمر سليمان، الذي قال إنه لا يمانع أن تتفق حركتا فتح وحماس على تفاهمات تراعي تحفظات

حماس على الورقة المصرية٦٨. وانعقدت جلسة حوار في دمشق في ٢٠١٠/٩/٢٤، حيث تمّ خلالها الاستجابة لمعظم ملاحظات حماس، ما عدا الجانب الأمني. والتقى وفدا الحركتين في دمشق مرة أخرى في ٢٠١٠/١١/٩، دون الوصول للنتيجة المرجوة.

أسهمت التغيرات التي يشهدها العالم العربي منذ مطلع سنة ٢٠١١، في تزايد الضغوط باتجاه المصالحة الفلسطينية. وكان توقيع فتح وحماس على اتفاق المصالحة في القاهرة في ٢٠١١/٥/٣، بعد الاستجابة لملاحظات حماس وبعد فكّ العقدة الأمنية، منعطفاً مهماً في مسار الوحدة الوطنية. غير أن حجم التحديات التي سيواجهها الطرفان لإنجاح المصالحة ما زال هائلاً؛ فالطرفان بحاجة إلى برنامج حقيقي لبناء الثقة بينهما، وإلى التعامل بجدية وحزم مع عناصر الفتنة الداخلية والمستفيدين من الانقسام؛ وكذلك منع التدخل الخارجي، وخصوصاً الإسرائيلي والأمريكي، لإفشال هذا الاتفاق.

ثالثاً: مسار مفاوضات التسوية السلمية:

قامت الاستراتيجية التفاوضية الإسرائيلية على أساس "إدارة الصراع" وليس على أساس "حل الصراع". وهي تسعى إلى إضعاف الخصم بكل الطرق، إلى أن يقبل بالخيار الوحيد المتاح إسرائيلياً، وهو ما يفسر إطالة عملية التفاوض. وقد نجح الإسرائيليون منذ توقيع اتفاق أوسلو في أيلول/ سبتمبر ١٩٩٣ في تثبيت مقولة إسحق رابين أن "لا مواعيد مقدسة"، والتي أصبحت عنواناً للسياسة الإسرائيلية وأحد أساليبها في الضغط والابتزاز.

وعندما عاد حزب العمل Labor بقيادة إيهود باراك للحكم بعد ثلاث سنوات من حكم الليكود ١٩٩٦-١٩٩٩، أعلن رغبته في الوصول إلى تسوية نهائية، لكنه قدم برنامجاً سياسياً مبنياً على "اللاءات الخمس":

١. لا لإعادة القدس الشرقية للفلسطينيين، والقدس عاصمة أبدية موحدة لـ"إسرائيل".

٢. لا لعودة "إسرائيل" إلى حدود ما قبل حرب ١٩٦٧.

٣. لا لعودة اللاجئين الفلسطينيين.

٤. لا لإزالة المستعمرات اليهودية في الضفة والقطاع.

٥. لا لوجود جيش عربي في الضفة الغربية (بمعنى أن تكون الدولة الفلسطينية دون جيش وغير مكتملة السيادة).

• اجتماعات كامب ديفيد ٢٠٠٠

وفي صيف سنة ٢٠٠٠، ذهب الطرفان الفلسطيني والإسرائيلي إلى كامب ديفيد بدعوة من الرئيس الأمريكي كلينتون، حيث عقدت مفاوضات ماراثونية في الفترة ١٢-٢٠٠٠/٧/٢٥ للوصول إلى تسوية نهائية. ويظهر أن موضوع الحدود والكتل الاستيطانية كانا من الأمور التي يمكن التفاهم عليها (أكثر من ٩٠% من الضفة وكل القطاع، مع تبادل في الأرض، وبقاء الكتل الاستيطانية)، غير أن موضوعي القدس وعودة اللاجئين بقيا دونما حلّ؛ مما أدى إلى انهيار المفاوضات، واندلاع انتفاضة الأقصى بعد ذلك بشهرين.

• أريل شارون

وتحول المزاج الإسرائيلي نحو مزيد من التطرف، واضطر باراك للاستقالة في ٢٠٠٠/١٢/٩، وفاز أريل شارون في الانتخابات العامة في ٢٠٠١/٢/٦ ضدّ منافسه باراك بأغلبية تاريخية، وبفارق يزيد عن ٢٥%، مما أكد عودة التيار الليكودي المتشدد إلى الصدارة من جديد.

لم يستطع شارون أن يوفر الأمن للإسرائيليين ويسحق الانتفاضة في مئة يوم كما وعد، وحاول أن يجرّ العجلة إلى الوراء وأن يفرض الواقع الذي يريد. ولم يكن شارون يؤمن بالتسوية، فقد كان قد صوّت ضدّ اتفاقية كامب ديفيد مع مصر، كما صوّت ضدّ اتفاق أوسلو، وتحفّظ على اتفاق التسوية مع الأردن. وأعلن مراراً أن اتفاق أوسلو قد مات. وحتى سنة ٢٠٠٥ كان لا يزال مُصرّاً أن اتفاق أوسلو "كان أكبر خطأ قامت به حكومة إسرائيلية" حسبما ورد في مقابلة له مع مجلة التايم الأمريكية Time Magazine في أيار/ مايو ٢٠٠٥[٦٩]. وعندما جاء شارون للسلطة كان مشروعه في جوهره مشروعاً أمنياً، وهو لم يعرض سوى حكم ذاتي للفلسطينيين على ٤٠-٤٥% من الضفة الغربية، كما رفض الدخول في أي مباحثات قبل توقف الانتفاضة. وقد استمر شارون في الحكم حتى مطلع سنة ٢٠٠٦، وشهدت مرحلته تعطل مسار التسوية، وانشغال "إسرائيل" بقمع الانتفاضة، ومحاولة إيجاد حلول بديلة.

١. مبادرة جنيف:

وبينما كان الفلسطينيون منشغلون بالانتفاضة، كانت تجري مفاوضات سرية استمرت سنتين بين مجموعة مقربة من الرئاسة الفلسطينية وفتح، ومجموعة إسرائيلية مقربة من أوساط اليسار والوسط الإسرائيلي، وقد نتج عنها في أواخر سنة ٢٠٠٣ ما عرف بـ"مبادرة جنيف" Geneva Initiative لحل النزاع الفلسطيني الإسرائيلي. وهي اتفاقية غير رسمية تدعو إلى:

- دولة فلسطينية تكون وطناً للشعب الفلسطيني، وأن يعترف الفلسطينيون بحق "الشعب اليهودي" في دولتهم "إسرائيل" كوطن قومي لهم.
- تكون الدولة الفلسطينية منزوعة السلاح، وتشمل الضفة الغربية وقطاع غزة مع تعديلات حدودية بحيث تُضم الكتل الاستيطانية والأحياء اليهودية في القدس إلى "إسرائيل"، وفي المقابل ستسلم "إسرائيل" من "أرضها" المساحة نفسها التي أخذتها من الضفة، وستكون الأرض بالنوعية نفسها، وتوقع أصحاب المبادرة أن تكون مساحة الأرض ٢-٣% من الضفة الغربية.
- ستكون الأحياء العربية في القدس عاصمة لدولة فلسطين وتحت سيادتها. ولن يكون هناك حفريات أو بناء في المسجد الأقصى، أو ما يسميه اليهود "جبل المعبد" دون موافقة الطرفين. واعتبرت المبادرة الحي اليهودي في القدس وحائط البراق والمقبرة اليهودية في جبل الزيتون تحت السيادة الإسرائيلية.

• ناحوم جولدمان

"لا يوجد لإسرائيل مستقبل على المدى الطويل دون تسوية سلمية مع العرب". "لقد ذكر لي بن جوريون في سنة ١٩٥٦ أن الدولة اليهودية ستستمر في العشر أو الخمس عشر سنة القادمة، ولكن احتمالات وجودها بعد ذلك هي ٥٠%".

• بن جوريون

> Nahum Goldman, "The Psychology of Middle East Peace," *Foreign Affairs*, October 1975, p. 113.

- أعطت المبادرة للاجئين حقّ العودة للدولة الفلسطينية، لكنها لم تعطهم الحق في العودة إلى أرضهم الأصلية المحتلة سنة ١٩٤٨ "إسرائيل"، وجعلت قبول عودتهم أمراً سيادياً إسرائيلياً. وأعطت للاجئين حقّ التعويض عن معاناة اللجوء وعن فقدان أملاكهم.

- وافقت المبادرة على عمل ترتيبات أمنية صارمة في مناطق الدولة الفلسطينية، تعمل على منع أية أعمال "إرهابية" ضدّ "إسرائيل"، وأجازت إقامة محطتي إنذار مبكر لـ"إسرائيل" في شمال ووسط الضفة الغربية، كما أجازت استخدام سلاح الجو الإسرائيلي للمجال الجوي الفلسطيني.

- تشرف على معابر الحدود الدولية لفلسطين طواقم مشتركة من قوة أمن فلسطينية وقوة أمن متعددة الجنسيات، وتحتفظ "إسرائيل" بحضور غير منظور للعين على مدى ثلاثين شهراً[٧].

وعلى الرغم من أن هذه المبادرة غير رسمية، إلا أنها تبدو مهمة للغاية في بيان المدى الذي يمكن أن تصل إليه القيادة الفلسطينية في شكل الدولة المرتقبة. فالشخصيات الفلسطينية المشاركة ذات طبيعة رسمية وجزء رئيس من عملية صناعة القرار ومنهم العديد من الوزراء والقيادات؛ أمثال ياسر عبد ربه، أمين سر اللجنة التنفيذية للمنظمة، ووزير الإعلام والثقافة السابق، وهشام عبد الرازق وزير شؤون الأسرى، ونبيل قسّيس وزير السياحة السابق، ورائد العمري المستشار السياسي لمحمود عباس، وهناك أيضاً قدورة فارس، ومحمد الحوراني، وزهير مناصرة... من قيادات

• ياسر عبد ربه

• هشام عبد الرازق

• نبيل قسيس

• قدورة فارس

• محمد الحوراني

ورموز فتح. أما الشخصيات الإسرائيلية فتنتمي للمعارضة الإسرائيلية ولا تملك دوراً مماثلاً في صناعة القرار الإسرائيلي؛ ومن أبرزها يوسي بيلين Yossi Beilin، ويوسي سريد Yossi Sarid، وآمنون شاحاك Amnon Shahak، وعمرام متسناع Amram Mitzna، وأبراهام بورغ Avraham Burg.

• آمنون شاحاك

• يوسي سريد

• يوسي بيلين

• أبراهام بورغ

• عمرام متسناع

٢. المبادرة العربية:

أما في الجانب العربي، فقد ظلت قرارات قمم الرؤساء العرب والجامعة العربية تحكم مجمل الرؤية العربية، وظلت بنود مشروع السلام في فاس ١٩٨٢ بإقامة دولة فلسطينية مستقلة على الأرض المحتلة سنة ١٩٦٧، وعودة اللاجئين، وحقّ جميع دول المنطقة في العيش بسلام ضمن حدود آمنة؛ تعدّ موجهاً عاماً للمسار العربي.

وفي سنة ٢٠٠٢ حلّت المبادرة السعودية التي جرى تبنيها في مؤتمر القمة العربي ببيروت في ٢٧-٢٠٠٢/٣/٢٨، مكان مشروع فاس، وأصبحت هي المرجعية المعتمدة للرؤية العربية للتسوية، وهي لا تختلف في جوهرها عن سابقاتها في إقامة الدولة الفلسطينية المستقلة على الضفة الغربية وقطاع غزة، وعودة اللاجئين، غير أنها تتحدث بشكل صريح عن الاعتراف والتطبيع العربي الشامل مع "إسرائيل" في حال موافقتها على التسوية[٧١].

٣. خريطة الطريق:

بدا أن هناك مكسباً سياسياً فلسطينياً جديداً عندما صدر قرار مجلس الأمن الدولي رقم ١٣٩٧ في ٢٠٠٢/٣/١٢ الذي أوضح فيه المجلس لأول مرة رؤيته لمستقبل الصراع بقيام دولة فلسطينية مستقلة تتعايش إلى جانب "إسرائيل"[٧٢].

• جورج بوش

وفي ٢٠٠٢/٦/٢٤ قدّم جورج بوش رؤيته للتسوية النهائية داعياً إلى الدخول في مفاوضات تؤدي إلى إقامة دولة فلسطينية مستقلة وديموقراطية قادرة على الحياة وتعيش جنباً إلى جنب بأمن وسلام مع "إسرائيل" وجيرانها الآخرين. وقد تمّ تبني هذه الرؤية من قبل الاتحاد الأوروبي وروسيا والأمم المتحدة إضافة إلى أمريكا (الرباعية الدولية)، وتمّ تعديلها بشكلها النهائي في نيسان/ أبريل ٢٠٠٣ فيما أصبح يُعرف بمشروع خريطة الطريق.

تكمن أهمية خريطة الطريق في أنها أول التزام أمريكي معلن بإقامة الدولة الفلسطينية وضمن مدى زمني محدد لا يتجاوز نهاية سنة ٢٠٠٥. وهي مقسمة إلى ثلاث مراحل، وقائمة على برنامج بناء ثقة بين الطرفين، ومستغرقة تماماً في توفير كافة الضمانات الأمنية لـ"إسرائيل"، فيما تفرض على السلطة الفلسطينية وقف الانتفاضة والقيام بعملية إصلاح سياسية وإدارية وأمنية واقتصادية شاملة. وخريطة الطريق مليئة بالثغرات، إذ على الرغم من أنها تدعو لحل القضايا النهائية لكنها لا تقدّم تصوراً عن حلها وتترك ذلك للمفاوضات، ولا تلزم المفاوض الإسرائيلي بشيء، بينما تترك المفاوض الفلسطيني تحت رحمته. ومن الناحية العملية فما انشغلت أمريكا بتطبيقه هو الالتزامات الفلسطينية، لكن الإسرائيليين لم يطبقوا التزاماتهم حتى فيما يتعلق بالمرحلة الأولى من خريطة الطريق المتعلقة بوقف الاستيطان.

لم تقدم خريطة الطريق تصوراً نهائياً متعلقاً بالقضايا الجوهرية (القدس، اللاجئون، الاستيطان، الحدود، السيادة...)، ولم تقدم من جهة ثانية أية آلية حقيقية تلزم الطرف الإسرائيلي بتنفيذ التزاماته، كما أنها من جهة ثالثة انشغلت بكيفية ضمان أمن القوة التي تقوم باحتلال الأرض واغتصابها، بدلاً من توفير الأمن لضحايا الاحتلال.

في ٢٠٠٣/٥/٢٥ أقرّت الحكومة الإسرائيلية مبدئياً خريطة الطريق، مع وضع ١٤ تحفظاً عليها، أفرغتها عملياً من محتواها. وأبدى الأمريكيون تفهمهم للتحفظات الإسرائيلية. وقد تضمنت التحفظات الإسرائيلية إنهاء الانتفاضة، وإعادة تشكيل الأجهزة الأمنية لتقوم بجهود حقيقية، وفق المعايير الإسرائيلية، لمنع "العنف"، كما أن على السلطة الانتهاء من تفكيك المنظمات "الإرهابية" (حماس والجهاد الإسلامي وكتائب شهداء الأقصى... وغيرها) وتدمير بنيتها التحتية، وجمع الأسلحة غير القانونية، ومنع تهريبها، ووقف أية دعوات تحريضية، قبل البدء بالمرحلة الثانية من خريطة الطريق. كان هذا هو التحفظ الأول فقط، وهو يكفي لتعطيل خريطة الطريق لسنوات، كما يقدم مشروع حرب أهلية بين الفلسطينيين. أما التحفظات الأخرى، فقد اشترطت قيادة فلسطينية جديدة، وألغت القيمة الزمنية لخريطة الطريق، واستبعدت مرجعية المبادرة السعودية، وقرار مجلس الأمن ١٣٩٧ الداعي لإقامة دولة فلسطينية، فضلاً عن اشتراطها أن يعلن الفلسطينيون حقّ "إسرائيل" في الوجود كـ"دولة يهودية"، وأن يتخلوا عن حقّ العودة إلى فلسطين المحتلة سنة ١٩٤٨.

قامت السلطة الفلسطينية من جهتها بتوحيد الأجهزة الأمنية في ثلاثة أجهزة، واستحدثت منصب رئيس الوزراء الذي تولاه محمود عباس أولاً ثم تلاه أحمد قريع، وبعد وفاة ياسر عرفات، انتخب الفلسطينيون في الضفة والقطاع يوم ٢٠٠٥/١/٩ محمود عباس رئيساً للسلطة. وقامت السلطة بإجراء العديد من التعديلات الحكومية وخصوصاً في الجوانب المالية والاقتصادية لتأكيد الشفافية. وتمكنت السلطة من إقناع الفصائل الفلسطينية بإعلان التهدئة من جانبٍ واحد في ٢٠٠٥/١/٢٢، ثمّ إعلان وقف إطلاق النار بين السلطة و"إسرائيل" في ٨ شباط/ فبراير.

وفي يوم ٢٠٠٥/٦/٢١ التقى شارون بعباس في القدس، وبالرغم من اعتراف شارون بتحقيق تقدّم على الصعيد الأمني والتهدئة إلا أنه لم يعتبر ذلك كافياً. ونقلت المصادر الإسرائيلية عن عباس قوله لشارون "ينبغي أن نعمل سوياً. كلّ صاروخ يطلق باتجاهكم كأنه يطلق باتجاهي. وأنا أريد أن أفعل ولكن

• لقاء شارون عباس

قدراتي محدودة". وقال "إن وضعه صعب وأن إسرائيل تطلب الكثير من السلطة، في حين أن غالبية العمليات ضدّها تنطلق من مناطق تحت السيطرة الإسرائيلية"[٧٣].

٤. الفصل أحادي الجانب:

تقوم فكرة الفصل أحادي الجانب على أساس أن تفرض "إسرائيل" الشكل النهائي لحدودها وللتسوية، بالمحافظة على أكبر مساحة من الأرض، والتخلص من أكبر قدر من الفلسطينيين، ودون أن تضطر لدفع استحقاقات باهظة، مرتبطة بالقدس أو اللاجئين أو تفكيك المستعمرات في الضفة الغربية؛ وبحيث يبدو الأمر في نهاية المطاف مشكلة حدودية بين الفلسطينيين والإسرائيليين، يمكن أن تموت مع الزمن. وقد هيمنت فكرة الفصل أحادي الجانب على الرؤية السياسية الإسرائيلية في الفترة من سنة ٢٠٠٣ وحتى سنة ٢٠٠٦.

وفي ٢٠٠٣/١٢/١٨ أعلن شارون تبنيه للفكرة، وبعد نحو شهرين قدم خطته للفصل متضمنة الانسحاب من قطاع غزة مع حراستها ومراقبتها لحدوده الخارجية، وسيطرتها على مجاله الجوي. وهذا يعني من الناحية العملية تحويل غزة إلى سجن كبير، كما يُبقي القطاع وفق القانون الدولي منطقة تحت الاحتلال الإسرائيلي. وتضمنت خطة الفصل في الضفة الغربية الاحتفاظ بست كتل استيطانية، إضافة إلى شرقي القدس وما حولها من مستعمرات[٧٤].

لاقت خطة الفصل أحادي الجانب دعماً أمريكياً في المؤتمر الصحفي المشترك بين بوش وشارون في واشنطن في ٢٠٠٤/٤/١٤. وجرى تجزئة تنفيذ الخطة بحيث تبدأ بالانسحاب من قطاع غزة وأربع مستعمرات منعزلة في الضفة الغربية.

كان لانتفاضة الأقصى دورها الرئيسي في دفع الإسرائيليين إلى الانسحاب من قطاع غزة بعد أن تحوّل إلى عبءٍ أمني واقتصادي كبير[٧٥]. كانت حماية نحو ثمانية آلاف مستوطن في القطاع عملية مكلفة ومرهقة، وتستدعي نشر آلاف الجنود لحماية البؤر الاستيطانية في بحر من مليون و٤٠٠ ألف فلسطيني. بيد أن الحكومة الإسرائيلية سعت إلى توظيف انسحابها في تحقيق أكبر قدر ممكن من المكاسب السياسية والمادية. فهي ستتخلص من العبء السكاني الهائل الذي يمثله قطاع غزة والذي لا يمكن ضمُّه في أي مشروع يستهدف الحفاظ على الهوية اليهودية للدولة. وفضلاً عن أن إعادة انتشار الجيش الإسرائيلي تكفل إنهاء الاحتكاك الفعلي بسكان القطاع وتخفيض احتمال تعرّضه للهجمات، فإنها سعت إلى إفقاد المقاومة في القطاع مبرّر عملياتها العسكرية،

في نظر المجتمع الدولي على الأقل. كما سعت الحكومة الإسرائيلية إلى الالتفاف على مشروع خريطة الطريق، والاستفراد بالضفة الغربية لتنفيذ مخططات تهويد القدس وجدار الفصل العنصري ومصادرة الأراضي وإبقاء التجمعات الاستيطانية في أية تسوية سياسية قادمة. ومن جهة أخرى حاولت أن تحسّن صورتها وأن تقدم نفسها إلى المجتمع الدولي كطرف محبٍّ للسلام ويقدم تنازلات "مؤلمة" في سبيله.

بدأ الانسحاب الإسرائيلي من القطاع في منتصف آب/ أغسطس ٢٠٠٥، وتمّ إنهاؤه في ٢٠٠٥/٩/١١، وأعلنت "إسرائيل" انتهاء احتلالها للقطاع من جانب واحد، فيما أبقت سيطرتها على الحدود والمنافذ البرية والبحرية والجوية. وفي ٢٠٠٥/١١/١٥ توصلت إلى اتفاق مع السلطة الفلسطينية حول إدارة المعابر، بوجود إشراف أوروبي وتثبيت كاميرات مراقبة تبثُّ للطرف الإسرائيلي بشكل مباشر كل ما يجري، مع حقّ "إسرائيل" في الاعتراض على دخول وخروج من تشتبه به، حيث يبتُّ الأوروبيون في أمره خلال ست ساعات من احتجازه[٧٦]. وقد احتفلت السلطة بافتتاح المعبر في ٢٠٠٥/١١/٢٥.

لم تطل حماسة الحكومة الإسرائيلية لخطة الفصل، إذ بدأ الاحباط يدب بشكل سريع تجاهها في النصف الثاني من سنة ٢٠٠٦؛ وأخذت تتراجع عن سلّم أولويات الحكومة، حتى وُضعت على الرَّف، وكان أبرز أسباب ذلك[٧٧]:

- فوز حماس في الانتخابات، وتشكيل حكومتها، والفشل في إسقاطها، والخوف من اعتبار الانسحاب انتصاراً لحماس، وتثبيتاً لنفوذها على الأرض.
- فشل الهجوم الإسرائيلي على لبنان وحزب الله في صيف ٢٠٠٦، وتزايد القناعات بأن الانسحاب من الجنوب اللبناني سنة ٢٠٠٠ زاد من قوة حزب الله ومن قدرات المقاومة، مما زاد من مخاوف تكرار هذا السيناريو في الضفة الغربية.
- تراجع شعبية إيهود أولمرت Ehud Olmert وحزب كاديما Kadima، مما أضعف قدرة أولمرت على المناورة والحركة.
- ظهور قناعات بضرورة دعم محمود عباس ورئاسة السلطة، والتنسيق معه في مواجهة حماس.
- انشغال الداخل الإسرائيلي بفضائح الفساد، وملفات التحقيق في الحرب على لبنان.
- ظهور صعوبات عملية أمنية واقتصادية وقانونية عند دراسة تطبيقات الخطة على الأرض. وهو ما أشارت إليه "لجنة التجميع" التي درست الانسحاب أحادي الجانب وقدمت تقريرها في منتصف آب/ أغسطس ٢٠٠٦[٧٨].

٥. العودة إلى خيار الدولة الفلسطينية من خلال التفاوض:

أربك فوز حماس في الانتخابات القيادتين الفلسطينية والإسرائيلية، كما أربك مسار التسوية السلمية، وانشغل الجميع بمحاولات إسقاط حماس أو تطويعها. وعندما شكل الرئيس عباس حكومة الطوارىء برئاسة سلام فياض في رام الله إثر سيطرة حماس على قطاع غزة في حزيران/ يونيو ٢٠٠٧، فتحت "إسرائيل" مجالات التعاون وخصوصاً الأمنية مع الحكومة في رام الله. وعاد الحديث عن تحريك مسار التسوية الذي تكلل بمؤتمر أنابوليس للسلام Annapolis Conference في الولايات المتحدة في ٢٠٠٧/١١/٢٧.

ولم يكن ثمة جديد في جوهر الأفكار الإسرائيلية التي ظلت تتحدث عما هو أكثر من حكم ذاتي وأقل من دولة مستقلة. وظهر عدد من المقترحات لقيادات إسرائيلية محسوبة بشكل أساسي على حزب كاديما الذي استمر في الحكم حتى شباط/ فبراير ٢٠٠٩ (إيهود أولمرت، تسيبي ليفني Tzipi Livni، شمعون بيريز، حاييم رامون Haim Ramon...) تدعو إلى انسحاب من نحو ٩٠% من الضفة الغربية مع بقاء الكتل الاستيطانية، وإجراء عملية تبادل للأراضي لتعويض الفلسطينيين ما سيفقدونه بسبب المستعمرات.

وشهدت سنة ٢٠٠٩ عودة اليمين المتطرف بقيادة الليكود للحكم، والذي كان ما يزال يعتقد أنه بالإمكان "عصر" الفلسطينيين أكثر لتحقيق المزيد من التنازلات. وعلى الرغم من نشاط الولايات المتحدة تحت حكم أوباما في تحريك عملية التسوية إلا أنها فشلت في فرض أبسط استحقاقات خريطة الطريق، وهو الوقف الإسرائيلي التام للاستيطان. ولذلك، تعطل مسار المفاوضات طوال سنة ٢٠٠٩، كما اتسم بالتعثر في سنة ٢٠١٠. فعلى الرغم من الجهود التي بُذلت لاستئناف المفاوضات، والتي أدت إلى الاتفاق على مفاوضات غير مباشرة، ثم مفاوضات مباشرة، مقابل إعلان "إسرائيل" تجميداً مؤقتاً للاستيطان لمدة ١٠ أشهر، إلا أن تلك الجهود انهارت في ضوء رفض إسرائيلي قاطع لتمديد فترة التجميد، التي انتهت في ٢٠١٠/٩/٢٦.

جعلت الثورات العربية التي أخذت تظهر وتتوسع منذ مطلع سنة ٢٠١١ مسار التسوية أكثر صعوبة وأبعد منالاً، فقد سقطت أكبر الأنظمة العربية الداعمة لهذا المسار (مصر)، وعانت السياسة الإسرائيلية والأمريكية من وضع قلق ومرتبك؛ ومال الكيان الإسرائيلي لاتخاذ مزيد من الإجراءات الأمنية، وتقوية البنية العسكرية. كما تزايد

الطرح الإسرائيلي لفكرة الدولة المؤقتة، بما يعني التوافق على حدود مؤقتة وتأجيل باقي قضايا الحل النهائي. كما عاد، من جهة أخرى، طرح فكرة الانسحاب أحادي الجانب.

٦. خيار الدولة الواحدة:

أما خيار الدولة الواحدة ثنائية القومية، فهو وإن لم يتبنه المفاوض الفلسطيني، فإنه أصبح يأخذ حيزاً متزايداً من الاهتمام في الوسط الفلسطيني، بعد حالة الإحباط السائدة من إمكانية حلّ الدولتين. ويظهر أن مثقفين وقيادات فلسطينية محسوبة على فتح أخذت تتحدث عن خيار الدولة الواحدة، إما كوسيلة للضغط والتهديد على الجانب الإسرائيلي، أو كخيار حقيقي وحيد للخروج من الأزمة، وإنهاء الصراع العربي الإسرائيلي.

وعندما قاد قريع المفاوضات، بعد أنابوليس، لم يستبعد أن يصبح الفلسطينيون جزءاً من دولة ذات قوميتين مع الإسرائيليين في أرض فلسطين التاريخية، في حديث له مع أعضاء من حركة فتح في اجتماع مغلق، بحسب ما نقلت وكالة رويترز في ٢٠٠٨/٨/١١. كما أن صائب عريقات كبير المفاوضين الفلسطينيين اقترح في شهر تشرين الثاني/ نوفمبر ٢٠٠٩ تبني حلّ الدولة الواحدة، إذا لم يتوقف الإسرائيليون عن البناء في المستعمرات[٧٩].

رابعاً: القدس والوضع الحالي:

القدس مسألة مركزية في الفكر اليهودي الصهيوني؛ لما تمثله من أبعاد دينية وتاريخية. وكان قرار التقسيم الصادر عن الجمعية العامة للأمم المتحدة رقم ١٨١ في سنة ١٩٤٧، والقاضي بتقسيم فلسطين إلى دولتين عربية ويهودية، قد أعطى القدس وضعاً خاصّاً بحيث تكون تحت السيادة الدولية. ولكن الصهاينة احتلوا غربي القدس سنة ١٩٤٨، وقاموا بطرد ٦٠ ألفاً من سكانها العرب. ويملك الفلسطينيون نحو ٨٨,٧% من مجمل مساحة القدس الغربية، والتي قام الصهاينة بتهويدها، وبناء أحياء سكنية يهودية فوق أراضيها، وأراضي القرى العربية المصادرة حولها، مثل قرية لفتا التي بُني عليها البرلمان الإسرائيلي (الكنيست) وعدد من الوزارات، وقرى عين كارم ودير ياسين والمالحة وغيرها[٨٠].

وفي سنة ١٩٦٧ أكملت "إسرائيل" احتلالها لشرقي القدس الذي كان تحت السيطرة الأردنية، والذي يُعدّ جزءاً من الضفة الغربية. ومنذ ذلك الوقت بدأت حملة تهويد محمومة لشرقي القدس، فأعلن عن توحيد شطري القدس تحت الإدارة الإسرائيلية في ١٩٦٧/٦/٢٧، ثم أعلن رسمياً في ١٩٨٠/٧/٣٠ أن القدس عاصمة أبدية موحدة للكيان الإسرائيلي"^{٨١}.

• قرية لفتا

• مبنى الكنيست الإسرائيلي فوق أراضي قرية لفتا

وقد قام الكيان الإسرائيلي بتوسيع نطاق بلدية القدس تدريجياً؛ ليتمكن من ضمّ مناطق أخرى من الضفة الغربية نهائياً إلى كيانه، وليقوم بعملية تهويد القدس على نطاق مبرمج واسع.

فعندما احتلت "إسرائيل" القدس سنة ١٩٦٧ كانت مساحة شرقي القدس ٦,٥ كم٢ ومساحة غربي القدس ٢٤ كم٢، فقامت بتوسيع نطاق البلدية إلى ١٠٤ كم٢ اقتطعتها من أراضٍ تابعة لـ ٢٨ قرية فلسطينيّة في محيط مدينة القدس، ويقع معظمها شرقي المدينة أي في الضفة الغربية. ثم تابعت "إسرائيل" توسيع الحدود البلدية للقدس خلال سبعينيات وثمانينيات القرن العشرين حتى وصلت إلى ١٢٦ كم٢؛ يقع ٧٢ كم٢ منها شرقي القدس، بينما يقع ٥٤ كم٢ غربي المدينة.

ويسكن القدس بشقيها الغربي والشرقي حوالي ٧٧٣ ألفاً حسب تقديرات سنة ٢٠٠٩ من بينهم ٤٩٧ ألف يهودي (٦٤,٣%)، يسكن نحو ٢٠٠ ألف منهم شرقي القدس؛ بينما هناك ٢٧٦ ألف عربي (٣٥,٧%) كلهم تقريباً يسكنون شرقي القدس.

وقد فشل الاحتلال الإسرائيلي، بالرغم من كل الإجراءات القاسية التي يتخذها، حتى الآن في تنفيذ مخططه الساعي لتخفيض نسبة العرب إلى نحو ١٢٪ فقط.

صادرت دولة الاحتلال معظم أراضي شرقي القدس، فبُنيت عليها المستعمرات التي أحاطت شرقي القدس من كل جانب، وحرمت الفلسطينيين من حقّ البناء على معظم أراضي القدس، ولم تبقَ سوى تسعة آلاف دونم فقط (من أصل ٧٢ ألفاً) مخصصة لأغراض البناء أي ما يعادل ١٢,٥٪ من مساحة شرقي القدس أو ٧,٢٥٪ من مساحة بلدية القدس التي فرضها الاحتلال.

وفي ١٩٦٧/٦/١١ قامت القوات الإسرائيلية بطرد سكان حي المغاربة، بعد توجيه إنذار بالخروج لدقائق قليلة، وتبع ذلك تدمير لمنازل الحي البالغة ١٣٥ منزلاً مقابل حائط البراق، ومعظمها أملاك أوقاف إسلامية. وجرى تسويته بالأرض ليكون ساحة يستخدمها اليهود لأغراض عبادتهم. وقامت السلطات الإسرائيلية بالسيطرة على حي الشرف أو ما يعرف بالحي اليهودي في البلدة القديمة في القدس. إذ أصدرت في ١٩٦٨/٤/١٨ أمراً بمصادرة ١١٦ دونماً تشمل ذلك الحي، وشارع باب السلسلة، وهي الباشورة، وحي المغاربة. وكانت تضم خمسة مساجد، وزاويتين، وأربع مدارس، وسوقاً أثرياً، و٧٠٠ مبنى، كان اليهود يملكون منها قبل حرب ١٩٤٨ ما مجموعه ١٠٥ مبانٍ، أما ما كان يملكه العرب فكان ٥٩٥ مبنى.

وقد باشرت السلطات الإسرائيلية بإنشاء أولى المستعمرات الإسرائيلية شرقي القدس وهي مستعمرة رامات إشكول Ramat Eshkol، منذ ١٩٦٨؛ ثم تابعت إنشاء المستعمرات بشكل متسارع. وفي نطاق بلدية شرقي القدس أنشأت طوقاً من ١١ حياً يهودياً. كما أنشأت طوقاً آخر، أكثر اتساعاً، حول القدس من ١٧ مستعمرة يهودية محاولةً قطع القدس عن محيطها العربي الإسلامي، وبالتالي قطع الطريق عن أية تسوية سلمية يمكن أن تعيد شرقي القدس للفلسطينيين[٨٢].

أما جدار الفصل العنصري، الذي يتم إنشاؤه فإنه يحيط بالقدس، هادفاً إلى عزلها عن محيطها العربي والإسلامي. ويمتد مساره حول القدس على نحو ١٦٧ كم. وبحسب التقارير فإن ٢٣١ ألف فلسطيني أي نحو ٥٦٪ من سكان محافظة القدس سيتأثرون سلباً بإقامة الجدار. ثم إن استكمال هذا الطوق الخطير على القدس عزل ٦١٧ موقعاً مقدساً وأثراً حضارياً عن محيطها العربي والإسلامي.

ومن جهة أخرى، سعت السلطات الإسرائيلية إلى تحقيق وجود يهوديّ دائم ومباشر في المسجد الأقصى ومحيطه، لإضفاء الطابع اليهوديّ على البلدة القديمة، وتسهيل عمليّات اقتحام المسجد وتوفير غطاء لأعمال الحفريّات. كما سمحت السلطات الإسرائيلية ببناء الكنس عند أسوار المسجد ككنيس المدرسة التنكزيّة، وأسفل منه كقنطرة ويلسون، وفي محيطه ككنيسيّ خيمة إسحاق وكنيس هوفير؛ وكانت أبرز إنجازاتها في هذا المجال خلال سنة ٢٠١٠ افتتاح كنيس الخراب (هاحوربا).

وبدأ اليهود الصهاينة حملة محمومة من الحفريات تحت المسجد الأقصى والمنطقة التي حوله، مركّزين على المنطقة الغربية والجنوبية للمسجد، ونتج عن هذه الحفريات تصدع عدد من الأبنية منها الجامع العثماني، ورباط الكرد، والمدرسة الجوهرية، والمدرسة المنجكية. ومنذ سنة ١٩٦٧ مرت الحفريات بعشر مراحل، كانت تتم بنشاط ولكن بهدوء وتكتم، وبلغت الحفريات مراحل خطيرة عندما أخذوا يفرغون الأتربة والصخور من تحت المسجد الأقصى وقبة الصخرة، مستخدمين المواد الكيماوية لتذويب الصخور، مما يجعل الأقصى تحت خطر الانهيار في أي لحظة، بسبب أية عاصفة قوية أو زلزال خفيف. وصادرت السلطات الإسرائيلية الكثير من المساجد والمباني التاريخية الإسلامية وهدمتها، فقامت مثلاً في ١٤-١٩٦٩/٦/٢٠ بهدم ٣١ مبنى إسلامياً تاريخياً وشردت سكانها. كما زاد عدد الحفريات والأنفاق أسفل المسجد وفي محيطه إلى ٣٤ حفرية بحلول ٢٠١٠/٨/٢١، باتت تشكّل ما يشبه مدينة متصلة متعددة المداخل والمخارج، إذ إن الحفريات المكتملة والمفتوحة أمام الزوار أصبحت ١٣ حفرية. وقد أدت هذه الحفريات إلى عدد من الانهيارات والتشققات داخل المسجد وفي محيطه خلال سنة ٢٠١٠.

أما الاعتداءات على المسجد الأقصى فقد جرى ٤٠ اعتداءً خلال الفترة ١٩٦٧-١٩٩٠، ولم تنفع التسوية السلمية واتفاقات أوسلو في وقف الاعتداءات، فتم تسجيل ٧٢ اعتداءً خلال الفترة ١٩٩٣-١٩٩٨، مما يشير إلى ازدياد الحملة الشرسة ضدّ أحد أقدس مقدسات المسلمين. وكان من أبرز الاعتداءات عملية إحراق المسجد الأقصى في ١٩٦٩/٨/٢١ التي اتهم فيها مسيحي متعصب يدعى دينيس مايكل روهان Denis Michael Rohan. وجرت محاولات لنسف المسجد الأقصى في ١٩٨٠/٥/١، وفي كانون الثاني/ يناير وآب/ أغسطس وكانون الأول/ ديسمبر ١٩٨٤. وفي ١٩٨٩/١٠/١٧

قامت جماعة يهودية بوضع حجر الأساس لبناء الهيكل اليهودي الثالث قرب مدخل المسجد الأقصى[٨٣]. وتزايد عدد الاقتحامات للمسجد بحماية من شرطة الاحتلال ليبلغ ٥٥ اقتحاماً خلال الفترة ٢٠٠٩/٨/٢٢-٢٠١٠/٨/٢١.

• إحراق المسجد الأقصى ١٩٦٩

• المسجد الأقصى

• من المخططات الصهيونية لبناء الهيكل فوق أنقاض المسجد الأقصى

ويقوم المسلمون في القدس وفلسطين بالسهر على حماية الأقصى بالرغم من ما يعانونه من احتلال وقهر، وهم يهبّون دوماً للدفاع عن حرمته بأجسادهم وحجارتهم، بعد أن فقدوا النصير العربي والإسلامي. فلم تخلُ أية محاولة اعتداء يهودية من قيام المسلمين بالتصدي لها حتى لو أدى ذلك إلى ارتكاب مجازر بحقهم، كما حدث

في ١٩٩٠/١٠/٨ حيث استشهد ٣٤ وجرح ١١٥ آخرون، عندما حاولت جماعة يهودية وضع حجر أساس الهيكل داخل المسجد الأقصى. وكما حدث في ١٩٩٦/٩/٢٧-٢٥ إثر انتفاضة الغضب التي قامت بسبب افتتاح اليهود لنفق تحت الجدار الغربي للمسجد الأقصى، مما أدى لاستشهاد ٦٢ فلسطينياً، وجرح ١٦٠٠ آخرين[٨٤].

تطور حدود القدس ١٩٤٧-٢٠٠٠

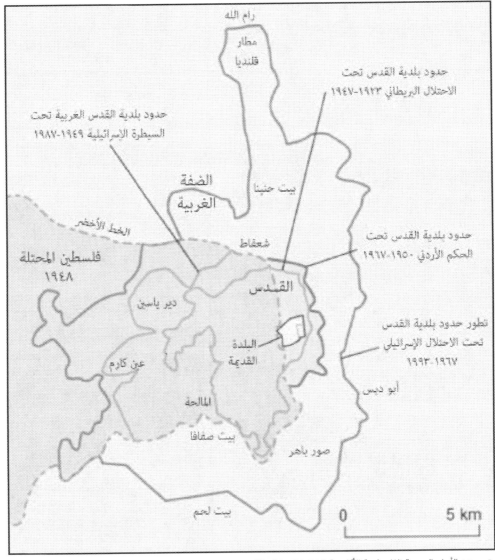

مترجم عن الأصل، الجمعية الفلسطينية الأكاديمية للشؤون الدولية - القدس.

لقد صدرت عشرات القرارات الدولية عن الأمم المتحدة ومجلس الأمن الدولي برفض ضمّ الكيان الإسرائيلي للقدس الشرقية، ورفض أية إجراءات مادية أو إدارية أو قانونية تغيّر من واقع القدس واعتبار ذلك لاغياً، واعتبرت هذه القرارات الكيان الإسرائيلي قوة احتلال يجب أن تخرج من القدس (ومن الضفة الغربية وقطاع غزة ككل). وقد صدر

أول هذه القرارات في ١٩٦٧/٧/٤ عن الجمعية العامة للأمم المتحدة تحت رقم ٢٢٥٣. وظلت القرارات تتوالى إلى أن ضمّ الكيان الإسرائيلي القدس رسمياً إليه، فاتخذت الجمعية العامة للأمم المتحدة قرار "د إ ط ٢/٧" في ١٩٨٠/٧/٢٩ بغالبية ١١٢ صوتاً مقابل ٧ أصوات وامتناع ٢٤، يدعو الصهاينة إلى الانسحاب الكامل ودون شروط من جميع الأراضي العربية المحتلة بما فيها القدس. واتخذ مجلس الأمن في ١٩٨٠/٧/٣٠ بغالبية ١٤ صوتاً ضدّ لا شيء وامتناع الولايات المتحدة عن التصويت قراراً بإعلان بطلان الإجراءات التي اتخذها الكيان الإسرائيلي لتغيير وضع القدس، مؤكداً ضرورة إنهاء الاحتلال الإسرائيلي. واستمرت القرارات في الصدور إلى الآن، غير أنها وإن كانت تعترف بحقوق الفلسطينيين، إلا أنها تفتقر الجدية والآلية اللازمة لإرغام الكيان الإسرائيلي على احترام القرارات الدولية[٨٥].

خامساً: الجدار العازل:

تعكس عملية إنشاء جدار الفصل العنصري، الذي تقوم "إسرائيل" ببنائه حول الضفة الغربية، جانباً من العقلية الانعزالية اليهودية الصهيونية، التي فضلت أن تعيش لقرون طويلة في أحياء خاصة مسورة بجدران عالية في مناطق أوروبا فيما يعرف بالأحياء اليهودية "الجيتو"، وأن تتعامل مع الآخرين من خلف الجدران. كما تُذكر بسياسات الفصل العنصري التي تبناها نظام البِيض سابقاً في جنوب أفريقيا. وهذا لا يبعد كثيراً عن طبيعة الكيان الصهيوني الذي شكّل لنفسه جسماً غريباً محاطاً بـ"جدران" دينية وسياسية وثقافية ولغوية عن المنطقة التي حوله، ووجد نفسه معزولاً في أجواء معادية. وهو اعتراف ضمني منه أنه لم ينجح في أن يكون كياناً مقبولاً في المنطقة.

وكانت الحكومة الإسرائيلية قد قامت بعمل سياج حول قطاع غزة إثر اندلاع الانتفاضة الأولى سنة ١٩٨٧، كما أن إسحق رابين فاز في الانتخابات سنة ١٩٩٢ على أساس شعار "نحن هنا وهم هناك".

وقد صادقت الحكومة الإسرائيلية على إقامة جدار عازل في الضفة الغربية في نيسان/ أبريل ٢٠٠٢، وقد بدأ العمل فيه في ٢٠٠٢/٦/١٦. وقد توسع الطول المعتمد للجدار من ٦٥٢ كم سنة ٢٠٠٣ إلى ٧٧٠ كم في سنة ٢٠٠٧، وتمّ ضمّ مستعمرة معاليه أدوميم

• جانب من مسار الجدار العازل

Ma'ale Adummim شرقي القدس إليه، أي أن طوله أصبح أكثر من ضِعف طول الخط الأخضر (حدود الضفة الغربية مع الأراضي المحتلة سنة ١٩٤٨) والتي تبلغ ٣٢٠ كم فقط. وحتى نهاية سنة ٢٠٠٨ كان قد تمّ بناء نحو ٥٠٢ كم. وأصبحت مساحة الأراضي المعزولة خلف الجدار ٧٣٣ ألف دونم أي نحو ١٢٫٥٪ من مساحة الضفة الغربية.

• من معاناة الفلسطينيين بسبب الجدار العازل

وإذا ما تمّ بناء الجدار بالشكل المخطط له فإنه سيُلحق أضراراً مباشرة بنحو ٦٨٠ ألف فلسطيني، وسيجد نحو ٢٥٠ ألف فلسطيني أنفسهم محصورين بين الجدار العازل وبين الخط الأخضر، بينما سيجد ٣٣٠ ألف فلسطيني أنفسهم مفصولين بالجدار عن أراضيهم ومزروعاتهم وأماكن عملهم، وستعاني ١٠١ قرية ومدينة وتجمع سكاني من الجدار، وستجد ١٩ منها نفسها إلى الغرب من الجدار محرومة من التواصل السكاني مع باقي أجزاء الضفة الغربية. كما ستجد

٥٣ قرية وبلدة نفسها محاطة بالجدار من ثلاث جهات. وسيسعى الجدار إلى أن يضم إليه أكبر قدر من المستعمرات الإسرائيلية في الضفة الغربية، تمثل معظم مستوطني الضفة الغربية.

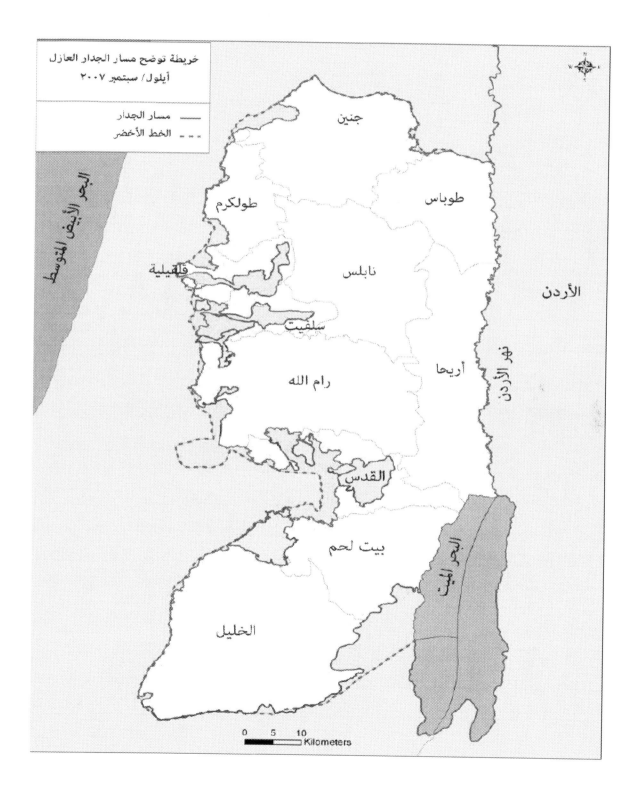

وتحاول السلطات الإسرائيلية تسويق الجدار باعتباره مجرد سياج حاجز Fence، ولكن المتتبع للجدار في مخططاته وكثير من أماكن بنائه، يجد نفسه أمام خط عسكري معقد، إذ يشمل مشروع الجدار خطاً من الأسلاك الشائكة اللولبية، يتلوه خندق بعرض أربعة أمتار وعمق خمسة أمتار، ثم شارع مسفلت بعرض ١٢ متراً، يليه شارع مغطى بالرمل الناعم بعرض أربعة أمتار، ثم يتلوه جدار إسمنتي مرتفع يصل إلى ثمانية أمتار، وعلى الجدار سياج معدني إلكتروني وكاميرات مراقبة وأضواء كاشفة، كما أن هناك أبراج مراقبة عسكرية على الجدار[٨٦].

وفي ٢٠٠٤/٧/٩ أصدرت محكمة العدل الدولية رأيها الاستشاري غير الملزم بشأن الجدار، فاعتبرته غير شرعي ومخالفاً للقانون الدولي، وطالبت "إسرائيل" بوقف بنائه، وطالبت بتعويض كل المتضررين الفلسطينيين. وقالت المحكمة إن الجدار يعوق حقّ الفلسطينيين في تقرير مصيرهم، وأن بناءه يُعدُّ ضمّاً فعلياً للأرض، كما عدَّت المستعمرات الإسرائيلية انتهاكاً للقانون الدولي.

سادساً: الكيان الإسرائيلي:

دخل الكيان الإسرائيلي العقد الثاني من القرن الحادي والعشرين وهو ما يزال يتمتع بقوة عسكرية وتكنولوجية متقدمة قياساً بمحيطه العربي، كما يتمتع بدعم ونفوذ دولي، خصوصاً من الولايات المتحدة، جعله حتى الآن دولة "فوق القانون"، لا تُطبَّق عليها القوانين والقرارات الدولية.

كان من أبرز المظاهر التي اتصف بها المشهد الإسرائيلي الداخلي:

- تزايد نفوذ التيارات اليمينية؛ بما في ذلك الليكود و"إسرائيل بيتنا" Yisrael Beiteinu؛ وحتى حزب كاديما فإن أعداداً كبيرة من قياداته وأعضائه ذات خلفيات ليكودية ويمينية.
- تزايد نفوذ التيارات الدينية، وخصوصاً الحركية المنظمة منها، وقد شمل ذلك زيادة نسبة المنتمين إليها في وسط ضباط الجيش الإسرائيلي من نحو ٧% قبل حوالي ثلاثين عاماً إلى نحو ٤٠% حالياً (٢٠١١).
- تراجع نفوذ اليسار الإسرائيلي وتفتته، بما في ذلك حزب العمل الإسرائيلي الذي ظلّ على مدى ٥٥ عاماً عمود السياسة الإسرائيلية، أو واحداً من اثنين من أعمدتها. لكنه

تراجع في انتخابات سنة ٢٠٠٩ للمركز الرابع، ثم عانى من التفتت سنة ٢٠١١ بخروج رئيسه إيهود باراك منه مع بعض نوابه في الكنيست وتشكيلهم لحزب "الاستقلال".

- تزايد الفساد في المجتمع الإسرائيلي في الوسط الشعبي وحتى في القيادة السياسية؛ وكان من أمثلة ذلك توجيه تهم بالفساد إلى رئيسي الوزراء أريل شارون وإيهود أولمرت، ورئيس الدولة موشيه كتساف Moshe Katsav، ونائب رئيسه حاييم رامون، ورئيس أركان الجيش الإسرائيلي دان حالوتس Dan Halutz... وغيرهم. وقد زاد انتشار قيم المنفعة واللذة والأنانية، والشذوذ الجنسي، والتفسخ الأسري؛ وقد انعكس ذلك على تزايد نسب الانتحار، والهروب من الجيش... وغيرها.

- تراجع الهجرة اليهودية إلى "إسرائيل" إلى ما دون ٢٠ ألفاً سنوياً، مع تزايد الهجرة العكسية من "إسرائيل" إلى نحو ١٠ آلاف سنوياً[٨٧]، مع وجود مؤشرات إلى أن هناك حوالي ٧٠٠ ألف إسرائيلي يقيمون في الخارج[٨٨].

- تزايد السلوك العنصري ضدّ المواطنين الفلسطينيين في الأرض المحتلة سنة ١٩٤٨، سواء كان ذلك في السلوك الشعبي أو في ممارسات الحكومات الإسرائيلية، أو في سنّ القوانين والتشريعات.

من الناحية السكانية، كان يقيم في فلسطين المحتلة (الأرض المحتلة سنة ١٩٤٨، والأرض المحتلة سنة ١٩٦٧) في مطلع سنة ٢٠١١ خمسة ملايين و٨٠٣ آلاف يهودي، مقابل خمسة ملايين و٣٩٠ ألف فلسطيني. وتشير التقديرات الإحصائية أنه إذا بقيت معدلات النمو السكاني الفلسطيني واليهودي كما هي، فإن عدد الفلسطينيين سيبدأ بتجاوز عدد اليهود في فلسطين التاريخية سنة ٢٠١٧، وسيزيد عنه بنحو ٢٠٠ ألف في سنة ٢٠٢٠[٨٩]. وهو ما يثير قلق الإسرائيليين، في الوقت الذي تتزايد فيه الدعوات في أوساطهم لطرد الفلسطينيين، أو لما يسمى التبادل السكاني، أو للانسحاب أحادي الجانب من مناطق الكثافة السكانية الفلسطينية في الضفة الغربية.

على المستوى الاقتصادي، وصل الناتج المحلي الإسرائيلي سنة ٢٠١٠ إلى نحو ٢١٧ مليار دولار، كما وصل معدل دخل الفرد إلى ٢٨٥٠٠ دولار، وهو معدل دخل يضارع المعدلات في أوروبا والدول المتقدمة. وبلغت الصادرات الإسرائيلية سنة ٢٠١٠ ما مجموعه ٥٨ مليار و٤٣١ مليون دولار، أما مجموع الواردات فبلغ ٥٩ ملياراً و١٢٢ مليون دولار. وتشكل السلع الصناعية نحو ٨٠% من الصادرات الإسرائيلية.

ومنذ سنوات طويلة، ما تزال الولايات المتحدة تشكل الشريك التجاري الأول للكيان الإسرائيلي، الذي يُصدّر لها نحو ثلث صادراته. وبالرغم من كونه دولة غنية ومتقدمة، إلا أن الكيان الإسرائيلي ما يزال يتلقى دعماً أمريكياً سنوياً بلغ سنة ٢٠١٠ ما مجموعه ٢٧٧٥ مليون دولار. وبذلك ما تلقته "إسرائيل" من دعم أمريكي خلال الفترة ١٩٤٩-٢٠١٠، بلغ ما مجموعه ١٠٨ مليارات و٩٩٨ مليون دولار[٩٠].

ويعود جانب من الازدهار الاقتصادي الإسرائيلي إلى خُفوت الانتفاضة الفلسطينية وتراجع عمليات المقاومة، وإلى "هدوء" الجبهات العربية، مع تحسن العلاقات السياسية والاقتصادية خصوصاً مع مصر والأردن، بالإضافة إلى الاختراقات السياسية والاقتصادية التي حققها الصهاينة خصوصاً مع الصين والهند وروسيا ودول أوروبا الشرقية.

أما من الناحية العسكرية، فما زال الكيان الإسرائيلي ينفق بشكل هائل على هذا الجانب. وقد بلغت موازنته العسكرية لسنة ٢٠١١ نحو ١٥ ملياراً و١٢٠ مليون دولار. وتُعد الميزانية العسكرية الإسرائيلية من أعلى الميزانيات في العالم قياساً بالناتج المحلي أو بعدد السكان بينما يبلغ معدل الإنفاق العسكري الإسرائيلي السنوي على الفرد الواحد حوالي ألفي دولار، فإنه يبلغ مثلاً ٤٦ دولار في مصر، و٨٨ دولار في سورية، و٢١١ دولاراً في الأردن. ويبلغ عدد الجيش الإسرائيلي المتفرغ ١٧٨ ألف جندي، بينما تبلغ قوات الاحتياط ٤٢٧ ألفاً. ويتميز الجيش الإسرائيلي بقدرات قتالية عالية، وبحصوله على فرص تدريبية متقدمة، كما يتميز بحصوله على أفضل الأسلحة المتقدمة سواء من تلك التي تنتجها المصانع العسكرية الإسرائيلية، أم تلك التي تأتيه من الولايات المتحدة ومن الدول الغربية. ولدى "إسرائيل" نحو مئتي رأس نووي، وهي تُصنّع كافة أنواع الأجهزة الإلكترونية العسكرية، وأجهزة التشويش، وأنظمة توجيه الصواريخ، وتمكنت من تصنيع طائرة كفير المقاتلة Kfir، وصاروخ حيتس (السهم) Arrow (Hetz) System المضاد للصواريخ، كما تمكنت من صناعة دبابة الميركافا Merkava التي تعد من أقوى الدبابات في العالم. وتُعد "إسرائيل" ضمن أكبر خمسة دول مصدرة للسلاح في العالم؛ إذ صدرت ما قيمته ستة مليارات و٦٥٠ مليون دولار سنة ٢٠١٠[٩١].

وبالرغم من الإمكانات الهائلة التي يتمتع بها الجيش الإسرائيلي، فإنه فشل في عدوانه على لبنان في حرب تموز/ يوليو ٢٠٠٦، كما فشل في عدوانه على قطاع غزة في نهاية سنة ٢٠٠٨ وبداية سنة ٢٠٠٩. وفي الوقت الذي تتراجع فيه نوعية الجندي الإسرائيلي، وتكثر في أوساط الجيش المشاكل النفسية والفساد والتهرب من الجندية، فإن نوعية رجال المقاومة تزداد تحسناً، وهي أكثر استعداداً على الصمود والتضحية.

ويواجه الكيان الإسرائيلي أزمة مستقبلية حقيقية تتمثل في وجوده في بيئة معادية، وفي فشله في التحول إلى كيان طبيعي في المنطقة. ولأنه كيان قائم على اغتصاب الأرض والحقوق وطرد السكان الأصليين، ولأن الشعب الفلسطيني يزداد إصراراً على حقه في العودة وتحرير أرضه ومقدساته، يدعمه في ذلك العرب والمسلمون وأحرار العالم، فإن أزمة هذا الكيان ستستمر. إذ لن يبقى الإسرائيليون أقوياء إلى الأبد، كما لن يبقى أصحاب الحق ضعفاء إلى الأبد. ويعترف قادة الصهاينة ومفكروهم بأن هناك تحديات كبيرة تتمثل أولاً في صعود القوى الإسلامية في داخل فلسطين التي تملك نفساً أطول وأقوى للمقاومة وترفض الاعتراف بـ"إسرائيل" والتنازل عن أي جزء من فلسطين. كما أنه من جهة ثانية فإن أية حالة تغيير في الأنظمة العربية المحيطة بفلسطين إلى أنظمة ديموقراطية وطنية وإسلامية داعمة للقضية الفلسطينية سيؤدي إلى تحول خطير في الفضاء الاستراتيجي المحيط بفلسطين لصالح قوى المقاومة، وربما إلى تغيير في موازين القوى على المستوى المتوسط والبعيد. ومن جهة ثالثة، فلا توجد ضمانات على بقاء الدعم الأمريكي الغربي غير المشروط، وإبقاء "إسرائيل" دولة فوق القانون، إلى ما لا نهاية؛ خصوصاً في ضوء الأزمات الاقتصادية التي يواجهها الغرب، أو إذا استطاع العرب والمسلمون توظيف إمكاناتهم بالشكل الصحيح للضغط على أمريكا والغرب.

هوامش الفصل السادس

١ **الخليج**، ٢٠٠٠/١١/١٠.

٢ يمكن مراجعة التقارير المنشورة في الإنترنت في أشهر تشرين الأول/ أكتوبر وكانون الأول/ ديسمبر ٢٠٠٠ في المركز الفلسطيني للإعلام وموقع إسلام أون لاين، لقراءة العديد من النماذج والتقارير.

٣ مركز الإحصاء الوطني الفلسطيني، ٢٠٠٥/٢/٩، انظر:

http://www.pnic.gov.ps/arabic/quds/arabic/viol/quds_viol_12-2005.html

٤ تقرير وزارة شؤون الأسرى والمحررين لسنة ٢٠٠٥، انظر:

www.pnic.gov.ps/arabic/social/prisoners/2005.html؛ وحسب مركز المعلومات الإسرائيلي لحقوق الإنسان في الأراضي المحتلة (بتسيلم) نقلاً عن مصادر الأمن والجيش الإسرائيلي فإن المعتقلين كانوا ٧٨٣٨ في مطلع سنة ٢٠٠٥، ووصل العدد إلى ٨٢٣٨ معتقلاً في مطلع سنة ٢٠٠٦، انظر:

www.btselem.org/arabic/statistics/detainees

٥ مركز المعلومات الوطني الفلسطيني، انظر:

http://www.pnic.gov.ps/arabic/quds/arabic/losses/28-9-2005.html

٦ موقع الجيش الإسرائيلي، انظر: http://www1.idf.il/SIP_STORAGE/DOVER/files/9/21829.doc

٧ موقع الجيش الإسرائيلي، انظر: http://www1.idf.il/SIP_STORAGE/DOVER/files/6/31646.doc

٨ نشرت التقرير جريدة **معاريف** ونشرت ترجمته جريدة **السفير**، بيروت، ٢٠٠٥/٧/١٥.

٩ موقع عرب ٤٨، ٢٠٠٥/٨/٨، انظر: http://www.arabs48.com/display.x?cid=16&sid=66&id=30295

١٠ دائرة الإحصاء المركزية الإسرائيلية، انظر: www.cbs.gov.il؛ وانظر: وكالة قدس برس إنترناشيونال للأنباء، نشرة بانوراما، ٢٠٠٣/١/٢.

١١ قدس برس، نشرة بانوراما، ٢٠٠٣/١/٣.

١٢ نقلاً عن: British Broadcasting Corporation (BBC), 30/11/2002, http://news.bbc.co.uk

١٣ **الخليج**، ٢٠٠٣/٢/١٨.

١٤ See Israel Security Agency, "2010 Annual Summary: Data and Trends in Terrorism," www.shabak.gov.il/SiteCollectionImages/english/TerrorInfo/reports/2010summary2-en.pdf

١٥ ستة من هذه العمليات نفذت في سنة ٢٠٠٦، وواحدة سنة ٢٠٠٧، وواحدة سنة ٢٠٠٨، انظر:

Israel Security Agency, Analysis of Attacks in the Last Decade, Suicide Attacks, http://www.shabak.gov.il/SiteCollectionImages/english/TerrorInfo/decade/SuicideAttacks.pdf

١٦ Israel Security Agency, Analysis of Attacks in the Last Decade, Mortar Shell launching attacks, http://www.shabak.gov.il/English/EnTerrorData/decade/Mortar/Pages/default.aspx

١٧ محسن محمد صالح (محرر)، **التقرير الاستراتيجي الفلسطيني لسنة ٢٠١٠** (بيروت: مركز الزيتونة للدراسات والاستشارات، ٢٠١١)، ص ٩١.

١٨ حول هذه الحملات، انظر: محسن محمد صالح (محرر)، **التقرير الاستراتيجي الفلسطيني لسنة ٢٠٠٦** (بيروت: مركز الزيتونة للدراسات والاستشارات، ٢٠٠٧)، ص ٩١؛ ومحسن محمد صالح (محرر)، **التقرير الاستراتيجي الفلسطيني لسنة ٢٠٠٨** (بيروت: مركز الزيتونة للدراسات والاستشارات، ٢٠٠٩)، ص ١٠٠.

[١٩] حول العدوان على غزة، انظر: **التقرير الاستراتيجي الفلسطيني لسنة ٢٠٠٨**، ص ١٠٠-١٠٢؛ ومحسن محمد صالح (محرر)، **التقرير الاستراتيجي الفلسطيني لسنة ٢٠٠٩** (بيروت: مركز الزيتونة للدراسات والاستشارات، ٢٠١٠)، ص ١٠٥؛ وعبد الحميد الكيالي (محرر)، **دراسات في العدوان الإسرائيلي على قطاع غزة: عملية الرصاص المصبوب/ معركة الفرقان** (بيروت: مركز الزيتونة للدراسات والاستشارات، ٢٠٠٩).

[٢٠] محسن محمد صالح (محرر)، **التقرير الاستراتيجي الفلسطيني لسنة ٢٠٠٧** (بيروت: مركز الزيتونة للدراسات والاستشارات، ٢٠٠٨)، ص ٩٨-٩٩.

[٢١] التقرير الاستراتيجي الفلسطيني لسنة ٢٠٠٦، ص ١٢٩-١٣١.

[٢٢] محسن محمد صالح وبشير نافع (محرران)، **التقرير الاستراتيجي الفلسطيني لسنة ٢٠٠٥** (بيروت: مركز الزيتونة للدراسات والاستشارات، ٢٠٠٦)، ص ٢٧.

[٢٣] انظر: **المرجع نفسه**، ص ٣٢.

[٢٤] انظر: **المرجع نفسه**، ص ٣٦-٣٨.

[٢٥] جريدة **الغد**، عمّان، ٢٠٠٦/٨/٣١.

[٢٦] جريدة الأيام، رام الله، **والحياة**، ٢٠٠٦/٤/٢١.

[٢٧] **الحياة**، ٢٠٠٦/٤/٢٧.

[٢٨] وكالة رويترز للأنباء، ٢٠٠٧/١/٥.

[٢٩] **التقرير الاستراتيجي الفلسطيني لسنة ٢٠٠٦**، ص ٣٧-٣٩.

[٣٠] انظر: **المرجع نفسه**، ص ٩١-٩٢.

[٣١] جريدة **الوطن**، أبها (السعودية)، ٢٠٠٧/٤/٢٤.

[٣٢] حول خطط دايتون، انظر: رويترز، ٢٠٠٧/١/٥؛ وانظر أيضاً:

Haaretz newspaper, 31/10/2007.

[٣٣] David Rose, The Gaza Bombshell, *VANITY FAIR* magazine, April 2008, http://www.vanityfair.com/politics/features/2008/04/gaza200804

[٣٤] عرب ٤٨، ٢٠٠٧/٦/١٥، مترجمة عن جريدة **دي يونجا فلت De Junge Welt**، ألمانيا، انظر:

http://www.jungewelt.de/2007/06-14/020.php?sstr=dayton

[٣٥] المركز الفلسطيني للإعلام، ٢٠٠٧/٥/٢٠، انظر: http://www.palestine-info.info/ar

[٣٦] المركز الفلسطيني لحقوق الإنسان، صفحات سوداء في غياب العدالة: تقرير حول الأحداث الدامية التي شهدها قطاع غزة خلال الفترة ٧-١٤ يونيو ٢٠٠٧، غزة، ص ٨١-٨٥.

[٣٧] **الشرق الأوسط**، ٢٠٠٧/٦/١٤.

[٣٨] حول إجراءات السلطة ضدّ حماس في الضفة الغربية، انظر: المكتب الإعلامي لحركة المقاومة الإسلامية (حماس)، اعتداءات فتح والأجهزة الأمنية الفلسطينية بحق حركة "حماس" في الضفة المحتلة، المركز الفلسطيني للإعلام، ٢٠٠٧/٩/٤، في: http://www.palestine-info.info/ar/default.aspx?xyz=؛ وتقرير صادر عن حركة حماس، اعتداءات فتح والأجهزة الأمنية الفلسطينية بحقّ حركة المقاومة الإسلامية "حماس" في الضفة المحتلة خلال شهر رمضان المبارك، ٢٠٠٧/١٠/١٧.

[٣٩] وكالة الأنباء الفلسطينية (وفا)، ٢٠٠٨/١/١٣، انظر: /http://arabic.wafa.ps/arabic؛ ومركز الميزان لحقوق الإنسان، في:

http://www.mezan.org/site_ar/insecurity/insecurity_statistics.php

[٤٠] **الحياة**، ٢٠٠٧/٦/١٥.

[41] **السفير**، ٢٠٠٨/٨/٣٠.

[42] المركز الفلسطيني للإعلام، ٢٠٠٧/١٠/١٧؛ وجريدة **الاتحاد**، أبو ظبي (الإمارات)، **والشرق الأوسط**، ٢٠٠٧/١٠/١٩؛ وانظر أيضاً: **الشرق الأوسط**، **والخليج**، ٢٠٠٧/١٢/٤.

[43] مركز البيان للإعلام، ٢٠٠٨/١١/١٣، في:

http://www.albian.ps/ar/portal/01942ed0-9740-47f1-beef-0577d59f78d3.aspx

[44] **الحياة**، ٢٠٠٩/٦/٢٣.

[45] انظر: رويترز، ٢٠٠٩/٨/٢٤؛ **والحياة**، ٢٠٠٩/٨/٢٦.

[46] **الخليج**، ٢٠٠٨/٦/٥.

[47] ماهر تيسير الطباع، "قطاع غزة على حافة الانهيار التام، الغرفة التجارية الفلسطينية،" آذار/ مارس ٢٠٠٨؛ واللجنة الشعبية لمواجهة الحصار، ٢٠٠٨/١١/٢٥، انظر:

http://www.freegaza.ps/index.php?scid=100&id=1445&extra=news&type=55

[48] وكالة وفا، ٢٠٠٩/٩/١٧.

[49] **التقرير الاستراتيجي الفلسطيني لسنة ٢٠١٠**، ص ٣٨٢.

[50] **الحياة**، ٢٠٠٨/٢/٦.

[51] **الخليج**، ٢٠٠٨/٦/٢٤.

[52] حول تفكيك المربعات الأمنية للعائلات، انظر: **الخليج**، ٢٠٠٧/٦/١٤؛ وقدس برس، ٢٠٠٨/٨/٢؛ **والأيام**، رام الله، وعرب ٤٨، ٢٠٠٨/٨/٣؛ **والحياة**، ٢٠٠٨/٩/١٧.

[53] **الحياة**، ٢٠٠٩/٨/١٦.

[54] **الحياة**، ٢٠٠٩/١/٢٢.

[55] جريدة **الدستور**، عمّان، ٢٠٠٥/٨/٣.

[56] **الدستور**، ٢٠٠٦/٢/٦.

[57] انظر: **الخليج**، ٢٠٠٩/٨/٢٩.

[58] انظر: محسن محمد صالح ووائل سعد (محرران)، **الوثائق الفلسطينية لسنة ٢٠٠٦** (بيروت: مركز الزيتونة للدراسات والاستشارات، ٢٠٠٨)، ص ٣٦٤.

[59] **المرجع نفسه**، ص ٣٦٨ و٤٣٦.

[60] **المرجع نفسه**، ص ٤٣٢.

[61] محسن محمد صالح ووائل سعد (محرران)، **الوثائق الفلسطينية لسنة ٢٠٠٧** (بيروت: مركز الزيتونة للدراسات والاستشارات، ٢٠٠٩)، ص ١٢٢.

[62] **المرجع نفسه**، ص ١٧٠.

[63] **المرجع نفسه**، ص ١٦٤.

[64] انظر: جريدة **الحياة** الجديدة، رام الله، وجريدة **القدس العربي**، لندن، ٢٠٠٧/٩/٣.

[65] انظر مثلاً: لقاء خالد مشعل مع الصحفيين في الدوحة، جريدة **الوطن**، قطر، **والحياة**، ٢٠٠٧/٧/٢٢.

[66] عرب ٤٨، ٢٠٠٧/٧/٤.

[67] حول ملاحظات حماس على الورقة المصرية، انظر: موقع الجزيرة.نت، ١٨-٢٠٠٩/١٠/١٩؛ **والشرق الأوسط**، ٢٠٠٩/١٠/٢٠؛ وجريدة **الشرق**، الدوحة، ٢٠٠٩/١٠/٢٣؛ **والحياة**، ٢٠٠٩/١٠/٢٦.

[68] **الحياة**، ٢٠١٠/١٠/٦.

[69] جريدة **القدس**، ٢٠٠٥/٥/١٧.

[٧٠] للاطلاع على النص الكامل لمبادرة جنيف، انظر: http://www.geneva-accord.org/mainmenu/Arabic

[٧١] انظر: محسن محمد صالح، دراسات **منهجية في القضية الفلسطينية** (ماليزيا: فجر أولونج، ٢٠٠٣)، ص ٤٩٣-٤٩٤.

[٧٢] للاطلاع على نص القرار رقم ١٣٩٧، انظر: http://www.un.org/arabic/sc/resoldeci.html

[٧٣] الأيام، رام الله، ٢٠٠٥/٦/٢٢؛ ومقال حلمي موسى في: **السفير**، ٢٠٠٥/٦/٢٢.

[٧٤] http://disengagement.pngo.ps/BG.php

[٧٥] اعترف شارون بذلك في مقابلته لجريدة يديعوت أحرونوت في ٢٠٠٥/٨/١٢. انظر: عرب ٤٨، ٢٠٠٥/٨/١٢.

[٧٦] انظر نصّ الاتفاق في: السلطة الوطنية الفلسطينية، وزراة الشؤون الخارجية، اتفاقية المعابر، في:

http://www.mofa-gov.ps/ar/index.php?p=documents

[٧٧] انظر: **التقرير الاستراتيجي الفلسطيني لسنة ٢٠٠٦**، ص ١٠٠.

[٧٨] حول التقرير، انظر: عرب ٤٨، ٢٠٠٦/٨/١٥.

[٧٩] انظر: **الحياة**، ٢٠٠٩/١١/٥؛ ووكالة معاً الإخبارية، ٢٠١٠/١/٢٣.

[٨٠] انظر: رفيق النشتة وإسماعيل ياغي، **تاريخ مدينة القدس** (عمّان: دار الكرمل، ١٩٨٤)، ص٩٤؛ وهنري كتن، فلسطين في ضوء الحق والعدل (بيروت: ١٩٧٠)، ص ٤٥.

[٨١] انظر: **الموسوعة الفلسطينية**، ج ٣، ص ٥٢٢.

[٨٢] حول هذه الفترة عن تهويد القدس، انظر: **الموسوعة الفلسطينية**، ج ٣، ص ٥٢١-٥٢٧؛ وإبراهيم أبو جابر، "قضية القدس ومستقبلها،" في جواد الحمد (محرر)، المدخل إلى **القضية الفلسطينية**، سلسلة دراسات رقم ٢١ (عمّان: مركز دراسات الشرق الأوسط، ١٩٩٧)، ص ٥٤٤-٥٦٨؛ **والدستور**، ١٩٩٧/٦/١٨.

[٨٣] هناك الكثير من المصادر التي تحدثت عن عمليات تهويد منطقة الأقصى والحفريات تحته والاعتداءات عليه، انظر حول الفقرتين السابقتين مثلاً في: إبراهيم أبو جابر، "قضية القدس ومستقبلها،" ص ٥٦٤-٥٦٨؛ **والموسوعة الفلسطينية**، ج ٣، ص ٥٢٢-٥٢٣؛ والأخبار اليومية مثلاً في: **الخليج**، ٢٠٠٠/٢/١٣، و٢٠٠٠/٧/٢٧، و٢٠٠٠/٩/٩، و٨ و٢٠٠١/١/١٧؛ والمركز الفلسطيني للإعلام بتواريخ ٢٠٠٠/٣/٢٣، و٢ و٢٠٠٠/٤/٦.

[٨٤] غطت الجرائد اليومية تلك الأحداث، انظر الأخبار في الأيام التالية للأحداث مثلاً في: جريدتي **الرأي والدستور**.

[٨٥] حول القدس في الأمم المتحدة, انظر مثلاً: **الموسوعة الفلسطينية**، ج ٣، ص ٥٤٨-٥٥٣.

[٨٦] كتبت العشرات من التقارير والدراسات حول الجدار العازل والمعلومات الواردة في النص مأخوذة من مصادر عديدة، ومما تجدر الإشارة إليه: بيتر لاغركويست، تسبيح السماء الأخيرة: التنقيب عن فلسطين بعد "جدار الفصل" الإسرائيلي، مجلة **الدراسات الفلسطينية**، بيروت، مؤسسة الدراسات الفلسطينية، العدد ٥٨، ربيع ٢٠٠٤، ص ٢٨-٥٨؛ وانظر: الجدار الفاصل، في منطقة القدس، بتسيلم، في:

http://www.btselem.org/arabic/separation_barrier/jerusalem؛ وانظر:

The Israeli Information Center for Human Rights in the Occupied Territories (B'TSELEM) and Planners for Planning Rights (Bimkom), "Under the Guise of Security Routing the Separation Barrier to Enable the Expansion of Israeli Settlements in the West Bank," December 2005, http://www.btselem.org/sites/default/files/publication/200512_under_the_guise_of_security_eng.pdf

[٨٧] لمزيد من المعلومات حول الهجرة اليهودية، انظر: **التقرير الاستراتيجي الفلسطيني لسنة ٢٠١٠**، ص ٧٣.

^{٨٨} انظر: **الخليج**، ٢٠٠٦/١٠/٧؛ وعرب ٤٨، ٢٠٠٦/١٠/١٧. وانظر أيضاً:

Yogev Karasenty and Shmuel Rosner, What Million Missing Israelis?, Foreign Policy website, 28/7/2011,

http://mideast.foreignpolicy.com/posts/2011/07/28/what_million_missing_israelis

^{٨٩} **التقرير الاستراتيجي الفلسطيني لسنة ٢٠١٠**، ص ٣١٨-٣١٩.

^{٩٠} المرجع نفسه، ص ٧٥-٨١.

^{٩١} المرجع نفسه، ص ٨٩.

الخـــاتمــة

الخاتمة

أرض فلسطين أرض مقدسة مباركة، وهي أرض عربية مسلمة ضحى أبناؤها تضحيات جساماً في سبيل المحافظة عليها وفي سبيل تحريرها، غير أن المشروع الصهيوني المدعوم بالقوى الكبرى كان أكبر من طاقاتهم وإمكاناتهم.

إن المقاومة الفلسطينية المعاصرة (م.ت.ف، والعمل الفدائي الفلسطيني) التي تولت قيادة الساحة الفلسطينية، قد قدمت هي الأخرى تضحيات كبيرة، وكرست الهوية الوطنية الفلسطينية، ولقيت اعتراف معظم دول العالم، غير أنها عانت من جوانب أضعفت أداءها وقدرتها على تحقيق أهدافها، ومن ذلك:

- إشكالية المنهج: حيث تميز خطها بأنه خط علماني، راوح بين دوائر الوطنية والقومية واليسارية. ولم يستند إلى المنهج الإسلامي الأقدر على استنهاض طاقات الأمة وتوحيدها وتجنيدها ضدّ الصهيونية وحلفائها. وظلّ منهج م.ت.ف ينزع دائماً للاستجابة للضغوط "ومتطلبات المرحلة"، والسعي للبقاء في دائرة الضوء، حتى ولو على حساب المبادئ والثوابت والحقوق الأساسية للشعب الفلسطيني. مما أدى إلى "تقزيم" المطالب السياسية الفلسطينية مع الزمن... . فمن تحرير فلسطين وإخراج الغاصبين، إلى الدولة الديموقراطية التي تشمل العرب والصهاينة المعتدين، إلى القبول "بحقّ" الصهاينة في ٧٧% من أرض فلسطين، إلى الموافقة على حكم ذاتي في الضفة والقطاع حسب اتفاق أوسلو... .
- إشكالية القيادة: افتقدت القيادة السياسية الفلسطينية التجانس، وعانت من تباين أهدافها، ومراعاة أطراف عربية ودولية على حساب أولويات القضية. ولم تحترم القيادة العمل المؤسسي. وتمكن زعيم فتح والمنظمة من جمع كلّ الصلاحيات الممكنة بيده، وأمسك بعصبي القرار السياسي والإنفاق المالي، فضلاً عن عصب الأجهزة الأمنية والعسكرية، مما جعل العمل الفلسطيني مرتبطاً بمبادرة "الزعيم" وقراره. وقد أسهم ذلك في نمو الشِّلل والمحسوبيات، وتفكيك البناء الداخلي للثورة الفلسطينية، وخروج الكثير من الكفاءات والقيادات وتحييدها.
- إشكالية المؤسسات: أضعف أداء القيادة الفلسطينية العمل المؤسسي الفلسطيني، فقد أُفرغ المجلس الوطني الفلسطيني من محتواه، ولم يتمكن من أداء دوره في المراقبة

والمحاسبة، وتراجع دور منظمة التحرير التي وُضعت في "غرفة الإنعاش"، بينما تضخم دور السلطة الفلسطينية التي وجدت نفسها هي الأخرى مرتهنة للقرارات والضغوط الإسرائيلية الأمريكية. كما ضعفت أو اندثرت أدوار مؤسسات مهمة في المنظمة كالصندوق القومي ومركز الأبحاث، ومؤسسات رعاية الشهداء، وصامد، ودائرة التخطيط... . ومع الزمن انحصرت دائرة العمل الفلسطيني في حفنة من الناس، جعلوا لأنفسهم حقّ تقرير مصير قضية هي أخطر قضية تواجه العالم العربي والإسلامي في الواقع المعاصر.

- عانت الثورة الفلسطينية بشدة من أشقائها العرب "الألداء"، واستنزفت دماء وجهوداً هائلة في صراعها مع الأنظمة التي حاولت "ترويضها"، وضبطها أو التحدث باسمها أو القفز فوقها... وقد أسهم ذلك في إضعاف هذه الثورة، وتبديد طاقاتها، ومنعها من العمل المسلح من الخارج، وبالتالي حصر نشاطها في دائرة "الممكن السياسي".

قام التيار الإسلامي، الذي يمثل نبض هذه الأمة، وأملها القادم بإذن الله، بأدوار جهادية لا تُنكَر في مواجهة المشروع الصهيوني والقوى الاستعمارية. لكنه عانى من محاولات سحق واقتلاع وتشويه وتحييد، فلسطينياً وعربياً ودولياً. غير أنه مطالب في الوقت نفسه بـ:

- التحديدُ الدقيق لرؤيته المنهجية، المرحلية وبعيدة المدى، لكيفية مواجهة التحدي الصهيوني وتحرير فلسطين؛ وحسنُ قراءة الواقع وتعقيداته وتداخلاته المحلية والإقليمية والدولية، وتقديم رؤى وحلول واقعية، قادرة على استلهام النموذج الإسلامي واستنهاض الجماهير.

- توسيع دائرة الصراع والتفاعل مع قضية فلسطين، بحيث تتكامل الدائرة الفلسطينية مع الدائرة العربية والدائرة الإسلامية والدائرة الإنسانية، وبحيث تتفاعل هذه الدوائر بشكل إيجابي ومتناسق. مع السعي لتوفير الأدوات والوسائل المكافئة لتحقيق ذلك.

- تطوير مؤسساته التنظيمية والشورية، وكفاءات قياداته، والاستفادة بشكل أفضل من كفاءات الأمة وطاقاتها، وتحقيق عملية توريث سلسة وسليمة للأجيال القيادية الحالية والقادمة.

- الالتصاق أكثر بهموم الجماهير، والتعبير عن معاناتها وخدمتها، والتغلغل في أوساطها، وتحويل همّ مواجهة المشروع الصهيوني إلى همّ جماهيري يومي.

- الإبقاء على جذوة المقاومة والجهاد، وصوت الحق الذي لا يتنازل عن فلسطين مهما كانت التضحيات.

إن المسلمين متيقنون من نصر الله، ومن اقتلاع المشروع اليهودي الصهيوني مهما طال الزمن، فهذا وعد الله سبحانه في فواتح سورة الإسراء:(فَإِذَا جَاءَ وَعْدُ الْآخِرَةِ لِيَسُوءُوا وُجُوهَكُمْ وَلِيَدْخُلُوا الْمَسْجِدَ كَمَا دَخَلُوهُ أَوَّلَ مَرَّةٍ وَلِيُتَبِّرُوا مَا عَلَوْا تَتْبِيرًا)، وهي بشرى نبيه صلى الله عليه وسلم في الحديث الذي رواه مسلم وأحمد عن أبي هريرة رضي الله عنه أن رسول الله صلى الله عليه وسلم قال: "لا تقوم الساعة حتى يقاتل المسلمون اليهود، فيقتلهم المسلمون، حتى يختبئ اليهودي من وراء الحجر والشجر، فيقول الحجر أو الشجر: يا مسلم يا عبد الله، هذا يهودي خلفي، فتعال فاقتله، إلا الغرقد فإنه من شجر اليهود". وهي سنة الله سبحانه في الصراع بين الحق والباطل. وهي خاتمة جهاد أصحاب الحق في مواجهة أي مشروع يقوم على الظلم والغصب والقهر، ويسير عكس حركة التاريخ.

إصدارات مركز الزيتونة للدراسات والاستشارات

أولاً: الإصدارات باللغة العربية:

١.   بشير نافع ومحسن صالح، محرران، التقرير الاستراتيجي الفلسطيني لسنة ٢٠٠٥، ٢٠٠٦.

٢.   محسن صالح، محرر، التقرير الاستراتيجي الفلسطيني لسنة ٢٠٠٦، ٢٠٠٧.

٣.   محسن صالح، محرر، التقرير الاستراتيجي الفلسطيني لسنة ٢٠٠٧، ٢٠٠٨.

٤.   محسن صالح، محرر، التقرير الاستراتيجي الفلسطيني لسنة ٢٠٠٨، ٢٠٠٩.

٥.   محسن صالح، محرر، التقرير الاستراتيجي الفلسطيني لسنة ٢٠٠٩، ٢٠١٠.

٦.   محسن صالح، محرر، التقرير الاستراتيجي الفلسطيني لسنة ٢٠١٠، ٢٠١١.

٧.   محسن صالح ووائل سعد، محرران، مختارات من الوثائق الفلسطينية لسنة ٢٠٠٥، ٢٠٠٦.

٨.   محسن صالح ووائل سعد، محرران، الوثائق الفلسطينية لسنة ٢٠٠٦، ٢٠٠٨.

٩.   محسن صالح ووائل سعد، محرران، الوثائق الفلسطينية لسنة ٢٠٠٧، ٢٠٠٩.

١٠.   محسن صالح ووائل سعد وعبد الحميد فخري الكيالي، محررون، الوثائق الفلسطينية لسنة ٢٠٠٨، ٢٠١١.

١١.   وائل سعد، الحصار: دراسة حول حصار الشعب الفلسطيني ومحاولات إسقاط حكومة حماس، ٢٠٠٦.

١٢.   محمد عارف زكاء الله، الدين والسياسة في أميركا: صعود المسيحيين الإنجيليين وأثرهم، ترجمة أمل عيتاني، ٢٠٠٧.

١٣.   أحمد سعيد نوفل، دور إسرائيل في تفتيت الوطن العربي، ٢٠٠٧.

١٤.   محسن صالح، محرر، منظمة التحرير الفلسطينية: تقييم التجربة وإعادة البناء، ٢٠٠٧.

١٥.   محسن صالح، محرر، قراءات نقدية في تجربة حماس وحكومتها ٢٠٠٦-٢٠٠٧، ٢٠٠٧.

١٦.   خالد وليد محمود، آفاق الأمن الإسرائيلي: الواقع والمستقبل، ٢٠٠٧.

١٧.   حسن ابحيص ووائل سعد، التطورات الأمنية في السلطة الفلسطينية ٢٠٠٦-٢٠٠٧، ملف الأمن في السلطة الفلسطينية (١)، ٢٠٠٨.

١٨.   محسن صالح، محرر، صراع الإرادات: السلوك الأمني لفتح وحماس والأطراف المعنية ٢٠٠٦-٢٠٠٧، ملف الأمن في السلطة الفلسطينية (٢)، ٢٠٠٨.

١٩.   مريم عيتاني، صراع الصلاحيات بين فتح وحماس في إدارة السلطة الفلسطينية ٢٠٠٦-٢٠٠٧، ٢٠٠٨.

٢٠.   نجوى حساوي، حقوق اللاجئين الفلسطينيين بين الشرعية الدولية والمفاوضات الفلسطينية – الإسرائيلية، ٢٠٠٨.

٢١.   محسن صالح، محرر، أوضاع اللاجئين الفلسطينيين في لبنان، ٢٠٠٨.

٢٢.   إبراهيم غوشة، المئذنة الحمراء، ٢٠٠٨.

٢٣.   عدنان أبو عامر، مترجم، دروس مستخلصة من حرب لبنان الثانية (تموز ٢٠٠٦): تقرير لجنة الخارجية والأمن في الكنيست الإسرائيلي، ٢٠٠٨.

٢٤.   عدنان أبو عامر، ثغرات في جدار الجيش الإسرائيلي، ٢٠٠٩.

٢٥. قصي أحمد حامد، **الولايات المتحدة والتحول الديموقراطي في فلسطين، ٢٠٠٩.**
٢٦. أمل عيتاني وعبد القادر علي ومعين منّاع، **الجماعة الإسلامية في لبنان منذ النشأة حتى ١٩٧٥، ٢٠٠٩.**
٢٧. سمر جودت البرغوثي، **سمات النخبة السياسية الفلسطينية قبل وبعد قيام السلطة الوطنية الفلسطينية، ٢٠٠٩.**
٢٨. عبد الحميد الكيالي، محرر، **دراسات في العدوان الإسرائيلي على قطاع غزة: عملية الرصاص المصبوب/ معركة الفرقان، ٢٠٠٩.**
٢٩. عدنان أبو عامر، مترجم، قراءات إسرائيلية استراتيجية: **التقدير الاستراتيجي الصادر عن معهد أبحاث الأمن القومي الإسرائيلي، ٢٠٠٩.**
٣٠. سامح خليل الوادية، **المسؤولية الدولية عن جرائم الحرب الإسرائيلية، ٢٠٠٩.**
٣١. محمد عيسى صالحية، **مدينة القدس: السكان والأرض (العرب واليهود) ١٢٧٥-١٣٦٨هـ/ ١٨٥٨-١٩٤٨م، ٢٠٠٩.**
٣٢. رأفت فهد مرة، **الحركات والقوى الإسلامية في المجتمع الفلسطيني في لبنان: النشأة - الأهداف - الإنجازات، ٢٠١٠.**
٣٣. سامي الصلاحات، **فلسطين: دراسات من منظور مقاصد الشريعة الإسلامية**، ط ٢ (بالتعاون مع مؤسسة فلسطين للثقافة)، ٢٠١٠.
٣٤. محسن صالح، محرر، **دراسات في التراث الثقافي لمدينة القدس**، ٢٠١٠.
٣٥. مأمون كيوان، **فلسطينيون في وطنهم لا دولتهم**، ٢٠١٠.
٣٦. محسن محمد صالح، **حقائق وثوابت في القضية الفلسطينية: رؤية إسلامية**، ٢٠١٠.
٣٧. عبد الرحمن محمد علي، محرر، إسرائيل والقانون الدولي، ٢٠١١.
٣٨. كريم الجندي، **صناعة القرار الإسرائيلي: الآليات والعناصر المؤثرة**، ترجمة أمل عيتاني، ٢٠١١.
٣٩. وسام أبي عيسى، **الموقف الروسي تجاه حركة حماس: ٢٠٠٦-٢٠١٠**، ٢٠١١.
٤٠. سامي محمد الصلاحات، **الأوقاف الإسلامية في فلسطين ودورها في مواجهة الاحتلال الإسرائيلي**، ٢٠١١.
٤١. نادية سعد الدين، **حق عودة اللاجئين الفلسطينيين: بين حل الدولتين ويهودية الدولة**، ٢٠١١.
٤٢. عامر خليل أحمد عامر، **السياسة الخارجية الإسرائيلية تجاه إفريقيا: السودان نموذجاً**، ٢٠١١.
٤٣. إبراهيم أبو جابر وآخرون، **الداخل الفلسطيني ويهودية الدولة، ٢٠١١.**
٤٤. عباس إسماعيل، **عنصرية إسرائيل: فلسطينيو ٤٨ نموذجاً**، سلسلة أولست إنساناً؟ (١)، ٢٠٠٨.
٤٥. حسن ابحيص وسامي الصلاحات ومريم عيتاني، **معاناة المرأة الفلسطينية تحت الاحتلال الإسرائيلي**، سلسلة أولست إنساناً؟ (٢)، ٢٠٠٨.
٤٦. أحمد الحيلة ومريم عيتاني، **معاناة الطفل الفلسطيني تحت الاحتلال الإسرائيلي**، سلسلة أولست إنساناً؟ (٣)، ٢٠٠٨.

٤٧. فراس أبو هلال، **معاناة الأسير الفلسطيني في سجون الاحتلال الإسرائيلي**، سلسلة أولست إنساناً؟ (٤)، ٢٠٠٩.

٤٨. ياسر علي، **المجازر الإسرائيلية بحق الشعب الفلسطيني**، سلسلة أولست إنساناً؟ (٥)، ٢٠٠٩.

٤٩. مريم عيتاني ومعين منّاع، **معاناة اللاجئ الفلسطيني**، سلسلة أولست إنساناً؟ (٦)، ٢٠١٠.

٥٠. محسن صالح، **معاناة القدس والمقدسات تحت الاحتلال الإسرائيلي**، سلسلة أولست إنساناً؟ (٧)، ٢٠١١.

٥١. حسن ابحيص وخالد عايد، **الجدار العازل في الضفة الغربية**، سلسلة أولست إنساناً؟ (٨)، ٢٠١٠.

٥٢. مريم عيتاني وأمين أبو وردة ووضّاح عيد، **معاناة العامل الفلسطيني تحت الاحتلال الإسرائيلي**، سلسلة أولست إنساناً؟ (١٠)، ٢٠١١.

٥٣. فاطمة عيتاني وعاطف دغلس، **معاناة المريض الفلسطيني تحت الاحتلال الإسرائيلي**، سلسلة أولست إنساناً؟ (١١)، ٢٠١١.

٥٤. قسم الأرشيف والمعلومات، مركز الزيتونة، **معاناة قطاع غزة تحت الحصار الإسرائيلي**، سلسلة تقرير معلومات (١)، ٢٠٠٨.

٥٥. قسم الأرشيف والمعلومات، مركز الزيتونة، **معابر قطاع غزة: شريان حياة أم أداة حصار**، سلسلة تقرير معلومات (٢)، ٢٠٠٨.

٥٦. قسم الأرشيف والمعلومات، مركز الزيتونة، **أثر الصواريخ الفلسطينية في الصراع مع الاحتلال الإسرائيلي**، سلسلة تقرير معلومات (٣)، ٢٠٠٨.

٥٧. قسم الأرشيف والمعلومات، مركز الزيتونة، **مسار المفاوضات الفلسطينية الإسرائيلية ما بين "أنابوليس" والقمة العربية في دمشق (خريف ٢٠٠٧ - ربيع ٢٠٠٨)**، سلسلة تقرير معلومات (٤)، ٢٠٠٨.

٥٨. قسم الأرشيف والمعلومات، مركز الزيتونة، **الفساد في الطبقة السياسية الإسرائيلية**، سلسلة تقرير معلومات (٥)، ٢٠٠٨.

٥٩. قسم الأرشيف والمعلومات، مركز الزيتونة، **الثروة المائية في الضفة الغربية وقطاع غزة بين الحاجة الفلسطينية والانتهاك ات الإسرائيلية**، سلسلة تقرير معلومات (٦)، ٢٠٠٨.

٦٠. قسم الأرشيف والمعلومات، مركز الزيتونة، **مصر وحماس**، سلسلة تقرير معلومات (٧)، ٢٠٠٩.

٦١. قسم الأرشيف والمعلومات، مركز الزيتونة، **العدوان الإسرائيلي على قطاع غزة (٢٠٠٨/١٢/٢٧-٢٠٠٩/١/١٨)**، سلسلة تقرير معلومات (٨)، ٢٠٠٩.

٦٢. قسم الأرشيف والمعلومات، مركز الزيتونة، **حزب كاديما**، سلسلة تقرير معلومات (٩)، ٢٠٠٩.

٦٣. قسم الأرشيف والمعلومات، مركز الزيتونة، **الترانسفير (طرد الفلسطينيين) في الفكر والممارسات الإسرائيلية**، سلسلة تقرير معلومات (١٠)، ٢٠٠٩.

٦٤. قسم الأرشيف والمعلومات، مركز الزيتونة، **الملف الأمني بين السلطة الفلسطينية وإسرائيل**، سلسلة تقرير معلومات (١١)، ٢٠٠٩.

٦٥. قسم الأرشيف والمعلومات، مركز الزيتونة، **اللاجئون الفلسطينيون في العراق**، سلسلة تقرير معلومات (١٢)، ٢٠٠٩.

٦٦. قسم الأرشيف والمعلومات، مركز الزيتونة، **أزمة مخيم نهر البارد**، سلسلة تقرير معلومات (١٣)، ٢٠١٠.

٦٧. قسم الأرشيف والمعلومات، مركز الزيتونة، **المجلس التشريعي الفلسطيني في الضفة الغربية وقطاع غزة ١٩٩٦-٢٠١٠**، سلسلة تقرير معلومات (١٤)، ٢٠١٠.

٦٨. قسم الأرشيف والمعلومات، مركز الزيتونة، **الأونروا: برامج العمل وتقييم الأداء**، سلسلة تقرير معلومات (١٥)، ٢٠١٠.

٦٩. قسم الأرشيف والمعلومات، مركز الزيتونة، **دور الاتحاد الأوروبي في مسار التسوية السلمية للقضية الفلسطينية**، سلسلة تقرير معلومات (١٦)، ٢٠١٠.

٧٠. قسم الأرشيف والمعلومات، مركز الزيتونة، **تركيا والقضية الفلسطينية**، سلسلة تقرير معلومات (١٧)، ٢٠١٠.

٧١. قسم الأرشيف والمعلومات، مركز الزيتونة، **إشكالية إعطاء اللاجئين الفلسطينيين في لبنان حقوقهم المدنية**، سلسلة تقرير معلومات (١٨)، ٢٠١١.

٧٢. قسم الأرشيف والمعلومات، مركز الزيتونة، **حزب العمل الإسرائيلي**، سلسلة تقرير معلومات (١٩)، ٢٠١١.

٧٣. قسم الأرشيف والمعلومات، مركز الزيتونة، **قوافل كسر الحصار عن قطاع غزة**، سلسلة تقرير معلومات (٢٠)، ٢٠١١.

ثانياً: الإصدارات باللغة الإنجليزية:

74.   Mohsen M. Saleh and Basheer M. Nafi, editors, *The Palestinian Strategic Report 2005*, 2007.

75.   Mohsen M. Saleh, editor, *The Palestinian Strategic Report 2006*, 2010.

76.   Mohsen M. Saleh, editor, *The Palestinian Strategic Report 2007*, 2010.

77.   Mohsen M. Saleh, editor, *The Palestinian Strategic Report 2008*, 2010.

78.   Mohsen M. Saleh, editor, *The Palestinian Strategic Report 2009/10*, 2011.

79.   Muhammad Arif Zakaullah, *Religion and Politics in America: The Rise of Christian Evangelists and Their Impact*, 2007.

80.   Mohsen M. Saleh and Ziad al-Hasan, *The Political Views of the Palestinian Refugees in Lebanon as Reflected in May 2006*, 2009.

81.   Ishtiaq Hossain and Mohsen M. Saleh, *American Foreign Policy & the Muslim World*, 2009.

82.   Abbas Ismail, *The Israeli Racism: Palestinians in Israel: A Case Study*, Book Series: Am I Not a Human? (1), translated by Aladdin Assaiqeli, 2009.

83.   Hasan Ibhais, Mariam Itani and Sami al-Salahat, *The Suffering of the Palestinian Woman Under the Israeli Occupation*, Book Series: Am I Not a Human? (2), translated by Iman Itani, 2010.

84.   Ahmad el-Helah and Mariam Itani, *The Suffering of the Palestinian Child Under the Israeli Occupation*, Book Series: Am I Not a Human? (3), translated by Iman Itani, 2010.

85.   Firas Abu Hilal, *The Suffering of the Palestinian Prisoners & Detainees under the Israeli Occupation*, Book Series: Am I Not a Human? (4), translated by Baraah Darazi, 2011.

86.   Mariam Itani and Mo'in Manna', *The Suffering of the Palestinian Refugee*, Book Series: Am I Not a Human? (6), translated by Salma al-Houry, 2010.